（春秋）孙武 著

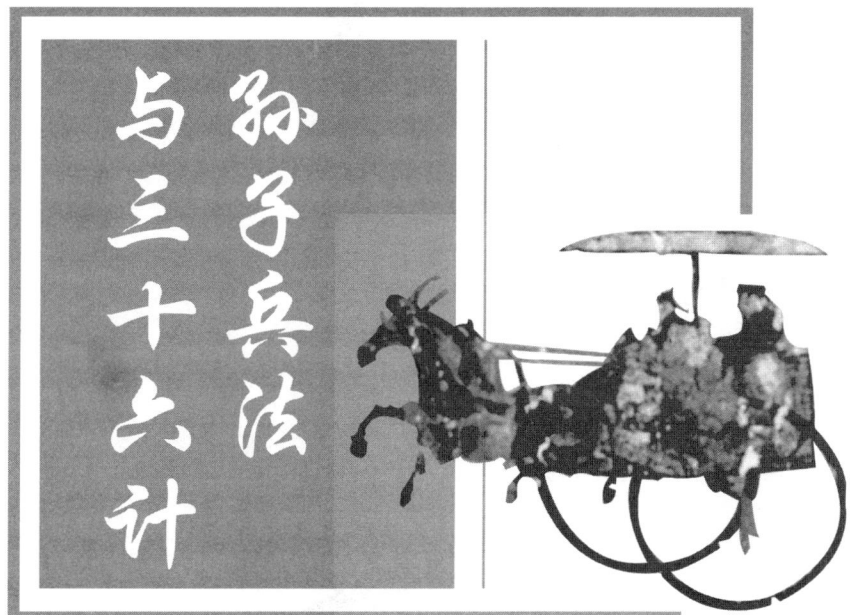

孙子兵法与三十六计

天津出版传媒集团

天津古籍出版社

图书在版编目（CIP）数据

孙子兵法与三十六计 /（春秋）孙武著. -- 天津：天津古籍出版社，2004.1（2017.7重印）
 ISBN 978-7-80504-965-6

Ⅰ．①孙… Ⅱ．①孙… Ⅲ．①兵法－中国－古代②《孙子兵法》－译文③《三十六计》－译文 Ⅳ．①E892.2

中国版本图书馆CIP数据核字（2016）第015607号

孙子兵法与三十六计

（春秋）孙武/著

出版人/张玮

天津古籍出版社出版

（天津市西康路35号　邮编300051）

http://www.tjabc.net

唐山新苑印务有限公司印刷

全国新华书店发行

开本 880×1230 毫米 1/32　印张 8　字数 231 千字

2004 年 1 月 第 1 版　2017 年 7 月 第 3 次印刷

ISBN 978-7-80504-965-6　　定价：18.00元

目 录

孙子兵法

第 一 篇　计　篇 …………………………………………（ 3 ）
第 二 篇　作战篇 …………………………………………（ 10 ）
第 三 篇　谋攻篇 …………………………………………（ 17 ）
第 四 篇　形　篇 …………………………………………（ 25 ）
第 五 篇　势　篇 …………………………………………（ 32 ）
第 六 篇　虚实篇 …………………………………………（ 40 ）
第 七 篇　军争篇 …………………………………………（ 49 ）
第 八 篇　九变篇 …………………………………………（ 58 ）
第 九 篇　行军篇 …………………………………………（ 65 ）
第 十 篇　地形篇 …………………………………………（ 75 ）
第十一篇　九地篇 …………………………………………（ 84 ）
第十二篇　火攻篇 …………………………………………（ 99 ）
第十三篇　用间篇 …………………………………………（105）

三十六计

第 一 计　瞒天过海 ………………………………………（115）
第 二 计　围魏救赵 ………………………………………（118）
第 三 计　借刀杀人 ………………………………………（121）
第 四 计　以逸待劳 ………………………………………（125）
第 五 计　趁火打劫 ………………………………………（128）
第 六 计　声东击西 ………………………………………（132）

第 七 计	无中生有	(138)
第 八 计	暗度陈仓	(136)
第 九 计	隔岸观火	(140)
第 十 计	笑里藏刀	(147)
第十一计	李代桃僵	(150)
第十二计	顺手牵羊	(154)
第十三计	打草惊蛇	(159)
第十四计	借尸还魂	(162)
第十五计	调虎离山	(166)
第十六计	欲擒故纵	(170)
第十七计	抛砖引玉	(174)
第十八计	擒贼擒王	(178)
第十九计	釜底抽薪	(183)
第二十计	混水摸鱼	(187)
第二十一计	金蝉脱壳	(191)
第二十二计	关门捉贼	(195)
第二十三计	远交近攻	(198)
第二十四计	假道伐虢	(202)
第二十五计	偷梁换柱	(205)
第二十六计	指桑骂槐	(208)
第二十七计	假痴不癫	(212)
第二十八计	上屋抽梯	(216)
第二十九计	树上开花	(220)
第 三 十 计	反客为主	(224)
第三十一计	美人计	(228)
第三十二计	空城计	(232)
第三十三计	反间计	(236)
第三十四计	苦肉计	(239)
第三十五计	连环计	(242)
第三十六计	走为上计	(245)

孙子兵法

第一篇　计　篇

【主要内容】

《计篇》是《孙子兵法》的第一篇,是总揽全书的纲。它所阐述的是军事领域最基本的问题和法则,具有最大的普遍性;它所阐述的基本思想和基本原则,贯穿于全书各个篇章之中。

本篇内容大略可以分为四部分:1. 讲述军事对于国家和人民根本利益的极端重要性,明确指出它是关系人民生死、国家存亡的头等大事。2. 从整体、战略高度阐述君主(或统帅)用兵必须首先考察的五个基本的主客观条件,这就是:(1)政治状况或政治路线;(2)天时;(3)地利;(4)将领;(5)军队的编制与法令、法规。强调君主(或统帅)必须对上述五方面条件作深入的了解和衡量,才能赢得有利的客观形势,取得战争的胜利。3. 阐述用兵时必须掌握的特殊法则。指出用兵的特点是要"因利而制权",要行"诡道"。只有善于根据战争情势的变化灵活机动地运用战略战术,特别是善于运用种种计谋制造假象,欺骗敌人,才能克敌制胜。4. 最后,强调用兵之前在庙堂之上进行周密谋算(即从所述五方面进行衡量与谋划)的重要性,指出这是预计战争胜负的关键。

【原文】

孙子曰:兵者[1],国之大事,死生之地[2],存亡之道[3],不可不察也[4]。

故经之以五事[5],校之以计[6],而索其情[7]:一曰道[8],二曰天[9]，三曰地[10]，四曰将[11]，五曰法[12]。道者，令民与上同意也[13]，故可以与之死，可以与之生，而不畏危。天者，阴阳、寒暑、时制也[14]。地者，远近、险易、广狭、死生也。将者，智、信、仁、勇、严也。法者，曲制、官道、主用也[15]。凡此五者，将莫不闻[16]，知之者胜，不知者不胜[17]。故校之以计而索其情，曰："主孰有道？将孰有能？天地孰得？法令孰行？兵众孰强[18]？士卒孰练[19]？赏罚孰明？吾以此知胜负矣。"

将听吾计[20]，用之必胜，留之；将不听吾计，用之必败，去之。计利以听[21]，乃为之势[22]，以佐其外[23]；势者，因利而制权也[24]。兵者，诡道也[25]。故能而示之不能[26]，用而示之不用[27]，近而示之远，远而示之近。利而诱之，乱而取之，实而备之[28]，强而避之，怒而挠之[29]，卑而骄之[30]，佚而劳之[31]，亲而离之；攻其无备，出其不意。此兵家之胜[32]，不可先传也[33]。

夫未战而庙算胜者[34]，得算多也；未战而庙算不胜者，得算少也。多算胜，少算不胜，而况于无算乎？吾以此观之，胜负见矣。

【译文】

孙子说：军事是国家的大事，是关系人民生死的领域，也是关系国家存亡的根本之道，因而是不可不深入加以考察的。

所以，军事家们首先必须从五件事来进行比较和谋算，以求得对敌我双方真实情况的了解。

这五件事一是道，二是天，三是地，四是将，五是法。所谓道，是指能使人民与君主同心同德的政治方针和政策，它能促使人民甘愿与君主同生共死而不害怕任何危难。所谓天，是指用兵时所处的时节和气候，是晴天还是雨天？是气候寒冷还是气候炎热？是春夏秋冬的哪个季节？所谓地，是指用兵时，距离敌人是远还是近？所处的地形是险峻还是平坦？是宽阔地带还是狭窄地带？是处于死地还是处于生地？所谓将，是指统率军队的将领是否具备足智多谋、赏罚有信、仁爱部下、勇敢果断、治军严明的素质与能力。所谓法，是指军队的编制、法令、法

第一篇 计 篇

规和对各级指挥官职责的划分和管理,以及后勤军需管理制度。以上五方面情况,作为军事将领虽然一般的都会有所了解,但只有那些能深入了解这些情况的人才能取得战争的胜利;不能深入了解这些情况的人是不能取胜的。所以说,必须认真地对它加以比较、讨论,才能求得对实情的深入了解,也就是说,要了解敌我双方,哪一方政治清明,政治方针政策正确?哪一方的将领有才能?哪一方占有天时与地利?哪一方军队编制合理,法令、法规畅通无阻?哪一方军队体质健强,士兵训练有素?哪一方军队管理得好,赏罚严明?从这五方面加以比较、算计,便可以预知战争的结局是谁胜谁负了。

如果君主(或统帅)听从我的上述计谋,并用它去指导战争,就会取得胜利,在这种情况下,我便应当留下来帮助他;相反,如果不听从我的计谋,而用另外的计谋去指导战争,将会招致失败,这时,我便应该辞去。君主或统帅经过权衡利害,听从我的计谋,将会形成有利的客观形势,这是有助于实现军事目的的外部条件。当然,有利的客观形势也是人们从有利的原则出发,根据实现情况,采取机动灵活的举措造成的。须知用兵是一种诡诈之道,需要运用种种欺骗敌人的方法:自己本来力量很强,却要向敌人伪装出似乎没有什么力量;本来准备用兵,却要伪装怯懦不敢用兵;本来已经接近敌方了,却要伪装距离敌方还很远;本来距离敌方还远,却要伪装出已经靠近敌人了。要用小的利饵引诱敌人,乘敌方混乱之时进行攻取。对实力雄厚的敌人要有充分的应战准备;对战斗力强的敌人要暂时避开他们的锋芒;对于容易冲动发怒的敌军将领,要设法挑逗他、激怒他,使其失去理智;对于轻视我方的敌人,要设法使他更加骄傲起来,丧失对我方的警惕;对于有充分休整、精力充沛的敌人,要设法搞得他们劳累疲惫;对于内部团结的敌人,要设法离间他们、分裂他们;要在敌人没有准备时,突然发起攻击,使我方的进攻出乎敌方意料之外。凡此种种,都是军事家们用兵取胜之道,这些都只能因时因地因人灵活运用,它是无法事先传授的。

用兵打仗之前,君主或统帅都要在庙堂之上进行策划谋算。谋算得多,非常周密,胜过了敌方,在战争中取胜的机会就会多一些;相反,谋算很少,很不周密,不能胜过敌方,取胜的可能性也就会很少,更不用说那些根本不进行谋算的了。我从战争双方事前谋算的比较中，便可以预知战争的结局将会是谁胜谁负了。

【注释】

〔1〕兵：兵士、兵器、军队、军事。这里指军事。〔2〕地：土地、地方、地域、地形。这里取地域意，引申为领域。〔3〕道：道理。这里指的根本道理。〔4〕察：观察、考察、了解。这里指考察。〔5〕经：经度。引申为分析研究。〔6〕校：作动词用，较量、比较、计较。〔7〕索：探索。其：代词，这里指敌我双方。情：情况、实情。〔8〕道：道理，道路。这里可引申为治国的路线或方针政策。〔9〕天：天象、天气。这里是指天气。〔10〕地：地形。〔11〕将：将领。〔12〕法：法令、法规、制度。〔13〕令：作动词用，使令。上：上司、上级，这里是指君主。意：意志、意愿。〔14〕阴阳：我国古代一对概括宇宙万象万物内在基本矛盾的范畴。这里是从气象和天象上讲的，指天气晴雨、天象昼夜的变化。〔15〕曲制：曲，古代军队编制较小的单位，曲制指军队的编制。官道：官，指军队中的各级指挥员，官道即指对军队各级将领的职责划分和管理形式、管理制度。主用：就是指对军队后勤军需的管理。主，主持，这里可解释为掌管。用，费用，这里指军队的物资费用。〔16〕闻：听见、了解。〔17〕知：知道，这里指深入了解。〔18〕强：强壮，这里指士兵体质强壮。〔19〕练：训练。这里指军士训练有素。〔20〕将：这里作时间副词，可解释为将要，亦可引申为如果。〔21〕计：计较，这里可引申为衡量。计利：就是指权衡利弊，听：听从。〔22〕势：这里是指形势、情势。〔23〕佐：辅佐，引申为有功于。其：指示代词，这里指实现战略或战役目标的计划。外：指外部环境或客观形势。〔24〕权：这里与"经"相对，指权且、权宜，引申为灵活运用。〔25〕诡：欺诈。道：这里作途径解，引申为方法、计谋。诡道，即指欺诈的方法和计谋。〔26〕示：显示。这里是指伪装地显示。〔27〕用：用兵。〔28〕实：充实、实力。这里是指敌人军力充实雄厚。备：准备。〔29〕挠：挑逗。〔30〕卑：卑下，这里是指的鄙视、轻视。〔31〕

逸：安逸。这里指部队获得了充分休整。〔32〕胜：胜利。这里指取胜之道。〔33〕传：传授。〔34〕庙：庙堂。庙算，指庙堂上的计算与谋划。

应用实例

越国灭吴国之战

公元前494年，越国进攻吴国而战败，越王勾践率仅存5000残兵退守会稽，又被吴军层层围困，面临亡国之灾。危急关头，勾践采纳了范蠡的建议，决定委屈求和，保存国土，以谋日后东山再起。范蠡、文种还制定了一系列徐图复兴、转败为胜的战略，即"破吴七计"。勾践依计而行，开始了长达13年之久的复仇计划。

首先，派文种通过吴太宰伯嚭向吴王夫差求和。文种对伯嚭贿之以财宝，迷之以女色，威之以死战，晓之以利害，许之以勾践甘愿为臣仆，忠心侍奉吴王。伯嚭果然劝说夫差，准许议和。吴军撤兵回国，越国逃过了灭亡。

随后，勾践将治国之权交给文种，与王后、范蠡三人一道去给夫差当奴仆。勾践为夫差驾车养马，王后为吴宫打扫庭院。勾践卑行慎言，忍受所有屈辱，甚至以"尝粪判病"来讨好夫差。同时经常贿赂伯嚭，用计离间吴王与忠臣伍子胥的关系。历时三年，勾践终于取得夫差的信任，被释放回国。

回国后，勾践先下一道"罪己诏"，向全国人民检讨自己与吴国结仇、使百姓饱受灾难的罪过，亲自慰问受伤百姓，抚养阵亡者遗族。"卧薪尝胆"，自耕自织，过着极其艰苦的生活。针对战败后人口减少、财力耗尽的情况，实行休养生息、发展生产的政策，恢复国家元气。他明确规定：妇女怀孕临产，政府派医生看护，生小孩政府给予奖励和补贴。死了儿子，免除一定的劳役。减轻刑罚、赋税，鼓励开荒种地，十年没有征收税赋，百姓家都有了三年的存粮。勾践"去民之所恶，补民之不足"的政策，得到人民的拥护，君民关系情如父子。

内政改革获得成功，外交活动也收获巨大。时常给夫差送上丰厚的礼物，表示忠心臣服，麻痹消除夫差对越国的戒备，助长他的骄纵淫奢。高价收购吴国粮食，破坏其经济，造成吴国粮食困难。用离间计挑起内部争斗，使夫差对伯嚭更加偏听偏信，对伍子胥更加疏远。从而壮大了自己，削弱了敌人。

夫差胜越以后，因胜而骄，根本看不到勾践决心灭吴的意图，而是加紧向北扩张，意欲称霸中原。公元前484年北上伐齐军于艾陵。公元前482年又约晋国与各诸侯会盟于黄池（今河南封丘西南）。为与晋定公争霸主之位，夫差带走所有精锐部队，只留老弱病残与太子一起留守。勾践见夫差空国出征，便急于出兵攻吴。范蠡认为吴军出境不远，一旦听说越国乘虚攻击，回兵反击并不难，越军很难有全胜把握，劝勾践暂缓出兵。数月后，吴军已至黄池，勾践调集越军四万九千人，分兵两路向北进入吴国，直逼国都姑苏。

吴太子友急忙率兵阻止越军进犯。太子友知道精锐队伍全部北上黄池，便采取坚守待援策略，不与越军交战，同时派人请夫差急速回军。吴将王孙弥庸为报父仇，不顾太子友坚守疲敌的主张，主动出击，打败了越军先锋部队，俘虏了先锋官畴无余和讴阳。首战小胜，使吴将骄傲轻敌。待勾践率主力到达，发起猛攻，吴军竟不堪一击，太子友被俘，越军一举攻陷了吴都姑苏。袭击战获得全胜。

夫差为争霸主，竟然一连杀了7个信使，封锁姑苏沦陷、太子被俘的消息，终于用武力威胁晋国让了步，勉强做了霸主。回军途中，吴军听到太子被杀、国都被围的消息，军心大乱。夫差见没有反击的必胜把握，于途中派伯嚭向越国求和。勾践、范蠡估计还没有马上灭掉吴国的实力，便同意议和，撤兵回国。

夫差回国后，见连年战争，生产遭到破坏，国力衰弱，没有实力报复越国，于是宣布"息发散兵"，企图恢复力量，待机再举。而夫差并未吸取教训，依然耽于酒色，不理朝政，致使民心愁怨，政局不稳。

文种见吴国经济贫弱，吴军疲惫，国内防务松懈，建议勾践再次乘机攻吴。公元前478年，吴国大旱，仓廪空虚，勾践再次举兵进攻吴国。

战前，勾践明赏罚、备战具、严军纪、练士卒，做好了充分的临战准备。提出"为国复仇"的口号，鼓励出征者奋力作战，留乡者专心生产，争取人民的支持。出兵时，又宣布吴王夫差的种种罪状，激发人民反对夫差的情绪。

三月，越军进到笠泽（苏州南），与前来迎击的吴军隔江对峙。黄昏，勾践命左右两翼分别隐蔽江中，半夜时呐喊鸣鼓，发动佯攻。夫差以为越军将分两路渡江进攻，连夜分兵迎战。其时，勾践率主力偃旗息鼓，出其不意于两路吴军中间潜行渡江，于薄弱的接合部发起进攻，一举击败吴军。越军乘胜追击，再战于没（今苏州南），三战于郊（今苏州郊区），三战三捷，占领了大片土地，改变了吴强越弱的形势。

笠泽战败，吴军退而固守姑苏。姑苏城池坚固，越军一时不能攻破。勾践于是改用长期围困策略，围而不打。至二年后吴军终于势穷力竭，越军方才发起强攻。越军攻进姑苏城，夫差率残部逃到姑苏台，又被越军包围。夫差派人再次向勾践求和，被拒绝后绝望自杀。至此，越国灭掉了强吴，终于取得了吴越之战的最后胜利。

越国由败转胜，以弱胜强，终于灭吴，所采用的许多策略都与《孙子·计篇》阐述的战略思想相符合。修明政治而获得民心，以雪国耻为口号而争取人民的支持，面对强敌而避其锋芒，实力不足而严加防范、积极做好准备，对吴国君臣"利而诱之"、"亲而离之"、"卑而骄之"，决战时"攻其不备，出其不意"，一切都经过周密筹划精心准备，"得算多"而后用兵。这一切正是孙武谋略的合理性、正确性和实用性的极好证明。

第二篇　作战篇

【主要内容】

本篇是继《计篇》计"五事"、特别是从"道"的战略高度揭示最终决定战争胜负的基础条件后，从用兵对国家经济实力的依赖关系阐明只宜"速"、不宜"久"的重要原则。

全篇内容大体分为五部分：1. 指出用兵打仗需要消耗大量人力、物力、财力，因而在用兵前必须从军队（数量）、武器、车马、粮食、资财等方面作充分准备，不可以轻易用兵。2. 指出用兵出征既有能拓展疆土或保卫领土的有利一面，又有丁壮伤亡、财力消耗的有害一面，故而用兵的重要原则之一便是只宜速战，不可旷日持久，即便是机谋稍差，也应速战速决，决不可依仗机谋高超而持久用兵，以致招来"钝兵挫锐，屈力殚货""诸侯乘其弊而起"的后患。强调只有深刻了解用兵之害的人才能真正了解用兵之利。3. 指出凡是善于用兵的人总是注意两点：一是从战略上讲，不使用兵时间持续很长，要"役不再籍，粮不三载"，以免造成国家财力枯竭，物价腾贵，民不聊生的局面。二是从策略上讲，重视从敌国补充粮食供给，经"因粮于敌"，以大大节省本国经济实力的消耗。4. 进而提出，不仅要重视从敌国补充粮草，还要重视从敌军中补充武器和兵员。其办法，一是用物质奖励方法激励士兵奋勇夺取敌军战车，用以武装自己；二是实行优待俘虏政策，使自己的兵员不断得到补充。这样便可越战越胜，越胜越强。5. 结论："兵贵胜，不贵久"。

第二篇　作战篇

【原文】

孙子曰：凡用兵之法，驰车千驷[1]，革车千乘[2]，带甲十万[3]，千里馈粮[4]，则内外之费[5]，宾客之用[6]，胶漆之材[7]，车甲之奉[8]，日费千金[9]，然后十万之师举矣[10]。

其用战也贵胜[11]；久则钝兵挫锐[12]。攻城则力屈[13]，久暴师则国用不足[14]。夫钝兵挫锐，屈力殚货[15]，则诸侯乘其弊而起[16]，虽有智者[17]，不能善其后矣[18]。

故兵闻拙速[19]，未睹巧之久也[20]。夫兵久而国利者，未之有也。故不尽知用兵之害者，则不能尽知用兵之利也。

善用兵者，役不再籍[21]，粮不三载[22]，取用于国[23]，因粮于敌[24]，故军食可足也。

国之贫于师者远输[25]，远输则百姓贫。近于师者贵卖[26]，贵卖则公家财竭，财竭则急于丘役[27]。力屈、财殚，中原内虚于家[28]。百姓之费，十去其七；公家之费，破车罢马[29]，甲胄矢弩[30]，戟盾蔽橹[31]，丘牛大车[32]，十去其六。

故智将务食于敌[33]。食敌一钟[34]，当吾二十钟；秆一石[35]，当吾二十石。

故杀敌者，怒也[36]；取敌之利者，货也。故车战，得车十乘已上[37]，赏其先得者[38]，而更其旌旗[39]，车杂而乘之[40]，卒善而养之[41]，是谓胜敌而益强[42]。

故兵贵胜，不贵久。

故知兵之将[43]，民之司命[44]，国家安危之主也[45]。

【译文】

孙子说：大凡用兵作战的一般规律是，运用轻车千辆，辎重车千辆。征召将士10万，同时还要千里远道运送粮草；至于付出国内国外的费用，诸如招待来宾使节，补充修饰器械的胶漆之材，供给各种车辆和盔甲等，每天有能力付出千金之巨的耗费，然后，10万大军方可起动。

以10万大军出征作战，贵在速胜；战争旷日持久，就会导致士卒疲惫，锐气受挫。攻打城池要耗尽兵力；军队长期在外作战会使得国家财力难以为继。士卒疲惫，锐气挫伤，兵力耗尽，财力枯竭，就会招致其他诸侯国乘机入侵，到那时，即使是足智多谋的人，也无能挽回危局了。

所以，在用兵上，只听说有指挥拙笨但却要求战争速决的，从未见有指挥灵巧而要求战争旷日持久的。因为长久地对外用兵而能对国家有利的事从来没有过。所以说，不完全了解用兵之害的人，也就不可能完全了解用兵之利。

善于用兵的人，他们不再次征兵也不多次从国内征收军粮。在战争中，他们只从本国取用军用器材物资、而依靠从敌国筹集粮食，这样，军队的粮食才会够用。

出师外国需要远道运输，远道运输因消耗人力、财力太多就会造成百姓贫困。在靠近大军集结的地方，必定会物价上涨，物价贵就会造成国家财力枯竭，国家财力枯竭便要加紧向百姓征收赋役。这样，人力耗尽、财力枯竭，就会使国内十室九空。对百姓来说，他们的负担，将要耗去其全部收入的十分之七；对公家来说，它的消耗，诸如车辆的损坏，马匹的疲惫，盔甲、箭弩、戟盾、大橹的补充，以及大牛大车的征调，也会耗去国家财力的十分之六。

所以，聪明的将帅总是务求在敌国境内筹集粮草。因为消耗敌国1钟粮食，相当于从本国运送20钟粮食；消耗敌国1石草料，相当于从本国运送20石草料。

要使将士们英勇杀敌，便要激发他们同仇敌忾的士气；要使士卒勇于夺取敌军的物资，便需借助于物质奖励。在车战中，凡夺得敌方战车10辆以上的，应奖赏首先夺取战车的人，并且更换战车上的旗帜，混合编入本军战车的行列。同时还要善待俘虏，保证他们的生活供给。这样做，才能既战胜敌人，又增强自己军队的战斗力。

所以，用兵作战贵在速战速决，而不可旷日持久。

第二篇 作战篇

懂得用兵的将领,是民众命运的掌握者,也是国家安危的主宰者。

【注释】

〔1〕驰车:我国古代作战用的一种大型战车,因驰骋轻快,又叫攻车或轻车。千驷:我国古代战车,每辆均用四匹驾马,故曰驷,也就是乘。千驷既可以是指战车千乘,也可以是泛指战车众多。〔2〕革车:我国古代作战用的一种装载各种军需品的辎重车。由于它是用皮革缦其轮,笼其壳,所以叫做革车,也可以叫做守车。〔3〕带甲:甲这里是指的戎衣。古代的戎衣多用皮革或金属物质做成,所以叫做"甲"或"甲胄"。带甲,就是穿着戎衣。十万:这里泛指军队数量众多。〔4〕千里:这里泛指路程遥远。馈:赠送。馈粮,即是运送粮食。〔5〕内外之费:国内国外的各种费用。〔6〕宾客之用:招待来宾、使节的费用。〔7〕胶漆之材:修饰器械的材料。〔8〕车甲之奉:即指对车辆,甲胄的供应。奉,这里指供应。〔9〕千金:这里泛指费用浩大。〔10〕十万之师举矣:十万,这里泛指军队数量众多。举,出动、发动。〔11〕其用战也贵胜:其,代词,指十万之师。用战,用以作战。贵胜,这里是指贵在速胜。〔12〕钝兵挫锐:就是指兵疲气沮。钝,这里为"弊"。锐,锋锐。这里是指的士气旺盛。〔13〕力屈:就是指人力消耗殆尽。屈,弯曲。引申为"竭尽"。〔14〕暴师:指在外用兵。暴,暴露。〔15〕殚货:指财力枯竭。殚,竭尽。货,财货。〔16〕诸侯乘其弊:诸侯,这里泛指各诸侯国。弊,弊端、弊病、弱点。乘其弊,指乘兵疲气沮、财力枯竭的弱点。〔17〕智者:智能高超足智多谋的人。〔18〕善其后:指处理好用兵以后的事。〔19〕拙速:拙,笨拙。速,迅速。拙速,指笨拙的速度。〔20〕巧之久:指因用计灵巧而能使用兵持久。巧,灵巧、技巧。〔21〕役不再籍:指不再次登记服兵役。役,这里指服兵役。籍,登记在册。〔22〕粮不三载:指征收粮秣不超过三次。粮,这里作动词用,意为征收粮秣。〔23〕取用于国:指从国内取得兵甲、战具等军用物资。用,指军用物资。国,指国内。〔24〕因粮于敌:指依托从敌国取得粮食供应。因,因依、依托。敌,敌国。〔25〕贫于师者远输:指的是由于远

道运输而导致国家贫困。远输,远道运输。〔26〕贵卖:指物价腾贵。卖,买卖。〔27〕丘役:丘,丘赋,中国古代按田亩征收的军赋,役,兵役、劳役。〔28〕中原内虚于家:指国内十室九空。中原,这里泛指国内。内虚,内部空虚。家,家庭。〔29〕破车罢马:破车,指兵车破损,罢,通"疲",罢马,指马匹疲惫、羸弱。〔30〕甲胄:甲,这里指古代士兵身穿的盔甲;胄,指古代士兵头戴的一种用金属物质制成的军帽。〔31〕戟盾蔽橹:戟,古代的一种兵器,单枝为戈,双技为戟。盾,盾牌,古代战车上用以防御兵刃和矢石。蔽,这里是指古代战车上用遮蔽风雨的车蔽。橹,古代作战用一种大盾。〔32〕丘牛:大牛。〔33〕智将:聪明的将领。〔34〕钟:我国古代的一种量器,1钟等于64斗。〔35〕石:计量单位,1石等于10斗。〔36〕怒也:这里的怒是指的怒气,愤怒的情绪。〔37〕已上:已,同以;已上即是"以上"。〔38〕赏其先得者:指首先夺得战车的人。赏,奖赏、赏赐。〔39〕更其旌旗:指更换战车上敌军的旗帜。〔40〕车杂而乘之:指派出自己的战士夹杂着乘坐。〔41〕卒善而养之:指对被俘的敌军士兵给以抚养。〔42〕胜敌而益强:既战胜了敌人又壮大了自己。〔43〕知兵:懂得用兵。〔44〕司命:掌握命运。〔45〕主:"主宰"。

应用实例

隋炀帝远征高丽

隋大业三年(公元607),好大喜功的隋炀帝要御驾亲征高丽国(今朝鲜国)。高丽远离中国,征讨谈何容易?为征伐之需,隋炀帝命令天下富民买马给军队使用,又命各地守将检核武器,务求新美,一时天下人心惶惶。第二年又在河南和江淮赶造兵车5万辆,在山东沿海赶造战船300艘,在江南征集水手一万人、弩手一万人、排镩手三万人服役,命人、物及粮食辎重全部集中到河北涿郡。人马众多,道路阻隔,从夏天一直闹到来年春天，才勉强完成了人员物资的集结。其时，有部下婉言劝阻，建议选精兵快速进攻，突然袭击，以克敌制胜。但炀帝一意孤行，带着众多宫女，乘坐龙舟宝辇，率领200万大军出征高丽。前军先行，后军跟进，大队人马用了40天才完全离开涿郡。

浩浩荡荡的大军，带着大量的辎重缓缓前行，历时数月才到达辽东前线。疲惫不堪的隋军与高丽军首战便遭败仗。后改攻平壤，虽有小胜，却终于中计惨败，退回国内。接着又被高丽军用诈降之计大败于萨水一带，35万参战将士，退回辽东时仅剩2700余人。炀帝第一次东征高丽宣告失败。

东征失败，隋炀帝不仅没有丝毫反省，反而于大业九年又一次征集天下兵马，御驾亲征高丽。在新城，隋军遇到高丽军顽强的抗击。久攻不下时，又改攻辽东城，高丽军坚守不出，隋军猛攻二十多次仍未能获胜。正当隋军进退维谷之时，由于连年征战，百姓痛苦不堪，各种矛盾急剧激化，各地豪强纷纷起兵反隋，农民起义接连爆发。国内政治形势突变，京都受到威胁。隋炀帝闻讯，急速撤兵高丽，回国应付内乱。御驾东征不仅又一次无功而返，而且为反叛者造成了可乘之机，终于导致了隋炀帝的被杀和以后不久隋王朝的灭亡。

这样的结局，在孙武的笔下描述得十分清楚，无奈昏庸的杨广不听圣贤之言，极不体面地给《作战篇》做了一次反证。

相比于隋炀帝杨广，南北朝时北魏太武帝拓跋焘就要高明得多了。

东晋末年，我国北方出现了众多少数民族建立的割据政权，其中就有鲜卑族的北魏和匈奴族的大夏。公元427年，北魏为了实现统一北方的目的，发动了对大夏国都统万城（今内蒙古白城子）的进攻。北魏在灭掉后燕之后，将攻击的矛头指向了大夏。公元426年，拓跋焘命大将溪斤率兵5万，进攻夏之甫坂（今山西永济西）、进袭关中、长安，自己则率骑兵2万渡黄河袭击统万城。夏主赫连昌率军迎击，战败后退回城内固守。魏军亦不恋战久攻，而是分兵四处掠夺，得牛马十余万，民众万人而归，作了一次试探性的战略攻击。

这年十二月溪斤攻破长安，次年正月，赫连昌派其弟赫连定领兵2万南下，企图收复长安，恢复关中。拓跋焘乘夏军兵力被牵制关中有利时机，发10万大军再袭统万城。魏军原以3万骑兵为先驱，三万步兵为后继，3万步兵运送攻城器具。过黄河后，拓跋焘改变步、骑齐进的计划，决定以3万骑兵快速逼近统万城，然后诱敌出城，一举消灭。拓跋焘的战略有极大的风险，但他看到了步、骑齐进，不仅耗时日久，而且大兵压境，夏军必然据城坚守；统万城异常坚固，势必久攻不下。那时久暴师于敌国，食尽兵疲，又无可掠之物以充军需，必然陷于进退两难的困境。骑兵直驱城下，敌见步兵未到，自然轻视松懈，若再示之以疲弱，诱敌出战，必能一举歼敌。

魏军于是依计而行。6月，魏军行至统万城，将大部队隐蔽于城北山丘深谷，只派少数兵至城下挑战。夏军一面坚守不战，一面急调赫连定回军救援。两军陷于僵持状态。

恰巧，此时魏军中一犯罪士兵逃至夏营，声称"魏军粮食已尽，而辎重在后，步兵亦未到，宜速击之"。赫连昌听信了诳语，于是亲率步骑3万出城迎战。魏军为诱敌深入，初战即佯败退兵西北。夏军见魏军果然不堪一击，便大胆出城追击。拓跋焘在正面迎击的同时，将骑兵分作左右两队，绕道截断夏军后路，对夏军形成前后夹击之势。赫连昌虽拼死力战，终不敌魏军骁勇之师，率残部西逃。魏军乘势攻下了统万城，占领了大夏国都。不久，北魏军又攻克了上邽（今甘肃天水市），大夏国灭亡。

从拓跋焘对于攻打坚城的弊端的认识、为避免屯兵坚城之下而不能克、陷入困境的决策中，可以清楚地看到，出身于少数民族的北魏主，将孙武的军事思想作为自己指挥作战、克敌制胜的指导。正因为拓跋焘认识到了长途奔袭敌国的弊端，所以采取了诱敌出城的策略，抓住敌人援军未到的有利时机，以速战取得了战斗胜利。北魏拓跋焘攻破统万城之战，是运用孙子《作战篇》战略思想克敌制胜的成功范例。

第三篇　谋攻篇

【主要内容】

从这篇开始到《军争篇》止，主要是议论在作出用兵的决策之后，人们必须首先思考的战略思想和战略原则。

本篇着重论述用兵打仗"必以全争于天下"，即力求"全胜"的战略思想和策略原则。内容分为四部分：1. 提出用兵作战应力求"全胜"的观点，应有上、中、下三策，上策是"伐谋"，以计谋取胜，做到"不战而屈人之兵"；中策是"伐交"，通过外交手段促使敌国放弃抵抗或让地赔款；下策是"伐兵"，通过兵戎相见，歼灭敌军，占领敌国领土。2. 提出在不得已的情况下，进行流血战争所应掌握的基本策略和战术原则。着重强调应根据敌我双方实力对比及战场实际情况，机动灵活地分别采取"十则围之"、"五则攻之"、"倍则分之"、"敌则能战之"、"少则能逃之"、"不若则能避之"的战术，而不可不顾自身军力薄弱机械地坚守阵地，以致为强敌所擒。3. 强调三军统帅，作为君主的辅佐，责任重大，其辅佐得周密与否，关系国势的强弱。指出国君要充分发挥三军统帅的才能，需要防止三种弊端：一是不了解敌我双方的情况，直接指挥军队作战；二是不了解军队的事情任意干预军队的政务；三是不懂得用兵的权谋机变任意干涉将帅们的指挥。4. 提出五条预测胜利的方法：一是知道在何种形势下可以战或不可以战；二是懂得根据敌我双方力量对比的不同情况采取不同的策略和战术；三是全军上下、同心同德；四是以我方的有准备对付敌方的无准备；五是将帅有才能而又不受君主的掣肘。

【原文】

孙子曰：凡用兵之法，全国为上[1]，破国次之[2]；全军为上[3]，破军次之；全旅为上[4]，破旅次之；全卒为上[5]，破卒次之；全伍为上[6]，破伍次之。

是故百战百胜，非善之善者也；不战而屈人之兵[7]，善之善者也。故上兵伐谋[8]，其次伐交[9]，其次伐兵[10]，其下攻城。攻城之法，为不得已。修橹[11]，具器械，三月而后成；距[12]，又三月而后已。将不胜其忿而蚁附之[13]，杀士三分之一而城不拔者，此攻之灾也。

故善用兵者，屈人之兵，而非战也；拔人之城，而非攻也；毁人之国，而非久也[14]。必以全争于天下[15]，故兵不顿而利可全[16]，此谋攻之法也[17]。故用兵之法，十则围之[18]，五则攻之，倍则分之[19]，敌则能战之[20]，少则能逃之[21]，不若则能避之。故小敌之坚[22]，大敌之擒也[23]。

夫将者，国之辅也[24]。辅周则国必强，辅隙则国必弱。故君之所以患于军者三[25]：不知军之不可以进而谓之进[26]，不知军之不可以退而谓之退，是谓縻军[27]。不知三军之事而同三军之政[28]，则军士惑矣[29]；不知三军之权而同三军之任[30]，则军士疑矣[31]；三军既惑且疑，则诸侯之难至矣[32]，是谓乱军引胜[33]。故知胜有五：知可以战与不可以战者胜；识众寡之用者胜[34]；上下同欲者胜[35]；以虞待不虞者胜[36]；将能而君不御者胜[37]。此五者，知胜之道也[38]。

故曰：知彼知己，百战不殆[39]；不知彼而知己，一胜一负；不知彼不知己，每战必殆。

【译文】

孙子说：大凡用兵作战，以能完整地占有敌国领土为上策，通过进攻使敌国受到破坏，便略逊一筹了；以能使敌国一军之众完整地降服为上策；通过兵刃交锋，击溃敌国一军之众便略逊一筹了；以能使敌军一

第三篇 谋攻篇

旅之众完整地降服为上策，通过兵刃交锋、击溃敌军一旅之众便略逊一筹了；以能使敌军一卒之众完整地降服为上策，通过兵刃交锋击溃敌军一卒之众便略逊一筹了；以能使敌军一伍之众完整地降服为上策，通过兵刃交锋击溃敌军一伍之众便略逊一筹了。

所以说：百战百胜，并不是最好的；只有不经过兵刃交锋而使得敌军降服才是最好的。最好的用兵是以谋略取胜，其次是运用外交手段取胜，又其次是以军事手段取胜，最差的要算强攻敌国的城池了。采用攻城的方式应是迫不得已而为之。因为制造攻城用的大盾牌和大型战车，准备好各种攻城器材，需要 3 个月时间；堆筑攻城用的小土山，又要 3 个月时间。然后，将领满怀愤怒，驱使士卒像蚂蚁一样蜂拥攻城，以至于死伤 1/3 还是不能把城攻破，这便是强攻城池的灾祸啊！

所以说，善于用兵的人，能使敌军降服，却不用通过兵刃交锋；能夺取敌国的城池，却不是经过激烈的攻城战斗；能毁灭敌人的国家，却无需经过旷日持久的战争。与天下诸侯争斗务求取得完全的胜利。做到自己兵力不致折损而获得完整的利益。这正是以谋略取胜的优点。所以说，用兵打仗的方法应是：我军的兵力 10 倍于敌军，便把敌军包围起来加以全歼；我军的兵力 5 倍于敌军，便应对敌军发起攻击；我军的兵力只为敌军的 1 倍，就应设法将敌军分割开来以造成我军更大的优势；我军的兵力与敌军相当，便应奋力战胜他们；我军的兵力比敌军少，便应设法逃避而不与之正面接战；我军的实力赶不上敌军，就应回避它不同它正面冲突。所以说：弱小的军队如果硬拼，必定为实力强大的军队所擒获。

军队的将帅，是国君的辅佐。辅佐得周详，国家就必定强大；辅佐得不周详，国家就必定会因遭受强国的攻击而衰弱下来。所以说，国君对于军队作战不利的事有三：不了解军队不可以前进，却硬要命令军队前进；不了解军队不可以后退，却硬要命令军队后退，这叫做束缚军队。不了解军队的事情，却要总揽军队的政务，以致使得将士们产生困惑；不懂得军队作战的灵活与权变，却要干预军队的指挥，以致使得将士们产生疑虑；军队将士既困惑又疑虑，各诸侯国乘机进犯的灾难就会到来，这叫做自己扰乱军心、招引敌军取胜。所以说，预测胜利的方法有五种：知道在什么情况下可以作战，和在什么情况下不可以作战的人，会取得战争的胜利；懂得怎样用众多的兵力作战，也懂得怎样用少量兵力作战的人，会取得战争的胜利；全军上下，同心同德的，会取得战争的胜利；以我方的有准备对待敌方的无准备，会取得战争的胜利；将帅有才能而国君不加掣肘的，会取得战争的胜利。这五条，就是预测胜利的方法。

所以说；既了解敌方情况，也了解我方情况，便能百战百胜而不会有危险。不了解敌方情况。只了解我方情况，便会有时胜利，有时失败。既不了解敌方情况，也不了解我方情况，就会每次用兵都必定失败。

【注释】

〔1〕全国：指完整地占有别国的领土。全，完整、完全。这里作动词，指完全地占有。〔2〕破国：指攻破敌国。〔3〕全军：这里是指使敌人全军将士投降。军，春秋时期军队的编制，每军为12，500人。〔4〕旅：春秋时期军队的编制，每旅为500人。〔5〕卒：春秋时期军队的编制，每卒为100人。〔6〕伍：春秋时期军队的编制，每伍为5人。〔7〕不战而屈人之兵：这里是指，不通过双方军队兵刃交锋，便能使敌军屈服。屈，屈服，意为使敌屈服。〔8〕上兵伐谋：最好的用兵方法是以谋略取胜。上，上等、上乘、最好的。兵，指用兵方法。伐，攻伐、攻击、进攻。谋，谋略、计谋。〔9〕伐交：运用外交手段战胜敌国。〔10〕伐兵：运用兵刃交锋战胜敌国。〔11〕修橹：修，建造、制造。橹，一种用藤草制成的大盾牌。〔12〕距：通"堙"，指堆筑攻城用的小土山。〔13〕蚁附：像蚂蚁那样一个接着一个。蚁，蚂蚁。附，依附。〔14〕久：这里是指旷日持久的战争。〔15〕必以全争于天下：这里的意思是说，要用求得全胜的战略与天下各诸侯国争斗。全，完整、完全。这里是指取得对敌国的全国、全军、全旅、全卒、全伍的胜利。〔16〕兵不顿：国队不致疲惫，挫折。顿，通"钝"。疲惫、挫折。〔17〕谋攻：用计谋进行攻伐。〔18〕十则围之：有十倍于敌的兵力就将敌军包围起来。

第三篇 谋攻篇

十,这里是指的十倍。围,包围。〔19〕倍则分之:这里的意思是说,有一倍于敌的兵力,应设法把敌军分开,以造成我军更大的优势。分,分开、分割。〔20〕敌则能战之:与敌军兵力相当能够战胜它。敌,匹敌、相当、相等。〔21〕少则能逃之:兵力数量比敌军少,就应设法逃避它。〔22〕小敌之坚:这里的意思是说战争中兵力弱小的一方实行硬拼的战法。小,弱小。敌,泛指战争的一方。小敌,指战争中兵力弱小的一方。坚,坚固引申为硬拼。〔23〕大敌之擒:为兵力强大的一方所擒获。大敌,战争中兵力强大的一方。擒,擒获。〔24〕国之辅:国群的辅佐。国,这里是指的国君。辅。辅佐。〔25〕患于军:这里是指对军队作战有不利的事情。患,忧患、不利。〔26〕不知军之不可以进而谓之进:这里是说,君主不知道不可以进军但却命令进军。谓,通"与",这里可引申为命令。〔27〕縻军:束缚军队的行动。縻,羁縻、束缚。〔28〕三军之政:这里是指军队的政务。三军,指我国古代作战设置的上、中、下或左、中、右三军亦可泛指军队。政,是指政务。〔29〕惑:困惑。〔30〕不知三军之权而同三军之任:这里的意思是说,不懂得用兵的权变、灵活的性质,却要干涉军队的指挥。权,权变,机动。同,有覆盖的意思,这里可引申为总揽。任,指挥、统率。〔31〕疑:疑虑。〔32〕难:危难,灾难。〔33〕乱至引胜:乱军,扰乱军心。引,招致。是说自己扰乱军心,招引敌军取胜。〔34〕识众寡之用:是说了解用众多的兵力或者是用人数少的兵力的各种战法。识,了解。众,众多。寡,寡少。〔35〕上下同欲:君主或统帅与下级官兵有共同的意愿和欲望。上,这里是指的君主或军队的统帅。下,这里是指的下级军官和士兵。欲,欲望、意愿。〔36〕虞:料想,这里可引申为准备。〔37〕御:驾御,引申为牵制,掣肘。〔38〕知胜之道:这里是指预知胜利的方法。知,这里是指预测,预知。道,道路、方法。〔39〕殆:危险、失败。

应用实例

张仪计屈四国

张仪计屈四国,是"伐谋"的典范。战国时七国争雄,苏秦合纵,张仪连横,二人凭三寸不烂之舌,穿梭于七国之间,斗智斗谋,对七国争斗形势影响甚大。苏、张是同学,但主张相反。苏秦合纵失败后,张仪的连横,主要是用以强摄弱的手段,游说六国共同事奉秦国。连横计的成功,从降服魏国开始。秦国为破坏六国合纵,曾答应给魏国不少好处,合纵破产后,张仪献计秦惠王,不再履行诺言。魏国对秦国失信十分恼怒,派人前来质问。秦国借机进攻魏国,一举攻下魏重镇蒲阳城。此时,张仪劝阻秦王不要继续进攻,反而献计归还蒲阳城,并派公子繇留在魏国做人质,以表示愿与魏世代友好的"诚意"。打了败仗的魏王对此感激不已。张仪乘机出使魏国,威迫利诱,要求魏王报答秦国之恩,许之以秦国击败其他国家后将十倍地偿还的条件,迫使魏王自愿割地议和。从此,魏国便归附了秦国。

魏国归附后,张仪又到了楚国。当时楚国与齐国两个大国联盟,对秦国构成极大的威胁。张仪首先收买了楚国佞臣靳尚,通过靳尚顺利见到了楚怀王。张仪单刀直入提出秦楚修好的建议,并通过恭维奉承探知怀王对秦确有所畏惧,于是乘虚而入,施展辩才。先力陈秦与齐联盟,则大不利于楚;若与楚联盟,则可使楚势力迅速强大。继而指出秦不愿与齐国联盟,因为齐曾有负于秦。最后许诺,若秦楚修好,秦愿将先朝攻占的商于之地六百里归还楚国,同时送秦国美女给楚王做妾。楚怀王被张仪说动了心;在靳尚的怂恿下,不顾陈轸、屈原等大臣的反对,同意与齐国绝交,与秦国结盟。

齐国见楚国背信弃义,便派使臣到秦国要求结盟,共伐楚国,秦国也答应了。齐楚交恶,张仪便矢口否认对楚国的承诺,并说怀王将六里错听成六百里。盛怒之下，失去理智的楚怀王贸然起兵伐秦，几个回合下来便大败而去，丧失了关中地区六百里。此时，韩、魏为讨好强秦，也落井下石，出兵袭击楚国。无奈之中，楚怀王派使者到秦营，愿意再献两城而罢兵求和。秦惠王依仗强兵压境，坚持要汉中之地才肯罢兵。走投无路的楚怀王，只得将汉中忍痛割让给秦国。这时，张仪又献计只取汉中一半之地，并主动与楚国联姻。恩威并用，终于使楚国"心甘情愿"臣服于秦国。

制服了楚国，张仪便来到齐国，张仪以秦楚联姻，势力更加强大，韩、赵、魏三国争着献地事奉秦国为条件，威胁齐湣王：假如秦国要韩、魏攻击齐国南部边境，赵国横渡黄河攻击齐国侧面，那时，您就是想事奉秦国，恐怕也为时已晚了。张仪的形势分析，使齐湣王不寒而栗，连忙答应事奉秦国。

接着，张仪向西到了赵国，对赵王说：我们秦王率大军愿与你会战于邯郸城下，特派我来通知你。现在，秦楚联姻，齐奉献鱼塘之地给秦，韩魏自称是秦的东藩之臣。你想以赵国一国之力对抗五国之兵，恐怕要灾祸临头了。赵王闻言胆战心惊，也答应与秦结合，事奉秦国了。

离开赵国，张仪又北上燕国。张仪对燕昭王说：您最亲近的莫过于赵国。但赵国将与自己联姻的代国都灭了，连赵襄王的姐姐也做了牺牲品，还会在乎别人吗？现在，赵国已献地事秦，有朝一日，秦王驱使赵国攻燕，那么，易水、长城都将不会再归燕国所有了。一番话说得燕昭王毛骨悚然，恐惧不已，自愿献出五座城池与秦国讲和。

如此这般，张仪不费一兵一卒，未动一刀一枪，先后降服了楚、齐、赵、燕四国，连同早先制服的魏国，奠定了秦国在诸侯国中的领导地位，成为当时的第一强国。

张仪计屈五国是以秦国强大的军事实力为后盾的。如果没有强大的实力，威胁利诱便不能奏效，你说的话就无人听，听了也不信，所谓"弱国无外交"是也。当然，其中也有张仪的智谋，其智谋主要地表现在"知彼"和"因利而制权"。了解当时的整体形势和各国尤其是君主的具体情况，瞅中他们的要害一语中的，迅速打乱对手的心理防线。同时，对不同的对象采用不同的策略，或以强力威胁，或以利益引诱，或恩威并用，相机而动，因势利导，挑拨离间，无所不用其极。张仪的手段有的极不光彩，不那么光明磊落，因而被屈原骂作"小人"。但张仪游说的结果却是于秦国有大利益的，我们虽不一定效仿其言其行，但也不必用道德对张仪做出简单的否定。

第四篇　形　篇

【主要内容】

前一篇主要是议论广义用兵打仗应力争"全胜"的思想。这一篇则是议论战争的攻守问题，而着重又是议论如何造成一种守必固、攻必克，以求"全胜"的形势。

全篇内容大体分为三部分：1. 提出在战争中实行进攻与防守所必须坚持的基本原则。总的原则是，"先为不可胜，以待敌之可胜"。具体地说就是：守要守得"不可胜"，攻要攻得有机可乘；兵力少时应着重防守，兵力有余方可进攻；守要守得像"藏于九地之下"那样隐蔽，攻要攻得像"动于九天之上"那样出其不意和势不可挡。2. 提出应先认清必胜的形势然后用兵的原则。认为一般的人所能预见到的胜利以及通过兵刃交锋、硬拼死打获得的胜利都不是最理想的胜利，"非善之善者也"。唯有从敌我双方实力及其发展趋势的对比中把握必胜的形势，进而采取措施夺取的胜利，才是善于用兵的人应该努力争取的胜利。由于这种胜利的特点是"先胜而后求战"，是"胜易胜者"，所以取得这种胜利的人往往既无"智名"，又无"勇功"，但他们却是每战必胜而没有差错。3. 强调善于用兵的人应重视"修道而保法"，修明政治，严肃法度，以造成我方必胜的形势。同时，还应从土地、人口和物质资源、军队兵员以及综合实力等方面对敌我双方的情况进行详细的比较与衡量，确认已形成必胜形势后，方才用兵。而一旦用兵就能像"决积水于千仞之谿"那样势不可挡。

【原文】

孙子曰：昔之善战者，先为不可胜[1]，以待敌之可胜[2]。不可胜在己[3]，可胜在敌[4]。故善战者，能为不可胜，不能使敌之可胜[5]。故曰：胜可知而不可为[6]。

不可胜者，守也；可胜者，攻也。守者不足[7]，攻者有余[8]。善守者，藏于九地之下[9]；善攻者，动于九天之上[10]：故能自保而全胜也。

见胜不过众人之所知[11]，非善之善者也[12]。战胜而天下曰善[13]，非善之善也。故举秋毫不为多力[14]，见日月不为明目[15]，闻雷霆不为聪耳[16]。古之所谓善战者胜，胜易胜者也。故善战者之胜也，无智名[17]，无勇功[18]。故其战胜不忒[19]；不忒者，其所措必胜，胜已败者也[20]。故善战者，立于不败之地，而不失敌之败也[21]。是故胜兵先胜而后求战[22]，败兵先战而后求胜[23]。

善用兵者，修道而保法[24]。故能为胜败之政[25]。

兵法：一曰度[26]，二曰量[27]，三曰数[28]，四曰称[29]，五曰胜[30]。地生度，度生量，量生数，数生称，称生胜。故胜兵若以镒称铢[31]，败兵若以铢称镒，胜者之战民也[32]，若决积水于千仞之谿者[33]，形也[34]。

【译文】

孙子说：从前善于打仗的人，总是预先造成一种不可被战胜的形势，来等待敌军有可能被战胜的时机。不可被战胜形势的造成，决定于自己一方。而能否提供可以被战胜的时机则决定于敌方。所以、善于打仗的人，只能做到使自己不可被战胜，却不能做到使敌军必定被我军战胜。所以说：胜利只可以预知。而不可以强求。

不可以被战胜，是讲的防守；可以战胜敌人，是讲的进攻。防守是因为兵力不足，进攻则是因兵力有余。善于防守的军队，就像隐藏在极深的地下一样使敌方莫测虚实；善于进攻的军队，就像从九天之上突然而降，既出其不意，又势不可挡：这样的军队既能在防守中保全自己，又能在进攻时获得全胜。

预见胜利不超过一般人所能预见的、不是最理想的胜利。打了胜仗，天下的人都说好，也不是最理想的胜仗。因为能举起极轻极细的"秋毫"并不能算是力量大；能看见太阳和月亮的光辉也并不能算是眼睛明；能听到雷霆的声音更不能算是耳朵灵。古时所讲的善于打仗的人必定会取得胜利，是指的战胜那些容易战胜的敌人。因而这些善于打仗的人既没多智多谋的名声，也没有勇敢的战功；但他们却每战必胜而不会有差错。之所以没有差错，是因为他们采取了必胜的措施，战胜那已经处于必败之地的敌人。所以，善于打仗的人，总是使自己立于不败之地，而又从不放过使敌人失败的时机。因此，打胜仗的军队总是先取得必胜的形势，然后才向敌国宣战；而打败仗的军队则是先盲目作战，然后再去求取胜利。

因此，善于打仗的人，注重修明治道，严肃法度，所以能够成为决定战争胜负的主宰。

用兵的法则：一是"度"，二是"量"，三是"数"，四是"称"，五是"胜"。敌我双方土地幅员大小不同的"度"，规定着双方人口和物质资源不同的"量"；敌我双方人口和物质资源不同的"量"，规定着双方军队和兵员不同的"数"；敌我双方军队和兵员不同的"数"，规定着双方实力不同的"称"；敌我双方实力不同的"称"，规定着战争结局谁胜谁负。所以说，打胜仗的军队与打败仗的军队相比，就像以"镒"称"铢"一样，前者的力量占绝对优势；而打败仗的军队与打胜仗的军队相比，就像以"铢"称"镒"一样，前者的力量居绝对劣势。打胜仗的人指挥士卒作战，就像从千尺高山顶决开山涧积水往下猛冲那样势不可挡，这正是"形"——实力强大的表现。

【注释】

〔1〕先为不可胜：首先造成一种不可被敌军战胜的形势。先，首先。为，造成。不可胜，不可被战胜。〔2〕待敌之可胜：这里是指等待

敌人有可能被我军战胜的机会。待，等待。敌，敌方，可胜，可以被战胜。〔3〕在己：在于自己，决定于自己。〔4〕在敌：在于敌人，决定于敌人。〔5〕不能使敌之可胜：这里指不可强使敌军提供被我军战胜的机会。使，强使。〔6〕不可为：不可以强求。〔7〕守则不足：这里是指，兵力不足时应着重防守。守，防守，不足，这里是指的兵力不足。〔8〕攻则有余：这里是指，在兵力充足有余时才发起进攻。攻，进攻。有余，这里是指的兵力有余。〔9〕藏于九地之下：是指将军队隐藏在很深很深的地下，使敌人莫测虚实。藏，隐藏、隐蔽。九地，极深的地下。"九"是虚数，古人常用"九"表示数的极点。〔10〕动于九天之上：是指，军队进攻如同从天而降，既出其不意又势不可挡。动，发动。这里可引申为进攻。〔11〕见胜不过众人之所知：这里是指，为一般人所能预测到的胜利。见，预见。见胜，预见到胜利。众人，这里是指一般的人，平常的人。知，知道。引申为预知、预测。〔12〕善之善：好而又好。最好，最理想的。〔13〕天下曰善：天下的人都说好。〔14〕举秋毫不为多力：举，举起。秋毫，野兽秋天长出的毫毛，比喻为极轻、极细的事物。多力，力量大。〔15〕明目：眼睛很亮。〔16〕聪耳：耳朵很灵。〔17〕无智名：没有多智多谋的名声。智，智谋。名，名声。〔18〕无勇功：没有勇敢的成功。勇功，勇敢的战功。〔19〕战胜不忒：打胜仗不会有差错。忒，可以译为"差"或"差错"。〔20〕胜已败者也：战胜已经处于必败之地的敌人。已败，已经失败、已经处于必败之地。〔21〕不失敌之败：不放过使敌人失败的机会。失，丧失。敌之败，敌人的失败。〔22〕胜兵先胜而后求战：这里是说，打胜的军队总是事先取得必胜的形势而后才向敌国宣战。胜兵，打胜仗的军队。先胜，这里指事先取得必胜的形势。求战，宣战。〔23〕败兵先战而后求胜：这里说，打败仗的军人，是因为先打仗而后再谋求胜利。败兵，打败仗的军队。求胜，谋求胜利。〔24〕修道而保法：修明治道，严明法度。〔25〕为胜败之政：能成为支配用兵胜败的主宰。为，成为。政，正，引申为主宰。〔26〕度：度量。这里是指土地幅员的大小。〔27〕量：容量、数量。这里是指人口和物质资源的数量。〔28〕数：数量。这里是指兵员的数量。〔29〕称：衡量。这里是指衡量敌我双方实力的对比情

第四篇 形 篇

况。〔30〕胜：胜利。这里是指取胜的可能性。〔31〕以镒称铢：以很重的事物去称量很轻的事物，自然是轻重悬殊。这里是比喻胜兵对败兵的力量相差悬殊。胜兵的实力占有绝对优势。镒与铢都是我国古代的重量单位。一镒等于24两，一两等于24铢。〔32〕战民：民，作"人"解，战民：作战的人，即士卒。〔33〕决积水于千仞之谿：决开积水从千仞之高的山顶山涧冲下来。决，冲决。仞，我国古代高度单位，一仞为七尺。谿，山涧。〔34〕形也：这里的形是指的由军事实力而造成的形势。

应用实例

秦将王翦大胜楚军

公元前225年，一心想统一中原的秦王嬴政再次谋划进攻楚国。出兵前，秦王问大将李信，攻楚需要多少人马，李信预计20万人马就足够了。又问老将王翦，回答是非60万人马不可。秦王以为王翦年老胆怯，勇气减退，故用李信为将、蒙武为副将，率20万兵马进攻楚国。李信初战告捷，一举攻下平舆，又西进攻下田城，便约率兵攻打寝邱的蒙武迅速西进城父，合兵向纵深挺进。

这时，楚国见秦兵已深入楚国腹地，便派项燕为大将，领兵20万，水陆并进，迎击秦军于西陵，并派副将屈定，设七处伏兵于鲁台山一带。秦楚两军遭遇西陵，战斗异常激烈，秦军前进受阻，难分难解之时，屈定的七处伏兵突然杀出，秦军两面受敌，猝不及防，大败而逃。项燕乘胜追击，杀秦军都尉七人、士卒无数，直至平舆，收复全部失地。李信兵败，尚未攻至城父的蒙武，见势急速撤兵，伐楚之役全面告败。

满怀必胜信心的秦王，闻讯后恼怒不已。秦王下令削除了李信的官职，亲自登门请王翦出山收拾残局。王翦推托不过，答应出山，但坚持原议，非60万人马不足以战胜楚军。秦王仍不以为然，引经据典，称五霸争雄出兵最多还不过 10 万。将军何故非 60 万不可？王翦解释道：古时打仗，先约定日期，事先摆好阵式，交战中都遵循一定的规矩礼节，所以那时打仗用兵数量不需要很多。现在情况已经发生了根本变化。列国争斗，都是以强凌弱，以多侵少，每次交战，杀人动辄数万，围城动辄数年，一些国家更是人人都得服兵役，军队人数大大增多，打仗动用的兵力远远超过了春秋五霸争雄。更何况今日的楚国，拥有东南广大的地域，人口众多，资源丰富，一声号令，便可动员百万之众参战，想要征服它，恐怕 60 万兵马还嫌少了呢。王翦的分析入情入理，说得秦王心服口服，终于答应要求，命王翦率 60 万大军征讨楚国。

王翦率军来到前线，与楚将项燕对阵。王翦将大军扎于天中已下，连营十里，坚壁固守，任凭项燕每日阵前挑战，他都置之不理，概不应战。日复一日，免战牌高挂，项燕便以为王翦年迈无勇，惧怕楚军，渐渐骄傲轻敌了。秦营中，王翦命每天杀猪宰羊，改善士兵饮食；将军与士兵同吃同住，对士兵问寒问暖，关怀备至，官兵融洽，上下同心；王翦一面劝阻士兵出战的请求，一面教导士卒进行投石和超距训练（投石类似今天的手榴弹投掷，超距很像现代体育比赛的跳高）。通过比赛，增加了士兵的体质，提高了技能。同时，命令秦军不许越过楚国边界去砍柴，抓获楚国边境百姓要给以酒肉款待，释放回家。秦军的怯战和"友好"，在楚边境一传十，十传百，百姓对秦军的恐惧对抗逐渐变得安定和亲近起来。如此相持一年多，项燕总不能求得一战，便确实认定王翦力弱怯战，更加放松了戒备，楚营中，士兵松松垮垮，对战争已全无警觉。而休整操练了一年有余的秦军，个个精力旺盛，士气正高。

王翦将一切都看得清清楚楚，认为时机已到，有了必胜的把握。于是，大犒三军，突然下令向楚军发起全面进攻。王翦选 2 万精兵打先锋，又分兵数路向楚军同时发起猛烈攻击，并命令部队：各路人马只要打败敌人，便可各自为战，向楚国纵深进攻。早已摩拳擦掌的秦军将士，突然攻击，势如万钧雷霆，迅猛异常，所向无敌。而长期松懈麻痹的楚军，突遭秦军猛烈袭击，仓皇应战，斗志全无，几乎没有什么抗击能力。未经几阵，便大败溃散，副将屈定战死，主将项燕率兵败逃东去。王翦乘胜追击，又获永安城大胜。未及数月，秦军先后攻占了淮北、淮南、江南等地,最后终于俘虏了楚王负刍,大将项燕被迫自杀。到第三年,即公元前223年,嬴政执政23年,秦王终于并吞了楚国。

强秦吞楚,王翦之功大矣。而王翦的成功秘诀,正是孙武所言之"先为不可胜,以待敌之胜",守则"藏于九地之下",攻则"动于九天之上",终于造成"以镒称铢"的绝对优势,然后以"决积水于千仞之谿"的猛烈攻势,一举全胜已败之敌。

《形篇》不仅是一篇闪耀着辩证法和实事求是精神光辉的兵书,而且是一篇极富文采的美文。尤其是"藏于九地之下"、"动于九天之上"、"决积水于千仞之谿"的比喻夸张;"举秋毫不为多力,见日月不为明目,闻雷霆不为耳聪"的排比辨析;"地生度,度生量,量生数,数生称,称生胜"的顶针连贯;"以镒称铢"、"以铢称镒"的对照比较,等等,都是极富美感的生花妙笔,不仅可使兵家于轻松愉悦中理解孙子兵法的精义,也可使一般读者得到美的享受,感受到孙子兵法的诱人魅力,受到心智的启发。

第五篇　势　篇

【主要内容】

这篇的"势",着重分析在对敌军实施战略进攻中,如何从战役上运用奇正结合的原则,创造一种高屋建瓴、出奇制胜的态势。

全篇内容大体分为四部分:1.阐述在战役上用兵打仗必须注重四条:一是部队编制有序,管理严密。二是旌旗鲜明,号令严肃。三是善于运用奇正结合原则。四是善于避实击虚。2.提出"凡战者,以正合,以奇胜"的命题,并加以阐述。指出,用兵打仗无非是正与奇两种态势,这两种态势是相互依存、相互转化、因机制宜,变化无穷的,而又以出奇制胜为上;强调出奇制胜的特点和优点是,抓住时机,行动快速,态势险峻,居高临下,兵之所至,如激水漂石,鸷鸟搏兔。3.造成奇正结合,出奇制胜态势的关键有二:一是我军训练有素,布阵周密。做到在人马杂乱,情况混沌的情况下作战、能保持我军的号令统一、建制不乱,首尾相接,圆运自如;二是以伪装示形于敌。要示敌以"乱""怯""弱";要诱之以"利",引诱敌军上当受骗,听从我军"调遣"、以造成我军的险峻态势,出奇制胜。4.结论:善于用兵的人重视依靠和建构一种必胜的态势而不苛求于下属,他们选择将领也是善于"任势"的人,所以打起仗来就能像从高山上往下滚动圆石那样势不可挡,战无不胜!

【原文】

孙子曰:凡治众如治寡[1],分数是也[2];斗众如斗寡[3],形名是也[4];三军之众[5],可使必受敌而无败者[6],奇正是也[7];兵之所加,如以碫投卵者[8],虚实是也[9]。

凡战者,以正合[10],以奇胜[11]。故善出奇者[12],无穷如天地[13],不竭于江河[14]。终而复始[15],日月是也;死而复生[16],四时是也。声不过五[17],五声之变[18],不可胜听也[19];色不过五[20],五色之变,不可胜观也;味不过五[21],五味之变,不可胜尝也;战势不过奇正[22],奇正之变,不可胜穷也[23]。奇正相生[24],如循环之无端[25],孰能穷之?

激水之疾[26],至于漂石者[27],势也[28];鸷鸟之疾[29],至于毁折者[30],节也[31]。是故善战者,其势险[32],其节短[33],势如弩[34],节如发机[35]。

纷纷纭纭[36],斗乱而不可乱也[37];浑浑沌沌[38],形圆而不可败也[39]。

乱生于治[40],怯生于勇[41],弱生于强[42]。治乱,数也[43],勇怯,势也[44];强弱,形也[45]。故善动敌者[46],形之,敌必从之[47];予之,敌必取之[48]。以利动之[49],以卒待之[50]。

故善战者,求之于势[51],不责于人[52],故能择人而任势[53]。任势者,其战人也[54]。如转木石[55]。木石之性,安则静[56],危则动[57],方则止[58],圆则行[59]。故善战人之势,如转圆石于千仞之山者[60],势也。

【译文】

孙子说:管理人数众多的军队,能够像管理人数很少的军队那样应付自如,这是由于军队的编制和组织合理;指挥大部队作战能够像指挥小部队作战那样得心应手,这是由于旌旗鲜明,号令严肃;能使整个部队受敌而不及溃败,这是由于善于运用奇正结合的战术;对敌军进攻能够像以石击卵那样一触即溃,这是由于以实击虚。

大凡用兵作战,都是以正兵迎敌,奇兵取胜。所以善于出奇兵的人,其战法的变化,如同天地运行一样,永不止息,也像江河水流一样，永不枯竭。终而复始，这是日月运行的规律；死而复生，这是四时更迭的法则。音调不过是宫、商、角、徵、羽五种，但用这五音编制了各种各样的音乐，却是听不尽的；基本的颜色不过青、黄、赤、白、黑五种，但用这五色配合而成各种各样的色彩，却是看不尽的；基本的味觉不过酸、辛、咸、甘、苦五种，但用这五味调和而成各样各种佳肴美味，却是尝不尽的；战争的态势不过是奇正两种，但这奇正运用的变化却是没有穷尽的。奇与正相互依存，相互转化，就像循环那样无首无尾，谁又能穷尽它呢？

湍急的流水冲击力之猛，足以漂走石头，那是由于水流迅猛的"势"造成的；鸷鸟从高空往下猛烈搏击，以致能捕杀鸟雀、那是由于抓住了时机。所以说，善于作战的人，他们造成的态势总是十分险峻，他们抓住的时机总是非常短促。他们造成的态势就像已经张开的弓弩一样，险恶异常；他们抓住的时机就像正要用手扳动机钮一样，瞬间即发。

在旌旗纷飞，人马混杂的情况下指挥作战，要能使自己的部队保持一定的程序，而不致混乱；在兵如潮涌、混沌不清的状态下组织战斗，要能使自己的部队首尾相接，圆运自如，而不会被打败。

能够示敌以乱，是出自自己的军队有严密的军事管理；能够示敌以怯，是来源于本军将士们有勇敢的素质；能够示敌以弱，是来源于本军有强大的实力。治与乱，这是由军队的编制和组织决定的；勇与怯，这是由军队所处的态势决定的；强与弱，这是由军队的实力决定的。所以，善于"调动"敌军的人，只要以伪装示形于敌军。敌军便会跟着跑；只要伪装给予敌军以"利"，敌军便必然会来夺取。他们就是这样用"利"去引诱、"调动"敌军、并以重兵等待他们，予以歼灭之。

所以说，善于用兵打仗的人，总是重视造成一种必胜的态势，而不苛责于下属。所以他们能够选择人才去利用和创造必胜的态势。能够利用和创造必胜态势的人，他们指挥打仗，就像转动木石一样。木石的性质是放在平坦安稳的地方就静止不动，而一旦放在险峻陡峭的地方，就会往下冲滚、势不可当。而这也正是所谓的"势"啊！

第五篇 势 篇

【注释】

〔1〕治众如治寡：管理人数众多的人就如同管理人数很少的人那样得心应手。治，治理、管理。众，众多。这里指众多的人。寡，少。这里是指数量很少的人。〔2〕分数：指的是军队的编制。曲为分，什伍为数。〔3〕斗众如斗寡：指挥众多的人作战就如同指挥人数很少的作战那样轻而易举。斗，战斗。斗众，指挥众多的人作战。〔4〕形名：旌旗曰形，金鼓曰名。形名就是指的古代作战用的旌旗、金鼓。〔5〕三军：我国古代作战，军队常分为上、中、下三军或左、中、右三军。故三军即可泛指军队。〔6〕必受敌：必，通毕，可引申为完全、全部。受敌，遭受敌军攻击。〔7〕奇正：我国古代军事术语。当敌为正，傍出为奇。〔8〕以碫投卵：用坚硬的石头投击鸡蛋。碫，一种很坚硬的石头。卵，蛋。〔9〕虚实：虚，空虚。这里是指用兵时防守空虚或实力空虚。实，充实、坚固。这里是指用兵时，军力充实或防守坚固。〔10〕以正合：正，这里是指的正兵，正道。合，会合、交合。这里是指的合战、交战。〔11〕以奇胜：以奇兵取胜，出奇计制胜。奇，奇特。这里是指的奇兵、奇计。〔12〕善出奇者：善于出奇兵或奇计的人。〔13〕无穷如天地：像天地运行一样，没有止境。无穷，没有穷尽、没有止境。〔14〕不竭如江河：像江河的水那样长流不息，不会枯竭。竭，枯竭。〔15〕终而复始：这里是说，日月运行去而复来。终，终结。始，开始。〔16〕死而复生：这里是说春夏秋冬四季的变化有盛有衰。盛而又衰，衰而又盛。死，死亡。生，生长。〔17〕声不过五：这里指的宫、商、角、徵、羽五种音调不过五种。〔18〕五声之变：宫、商、角、徵、羽五种音调的变化。〔19〕不可胜听：这里是指听不尽的音乐。胜，这里作"尽"解。〔20〕色不过五：这里是指自然界基本颜色不过红、黄、青、黑、白五种。〔21〕味不过五：一切食物都不过是酸、辛、咸、甘、苦五种基本滋味。〔22〕战势：因具体的兵力部署和作战方法而形成的战争态势。〔23〕胜穷：完全穷尽。〔24〕奇正相生：正兵与奇兵相互依存、相互作用、相互转化。〔25〕循环之无端：像循历其环一样，是没有首尾、

没有止境的。〔26〕激水之疾：像流速很快的水那样迅猛有力。激水，湍急之水。疾，迅猛。〔27〕漂石：把石头漂走。〔28〕势也：这里的"势"，是指的一种居高临下的具有巨大冲击力态势。〔29〕鸷鸟之疾：像鹰鸷那样快速猛烈。鸷鸟，一种很凶猛的鸟，如鹰、鸷之类。疾，快速，猛烈。〔30〕毁折：毁伤、杀死。〔31〕节也：这里的"节"是指的时机、关节。〔32〕势险：形势（态势）险峻。〔33〕节短：时机短促。〔34〕弩：张开的弩箭。〔35〕发机：扳动机钮。机，机钮。〔36〕纷纷纭纭：纷纷，紊乱的样子。纭纭，多而乱的样子。〔37〕斗乱：指在纷乱的状态中作战。〔38〕浑浑沌沌：混乱迷蒙不清的样子。〔39〕形圆而不可败也：意思是说，由于采用圆形阵式，故能首尾相接。运动自如，不致失败。形圆，即圆形。这里指的是一种圆形阵式。〔40〕乱生于治：这里的意思是说，能够示敌以乱是来源于严格有序的军事训练和军事管理。乱，混乱。治，治理。引申为严格有序的管理。〔41〕怯生于勇：这里的意思是说，能够示敌以怯来源于将士们有勇敢顽强的素质。怯，怯弱，畏怯。勇，勇敢。〔42〕弱生于强：这里的意思是说，能够示敌以弱，是来源于军队有强大的实力。弱，懦弱、羸弱。强，强大。〔43〕治乱，数也：这里的意思是说，军队的治或乱是由军人的编制和组织是否合理决定的。数，这里是指的"分数"，即军队的编制和组织。〔44〕勇怯，势也：这里的意思是指，士卒的勇敢或畏怯，是由战争态势的有利或不利决定的。〔45〕强弱：形也：这里的意思是指，军队战斗力的强大或弱小是由双方军队的实力显现的。〔46〕善动敌者：这里是指那些善于用计"调动"敌军的将领。动，调动。军的将领。〔47〕形之，敌必从之：这里的意思是说，只要通过伪装，示敌以形，敌军便会跟着走。形之，指示敌以形。〔48〕予之，敌必取之：这里的意思是说，只要伪装给予敌军以"利"，敌军便来夺取。予之，这里是指给予敌军以"利"。〔49〕以利动之：这里是指以利益调动敌军。〔50〕以卒待之：这里是指，以重兵等待敌军到来，以便歼灭它。卒，这里是泛指军队。〔51〕求之于势：营造出有利的态势。求，追求，这里引申为营造。势，态势。〔52〕不责于人：这里是指，不苛责于部属与士卒。责，责备、苛责。〔53〕择人而任势：挑选人才去利用和创造有利的态势。择，选择、挑选。任势，利用或创造形势（态势）。〔54〕战人：指挥军队与敌作战。〔55〕转木石：滚动木头与石头。〔56〕木石之性安则静：木头与石头的性质是把它们放在平坦安稳的地方，它们就能静止不动。性，性质。安，安稳。〔57〕危则动：这里是说，把木头或石头放在险峻陡峭的地方，它们就会滚动，而且势不可挡。危，危险。这里是指险峻陡峭的地方。〔58〕方则止：方形的物体总是静止不动的。方，方形。〔59〕圆则行：图形的物体总是要行走、滚动的。圆，圆形。〔60〕转圆石于千仞之山：从高达七千尺高的山顶向下滚动圆石，那力量是不可阻挡的。仞，我国古代衡量高度的标准，一仞为七尺。

应用实例

官渡之战

东汉末年，武装割据集团纷起，为争夺地盘而征战不断。到二世纪末，曹操与袁绍成为当时势力最大的两大割据集团，并形成了沿黄河下游南北对立的局面。公元 200 年，袁绍陈兵 10 万于黄河北岸，计划渡河与曹操决战。大军压境，曹军中不少人甚觉惶恐。曹操向将士们分析形势，指出袁绍野心虽大，但缺少智谋，表面气势汹汹，实际上胆略不足；疑心重且忌人之能，兵虽多但组织不严指挥不灵，而且将帅骄横，政令不一。战胜袁绍有绝对把握。曹操的谋士荀彧也认为，袁军内部不团结，将帅、谋士之间矛盾重重，并非坚不可摧。曹操、荀彧的分析，鼓舞了曹军战胜袁绍的信心。针对实际情况，曹操制定了以逸待劳，后发制人的战略方针。将主力陈于官渡，以挡袁军正面进攻，确保都城许昌的安全，同时加强关中、河内的防守，以防袁军西路进犯，固守延津、白马等重要渡口，阻挡袁军渡河南下，形成三面固守之势，然后静观其变，伺机取胜。

2 月，袁绍派大将颜良渡河攻打白马，企图争夺南岸要点，以保障主力渡河。白马守将刘延坚守城池，伤亡严重，情势危急。此时荀彧献计设法分散袁军兵力，避免以三四万的人马与袁军10万之众正面交锋。曹操听计，引兵先至延津，佯装要渡河北上攻击袁绍后方。袁绍果然中计，分兵增援延津。曹操迅速调转兵力向东以张辽、关羽为前锋率轻骑驰援白马。曹军距白马十余里时，袁军才发现。颜良措手不及，被迅速迫近的关羽斩于马下，袁军大败，溃不成军。

白马解围，曹操率兵沿河西撤，损兵折将的袁绍，恼羞成怒，不听谋士沮授的劝谏，强行渡河追击曹操。兵至延津，袁绍派文丑、刘备攻击曹军。曹操命令士卒解鞍放马，又将辎重故意丢弃道路两旁。追赶而来的袁军，见状争抢辎重，对曹军毫无战意。此时，曹操急令士卒上马，突然发起攻击，一举打败袁军，杀了大将文丑。曹操获胜后，顺利退回了官渡大本营。

白马、延津两战，袁军虽初战失利，但兵力仍占优势。8月，袁军逼近官渡。与曹军对峙。曹操在官渡严密设防，并寻机攻击袁军，但未能取胜。于是，曹操便深沟高垒，固守阵地。相持三月有余，曹操因兵力粮草不足而产生动摇，有意退守许昌。留守许昌的荀彧指出：袁军亦已是兵力耗损殆尽，这时正是战势即将转折的关键，用奇的战机即将出现，先退者便会陷于万劫不复之灾。曹操采纳荀彧的意见，一面加强防守，严令军需官设法解决粮草补给，一面积极寻找战机，准备奇袭袁军。

曹操选择了截烧袁军粮草的办法以争取主动。他先派人把袁将韩猛督运的数千辆粮车截获烧毁。不久，袁绍又将一万多车粮食集中于乌巢，派淳于琼率军守护。曹操得知消息后，留曹洪、荀彧等守卫大本营，自己亲率步骑五千去攻打乌巢。曹军一律改穿袁军服装，用袁军旗号，夜间取小道急奔乌巢。途中曾遇袁军盘问，以袁绍调派巩固后路而骗过了袁军。曹军到乌巢，立即放火烧粮，袁军大乱，淳于琼仓促应战。后淳于琼见曹军人少，便固守营垒，与曹军相持。此时，若袁绍派重兵援救，则乌巢可保，曹操获胜便相当困难。但是，袁绍闻知曹操攻打乌巢，却错误地认为官渡一定空虚，是破曹的好机会，而且强攻大本营，曹操必定引兵回救，乌巢之围自解。于是，袁绍以主力攻官渡曹营，只派少量兵马救援乌巢。不料，曹营坚固异常，一时不能攻下，曹操也没有回援官渡，而是奋力攻打淳于琼，决心毁掉袁绍所有粮草。袁军增援骑兵迫近乌巢，但曹操并不分兵阻击，而是殊死与淳于琼决战，终于大破淳于琼，待增援袁军到达，乌巢只剩下淳于琼与士兵的尸体，万车粮草已化为灰烬。

乌巢粮草被烧，消息传来，袁军一片惊慌，军心大乱。曹操偷袭乌巢时，大将张郃曾主张派重兵救援，而谋士郭图迎合袁绍力主进攻官渡。此时，郭图害怕袁绍追究责任，便向袁绍进谗言，诬陷张郃为乌巢大败而高兴。张郃遭中伤后，既气愤又害怕，便与高览一起投降了曹操。张、高二将降曹，更使袁军惶恐不安，不战自乱。曹操乘机发起全面攻击，迅速消灭了袁军七万多人，袁绍率残部仓皇逃回河北。曹操获得了官渡大战的全面胜利。

官渡之战，是以弱胜强的成功范例。曹操的成功，首先在于他善于审时度势，能够客观地分析敌我双方的优势与劣势（即所谓"分数、形名、奇正、虚实"等），面对绝对优势的袁军，采用以逸待劳、后发制人的战略方针（即"受敌而无败"、"斗敌而不可乱"）。其次是善用兵法（"以正合，以奇胜"），以主力与敌对峙官渡，以小部队突袭白马、乌巢；佯攻延津，以调动袁军分散兵力（"形之，敌必从之"），而解了白马之围；延津之战，示强以弱，以利诱敌，然后歼击（"以利动之，以卒待之"）；偷袭乌巢，是出奇制胜的典型（"势如彍弩，节如发机"），而拒不分兵阻击援军，宁肯腹背受敌，正应了"置死地而后生"的名言，造成了"危则动"的情势，迫使将士奋力向前（"转圆石于千仞之山"）。再次，曹操善于"择人任势"，他听取部下（尤其是谋士荀彧）的正确意见和建议，灵活变换战术，正奇并用，终于变被动为主动，彻底扭转了战势，并利用态势取得了最后的胜利。

官渡之战，曹操之胜，胜在对孙武《势篇》的正确理解和适当运用，而袁绍之败，恰恰败在了对《势篇》基本原则的违背与无知，不懂得"择人而任势"，也不懂得"奇正之变"、"奇正相生"。可以这样说，官渡大战，曹操、袁绍的胜败结局不同，但胜与败皆出于同一个原因：势也。

第六篇　虚实篇

【主要内容】

本篇主要阐述作战中的虚实原则,特别是避实就虚,以实击虚的原则。这里所谓的"虚"主要是指的兵力虚,防卫虚;而"实"则主要是指的兵力实(兵力集中),攻击实(攻击有力)。

全篇内容大体分为四部分:1.总论实行虚实原则的一般前提。强调提出:实行虚实原则的根本关键是牢牢掌握战场的主动权,使敌军受制于我,而我却不受制于敌。为此,必须具备两个基本的前提条件:一是我军先于敌军进入战地,以形成以逸待劳的态势。二是善于运用"利"与"害"引诱,"调遣"敌军,使之受我牵制而由逸变劳,由饱变饥,由安变动,从而为我军避实就虚,以实击虚提供可乘之机。2.提出并论述关于虚实原则的基本方法。这就是:(1)就一般军事行动来说,我军无论是出兵,进击,乃至于长途进军,都应避敌之实,就敌之虚,出敌所不意,即所谓"出其所不趋,趋其所不意"。(2)就攻守的态势来说,应该是避实就虚,以实击虚。(3)就运用兵力来说,应是以我军相对集中的优势兵力,攻击兵力相对分散之敌。(4)以上这些,都必须以"形人而我无形"为基本方法。即对敌人,应尽力设法使其暴露行踪;对我军,则应尽力隐蔽自己。3.论述战争中侦察敌方虚实情况的步骤与隐蔽我军行动的要诀。4.结论:兵形像水。水之流,避高而就下,兵之形,避实而击虚。水无常形,兵无常势。在战场上,一切因时因地制宜,灵活运用虚实原则。要"因敌而制胜",千篇一律,一成不变的模式是没有的。

第六篇　虚实篇

【原文】

孙子曰：凡先处战地而待敌者佚[1]，后处战地而趋战者劳[2]。故善战者，致人而不致于人[3]。能使敌人自至者，利之也[4]；能使敌人不得至者，害之也。故敌佚能劳之[5]，饱能饥之，安能动之[6]。

出其所不趋[7]，趋其所不意[8]。行千里而不劳者，行于无人之地也；攻而必取者，攻其所不守也；守而必固者，守其所不攻也。故善攻者，敌不知其所守[9]；善守者，敌不知其所攻。微乎微乎[10]，至于无形[11]；神乎神乎[12]，至于无声，故能为敌之司命[13]。

进而不可御者[14]，冲其虚也[15]；退而不可追者，速而不可及也。故我欲战，敌虽高垒深沟[16]，不得不与我战者，攻其所必救也[17]；我不欲战，画地而守之[18]，敌不得与我战者，乖其所之也[19]。

吾所与战之地不可知[20]，不可知，则敌所备者多[21]，则吾所与战者寡矣[22]。故备前则后寡[23]，备后则前寡，备左则右寡，备右则左寡，无所不备，则无所不寡[24]。寡者[25]，备人者也[26]；众者[27]，使人备己者也[28]。故知战之地，知战之日，则可千里而会战[29]；不知战地，不知战日，则左不能救右，右不能救左，前不能救后，后不能救前；而况远者数十里，近者数里乎？

以吾度之，越人之兵虽多[30]，亦奚益于胜败哉[31]？故曰：胜可为也[32]。敌虽众，可使无斗[33]。

故策之而知得失之计[34]，作之而知动静之理[35]，形之而知死生之地[36]，角之而知有余不足之处[37]。

故形兵之极[38]，至于无形。无形则深间不能窥[39]，知者不能谋[40]。因形而措胜于众[41]，从不能知[42]。人皆知我所以胜之形[43]，而莫知吾所以制胜之形[44]。故其战胜不复[45]，而应形于无穷[46]。

夫兵形像水[47]，水之行，避高而趋下；兵之形，避实而击虚。水因地而制流[48]，兵因敌而制胜[49]。故兵无常势[50]，水无常形；能因敌变化而取胜者，谓之神[51]。故五行无常胜[52]，四时无常位[53]，日有短长[54]，月有死生[55]。

【译文】

孙子说：用兵打仗的一般规律是，先进入战地等待敌人，就会显得安逸从容；后进入战地仓促应战，就会非常疲劳。所以，善于用兵的人表现出的特点之一，便是能"调动"敌人而不致被敌人所"调动"。他们之所以能使敌军自己到来，是因为诱之以利；之所以能使敌军不敢到来，是因为威之以害。正是由于这个原因，所以，安逸的敌军可以使它变得很疲劳；饱食的敌军可能使它变得很饥饿；安守不动的敌军可以使它转而出战。

我军出击之处应是敌军无法救援的地方，我军发起奔袭应能出于敌方意料之外。行军千里而不致劳累，是因为行进在敌军没有设防的地区；我军进攻必能成功，是因为攻打的是敌军防守空虚的区域；我军防守必能坚固，是因为守的是敌军无力攻取的地方。所以，善于进攻的人，能做到使敌军不知道该从哪里加强防守；善于防守的人，能做到使敌军不知道应从哪里组织进攻。隐微呀，隐微呀，隐微到以致于敌人看不到一点形迹；神妙呀，神妙呀，神妙到以致于敌军听不到一点声音，只有这样，才能成为敌军命运的主宰。

我军发起进攻，之所以不可抗御，是因为攻的是敌军防守空虚的地方；我军撤退之所以不会被追击，是因为行动迅速，敌军无法追赶到。所以说，我军想出战，敌军主力即使修筑了高垒深沟，也会不得不出来与我军交锋，这是因为我军进攻的是敌军必须救援的地方；相反地，如果我军不想战，哪怕是画了一块地方在那里防守，敌军也不会来进攻，这是因为我军诱使敌军搞错了进攻的方向。正面攻击的敌军数量就是很少的了。

要做到使敌军不知道我军会在哪里同他们作战。这样，敌军就会因多处设防而分散兵力，因而我军进攻所面临的敌军兵力便会减少。所以说，敌军使用兵力防御了前面，后面的兵力便会减少；使用兵力防御了后面，前面的兵力便会减少；使用兵力防御了左面，右面的兵力便会减少；使用兵力防御了右面，左面的兵力便会减少；无处不设防，便会无处兵力不减少。兵力少，是因为处处要被动地防备别人；兵力多，是因为主动地设法使得敌军处处要防备自己。所以说，只要能够知道应该在什么地方作战，应该在什么时候作战，哪怕是千里奔袭也无所畏惧；相反，如果既不知应该在什么地方作战、又不知道应该在什么时候作战，那就会陷入左军不能救援右军，右军无法救援左军，前军不能救援后军，后军无法救援前军的被动局面；更何况远隔数十里，近隔数里，又怎能主动自如地运用兵力呢？

依我的分析，越国军队数量虽然多，但对于作战取胜又有什么帮助呢？所以说，胜利是可以努力争取的。敌军虽然很多，却可以使得他们没有机会与我军主力交锋。

所以，用兵打仗要通过认真的筹算来了解敌方计谋的得与失；要通过诈术挑动来了解敌军活动的规律；要通过示形于敌来了解敌军所处的优势及其致命的薄弱环节；要通过试探性的较量来了解敌军战斗力的强弱。

所以，我军伪装示形要达到不显露一点形迹的最佳状态，以至于藏在我军内部的间谍也无法窥见底细。使得最精明的敌军将领也会束手无策。我军根据敌情，灵活地采取对敌措施取得了成功，即便是把胜利摆在众人面前，人们也看不出所以然来。人们只知道我军克敌制胜的作战方法，却不能知道我军所以能取得胜利的奥妙。因为每一次作战取胜所采用的战法都不是简单的重复，而是适应不同的敌情灵活运用，变化无穷的。

用兵打仗的规律就像水流的规律一样，水流的规律是避开高处流向低处；用兵的规律则是避开敌军的坚实之处，攻击其空虚之处。水因地势的高低而决定其流向，用兵打仗则是要根据敌情来决定取胜的方法。所以说，用兵没有一成不变的形式，水流也没有固定不变的形态；能够根据敌情的变化采取措施夺取胜利，就是所谓的"神"。所以说，五行相生相克，没有哪一"行"永远占优势；四季迭相更替，没有哪一个季节是永驻不动的。一年之中的白天，有的长，有的短；一月之内，月亮也会有盈有亏啊！

【注释】

〔1〕待：等待。佚：安佚、从容。〔2〕趋战：仓促应战。趋，快步而行。〔3〕致人而不致于人：致，招致。人，这里是指"敌人"。致人，招致敌人，可引申为调动敌人。致于人，被敌人所调动。〔4〕利：对之有利。这里是说对敌人有利。〔5〕敌佚能劳之：敌人本来安逸却能使他变得疲劳。〔6〕安能动之：敌军本来安守营寨，却能使他们转而出战。安，安稳。这里是指敌军安守营寨。动，行动。这里可引申为出战。〔7〕出其所不趋：我军出击的地方是敌军无法救援的地方。出，这里是指出兵、出击。趋，趋向，疾趋。〔8〕趋其所不意：这里的意思是说，我军奔袭之处，出乎敌方意料之外。趋，疾走。这里引申为奔袭。意，意料。〔9〕不知其所守：这里是指敌军不知道应在哪里防守。〔10〕微乎：微，微妙。乎，语气词。〔11〕形：形踪。〔12〕神：神奇。〔13〕为敌之司命：意思是说，能主宰敌军，指挥敌军。司命，命运的主宰。〔14〕进而不可御：我军进攻而敌军无法抵挡。进，进攻。御，防御、抵挡。〔15〕冲其虚：冲击敌军防守空虚、薄弱之处。冲，冲击。虚，空虚。这里是指防守薄弱。〔16〕高垒深沟：很高的壁垒和很深的壕沟。〔17〕攻其所必救：我军进攻的地方正是敌方必定要救援的地方。〔18〕画地而守：据地而守。画，界线。画地，画出界线。〔19〕乖期所之：把敌军引到别的方向，与它预定的企图相反。乖，背离。之，往、去到。〔20〕吾所与战之地不可知：敌方不知道我军将会在什么地方与他们作战。所与战，所与之作战。即指我军将要与敌军作战。不可知，指敌方不可知。〔21〕敌所备者多：敌方为防备我军进攻，所用的兵力分布在多处。备，准备、防备。指兵力防备。多，这里是指的多处、多方面。〔22〕吾所与战：所与战，所与之作战。〔23〕备前则后寡：用兵力防备了前面，后面的兵力便少了。〔24〕无所不寡：没有哪个地方兵力不会少。〔25〕寡者：之所以寡，指兵力少的原因。〔26〕备人者也：被动地防备敌人。备人，防备别人。〔27〕众者：指兵力众多。众，众多。〔28〕使人备己：使别人防备自己。使敌军防备我军。〔29〕千里而会

第六篇 虚实篇

战：奔赴千里与敌交战。〔30〕越人之兵虽多：越人之多，指越国的军队。孙武曾被吴王阖闾任命为将，当时吴国与越国正在争雄。所以他说越人之兵虽多。〔31〕奚益于胜败：对作战的胜败有什么帮助？奚，为何、何有。益，益处。〔32〕胜可为：打胜仗是可以努力争取的。可为，可以有所作为，也就是可以努力争取到。〔33〕可使无斗：可以设法使得敌军没有机会与我军作战。斗，战斗、较量。无斗，无法参加战斗较量。〔34〕策之而知得失之计：经过策度、策算，了解到敌方计谋的得失优劣。策，策度、策算。得失之计，指敌方计谋的得与失。〔35〕作之而知动静之理：使用一些诈术挑动以了解敌军活动的规律。作，动作，这里是指的挑动。理，规律。〔36〕形之而知死生之地：通过示形于敌，以了解敌军所处的优势和致命的薄弱环节。形，这里作动词用，示形于敌。〔37〕角之而知有余、不足之处：能通过试探性的较量，以了解对方兵力的强弱。角，较量。有余不足，指敌方兵力的有余或不足，也就是兵力的强弱。〔38〕形兵之极：我军伪装示形于敌达到了最佳状态。形兵，伪装示形于敌之兵。极，极点。〔39〕无形则深间不能窥：我军伪装到了不露任何形迹的最佳状态，以至于深藏在我军内部的敌方间谍也无法窥见我军的行止。深间，深藏的间谍。窥，窥见。〔40〕知者不能谋：最精明能干的将领也会束手无策。知，通智。知者，聪明的人。这里是指精明能干将领。谋，计谋。〔41〕因形而措胜于众：依据敌方的情况，采取灵活的措施，取得了胜利，并使这胜利呈现在众人面前。因，依据。形，形势、情况。措，措施、措置。〔42〕众不能知：众人不能明白。〔43〕皆知我所以胜之形：都知道我军取得胜利的作战方法。形，形态、形状。这里指外在的作战方法。〔44〕莫知吾所以制胜之形：这里的意思是指，不知道我军所以能够克敌制胜的奥妙。制胜，取得胜利。形，这里是隐形，也就是内在的奥妙。〔45〕战胜不复：不重复使用克敌制胜的手段。战胜，这里作名词用，指战胜敌人的手段。〔46〕应形于无穷：战术应适用敌情的变化无穷。应，适应。形，形势，这里可作"敌情"解。〔47〕兵形像水：用兵的规律就如同水流的规律一样。兵，用兵打仗。形，形式，引申为规律。〔48〕水因地而制流：水是依地势的高低而形成不同的流向。因，依。地，地势。制，决定，形成。流，流向。〔49〕兵因敌而制胜：用兵打仗因敌情的变化而决定夺取胜利的方法。敌，敌情。〔50〕兵无常势：用兵打仗，没有一成不变的态势。常势，恒常之势、一成不变的态势。〔51〕神：神奇。〔52〕五行无常胜：意思是说金、木、水、火、土没有哪一样是永恒占优势的。五行，指金、木、水、火、土。〔53〕四时无常位：春、夏、秋、冬四季总是相互接迭，没有哪一季是常驻不动的。四时，指春、夏、秋、冬。〔54〕日有短长：一年之中的白天有的长，有的短。〔55〕月有死生：月亮也有盈有亏。

应用实例

围魏救赵

庞涓与孙膑原在一起学习兵法，庞涓做了魏国大将后，自知才智不及孙膑，为防孙膑日后成为自己的劲敌，便假意将孙膑请到魏国，然后设计陷害，使孙膑遭受刖刑（即割去双脚）。孙膑在魏忍辱负重多时，终于设法逃到了齐国，并受到齐威王的赏识。

公元前352年，魏国借口收复被赵占领的属国中山，以庞涓为帅发兵进攻赵国，包围了赵都邯郸。赵国求救于齐国，齐威王用田忌为大将、孙膑为军师率兵救赵。田忌准备直奔邯郸与魏军主力交战，孙膑却提出"批亢捣虚"、"疾走大梁"的战略迫使魏军回师救援，而解邯郸之围。田忌依计而行，派少量兵力攻打襄陵，摆出进攻魏都大梁（今河南开封）的阵势，而将主力驻扎在襄陵与邯郸之间。庞涓攻邯郸即将获胜，忽听齐军威逼国都，便急调主力回援大梁。此时，齐军早已占据了地势险要的桂陵，养精蓄锐，以待魏军。魏军攻赵经年，兵疲将劳，长途跋涉，更使士气低落，而齐军以逸待劳，又占有先机之利，士气正旺。两军遭遇桂陵，魏军仓皇应战，不过十数回合，便死伤两万余人，庞涓率残部落荒而逃，方才保得性命。桂陵一战，庞涓惨败，邯郸之围

第六篇　虚实篇

遂解。这就是频繁出现在史籍中的"围魏救赵"。

十一年后，庞涓与孙膑又一次交手，这一次却没有桂陵之战那样的幸运了。

公元前341年，魏国以太子申为帅、庞涓为大将起兵进攻韩国，韩国急忙向齐国求救。齐宣王召集大臣研究对策。相国邹忌主张不救，认为韩魏相争，一死一伤，正于齐有利。大将田忌主张早救，若魏胜，则必定殃及齐国。孙膑既不赞成不救，也不支持早救，而主张先答应韩国的求救要求，以增进韩国的信心。韩国必定全力抵抗，以待援军，而魏国必定全力攻打，以求速胜。两军苦战，消耗必大，此时，齐军乘虚进击疲惫之魏军，可一举而下，韩国之危可解，"攻敝魏以存危韩"，可事半而功倍。齐宣王闻言拍手叫好，立即下令依计而行。

果然，韩国听说齐军将要救援，全力抵抗，虽五六次交锋均遭败绩，但魏军也已十分疲惫，攻击力锐减。此时，齐军以田忌为大将、田婴为副将、孙膑为军师起兵救韩。孙膑又使出"围魏救赵"的老招数，率军直逼大梁。庞涓闻讯立即撤兵韩国，回师追击齐军。齐军进入魏境之后，孙膑献"减灶示弱"之计，以迷惑魏军。随后而至的庞涓，见齐军旧营地遗有十万之灶，不禁大吃一惊，遂觉齐国有十万之众，不可小视；第二日再数，却只有五万之灶；第三日更少至三万灶。庞涓见状，不禁大喜，认定齐军怯战，入魏境三天便逃亡过半。便不顾太子申的劝诫，只带挑选的两万精兵，倍道兼行，快速追赶齐兵。

时刻关注魏军行动的孙膑，得知庞涓已过沙鹿山，料定傍晚必至马陵道（今河北大名东南）。马陵道处于两山之间，道狭谷深，山坡林木茂密，是打埋伏的理想战场。孙膑命士兵将道旁树木全部砍倒，横于道路之上，只留一棵大树，在削去树皮处写上"庞涓死此树下"六个大字。同时挑一万名弓弩手埋伏道路两旁，吩咐他们，只要看见树下有火光，便一齐放箭；又命田婴率一万兵马在离马陵道三里处埋伏，只等魏军一过，便从后截断退路。

庞涓追至马陵道，恰是日落西山。见路中横挡大量树木，庞涓只道是齐军惧战，设计阻其快进，便命士兵搬开障碍，继续追击。这时，忽见道旁孤立一树，树上似有字形，因夜昏无月，便命士兵点火来照。岂料,火光一起,万箭齐发,庞涓身负重伤,魏军一时大乱。庞涓自知求生无望,便引剑自刎。随后而行的太子申听得前军有失,急令大军停止前进,就地安营,没提防田婴率齐兵从身后杀来,魏军一时惊慌失措,无人敢战,四散逃生。田忌与孙膑乘势掩杀,直杀得魏军尸横遍野,太子申被生擒。败讯传至魏国,魏惠王见大势已去,不得已向齐国称臣求降了。

　　孙膑两斗庞涓,皆获全胜,仰仗的是乃祖之虚实之道。"避实而击虚"、"攻其所必救"、"以佚待劳"、"知战之地、知战之日"而敌不可知,"形人而我无形"、"致人而不致于人"等,都被孙膑创造性地发挥运用到极致,"围魏救赵"、"马陵道之伏"成为千古美谈,后世兵家之楷模。

第七篇　军争篇

【主要内容】

本篇主要阐述在两军对垒中，为将者必须把握的基本战略和战术。但着重和论述"以迂为直，以患为利"的"迂直之计"。它是对正奇结合、出奇制胜和虚实结合、以实击虚原则的进一步引申与概括。

全篇内容大体分为四部分：1. 提出两军对战，最难掌握的是实行"以迂为直，以患为利"的"迂直之计"。2. 分析实行"迂直之计"既有其有利一面，又有很大的危险。这危险主要有三：一是"举军而争利，则不及"。二是"委军而争利，则辎重捐"。三是"卷甲而趋，日夜不处，倍道兼行"，则可能因士兵体力不支而有程度不同的人掉队，以致酿成损兵折将的败绩。强调行军作战必须具备充足的辎重、粮食、器材，否则将有被歼灭的危险，"军无辎重则亡，无粮食则亡，无委积则亡"。3. 提出实行"迂直之计"必须掌握的三条基本作战原则：不了解敌国的计谋，不能与之交战；不了解地形险阻，不可以轻易行军；没有当地的向导，不应深入敌国。同时还提出实行"迂直之计"的军事行动要求——行军作战快速时像疾风；舒缓时像森林；侵掠时像烈火；难测时像明天；不动时像山岳；发动时像疾雷闪电，以及在作战取胜后应采取的基本举措和临机应变方案。4. 强调提出实行"迂直之计"必须善于运用金鼓、旌旗指挥军队统一行动，必须善于治气、治心、治力、治变，以及在向敌军进攻时必须遵守的八项原则——高陵勿向；背丘勿逆；佯北勿从；锐卒勿攻；饵兵勿食；归师勿遏；围师勿阙；穷寇勿迫。

【原文】

孙子曰：凡用兵之法，将受命于君，合军聚众[1]，交合而舍[2]，莫难于军争[3]。军争之难者，以迂为直[4]，以患为利[5]。故迂其途而诱之以利[6]，后人发[7]，先人至[8]，此知迂直之计者也。

故军争为利[9]，军争为危。举军而争利，则不及[10]；委军而争利，则辎重捐[11]。是故卷甲而趋[12]，日夜不处[13]，倍道兼行[14]，百里而争利，则擒三将军[15]，劲者先[16]，罢者后[17]，其法十一而至[18]；五十里而争利，则蹶上将军[19]，其法半至[20]；三十里而争利，则三分之二至。是故军无辎重则亡[21]，无粮食则亡，无委积则亡[22]。

故不知诸侯之谋者[23]，不能豫交[24]；不知山林、险阻、沮泽之形者[25]，不能行军；不用乡导者[26]，不能得地利。故兵以诈立[27]，以利动[28]，以分合为变者也[29]。故其疾如风[30]，其徐如林[31]，侵掠如火[32]，不动如山[33]，难知如阴[34]，动如雷震[35]。掠乡分众[36]，廓地分利[37]，悬权而动[38]。先知迂直之计者胜[39]，此军争之法也。

《军政》曰："言不相闻[40]，故为鼓铎[41]，视不相见[42]，故为旌旗[43]。"夫金鼓旌旗者，所以一民之耳目也[44]，民既专一[45]，则勇者不得独进，怯者不得独退，此用众之法也[46]。故夜战多火鼓[47]，昼战多旌旗，所以变民之耳目也[48]。

故三军可夺气[49]，将军可夺心[50]。是故朝气锐[51]，昼气惰[52]，暮气归[53]。故善用兵者，避其锐气，击其惰归，此治气者也[54]。以治待乱[55]，以静待哗[56]，此治心者也[57]。以近待远，以佚待劳，以饱待饥，此治力者也[58]，勿邀正正之旗[59]，勿击堂堂之阵[60]，此治变者也[61]。

故用兵之法：高陵勿向[62]，背丘勿逆[63]，佯北勿从[64]，锐卒勿攻[65]，饵兵勿食[66]，归师勿遏[67]，围师必阙[68]，穷寇勿迫[69]，此用兵之法也。

第七篇　军争篇

【译文】

孙子说：大凡用兵的法则，将帅们领受国君的命令，征集民众，编成军队，一直到与敌军对垒，这其中没有比争夺制胜条件更难的了。而争夺制胜条件之所以困难，就在于要把遥远的弯路变为近便的直路，要把不利条件转化为有利条件。也就是说我军出发要有意绕道迂回，并用小利诱使敌军改变其进攻方向，从而做到我军虽然是后出动，却能比敌军先期到达有利阵地。这才是真正懂得运用以迂为直的计谋。

所以说：争夺制胜条件，既有利，也有危险。因为率领军队携带全部武器辎重去争夺先机之利，往往会因拖累太重、行动迟缓而来不及；如果放下笨重装备和辎重去争夺先机之利，就会丧失掉大量的辎重装备。因此，如果让将士们卷起盔甲，轻装急进，昼夜不停，一天走两天的路，那么，这样急行军一百里去争夺先机之利，如果万一发生意外三军的统帅就可能会被敌军擒获。因为这样的急行军，往往是体力强壮的先到，体力羸弱的落在后面，而且一般地只会有十分之一的人能够到达目的地。如果用这种方法，急行五十里去争夺先机之利，便会因只有一半的人能按时到达目的地损折掉前军统帅。如果用这种方法急行三十里去争夺先机之利，也只能有三分之二的人能按时到达目的地。依然难以取胜，更何况军队如果没有随军辎重就要被歼灭；没有粮食供应就要被歼灭；没有储备军用物资器材作补充也会要被歼灭哩！

所以说，不了解各诸侯国的谋略意图，便不能轻易与他们结交；不了解山林、险阻、沼泽的地形、便不能轻易行军；不通过当地的向导，便无法取得有利的地形。所以说，用兵打仗，须以诡诈取胜，以利益驱动，以敌情和地形的不同，灵活地变动战术，或集中使用兵力或分散使用兵力。要做到军队的行动、快起来像疾风一样的迅速快捷；慢起来像树林一样的轻摇摆动；进攻时像火一样的猛烈；坚守时像山岳一样的安稳；难以揣测像阴云蔽天；发动起来像雷霆震地。进入敌国后，要分兵夺取粮食，同时还要扩大占领区，分兵夺取敌方资源。总之，一切都要权衡利害而后相机行动。只有率先懂得以迂于直方法的人才会赢得胜利，这是争夺制胜条件的一般法则。

《军政》里面说："作战时，用语言指挥，人们听不清楚，所以要设置金鼓；以手势动作指挥，人们看清楚，所以要设置旌旗"。金鼓旗帜是用来统一将士们的耳目，进而统一将士们的行动的。将士们行动既然有了统一的指挥，那么，勇敢的不能单独前进，怯懦的也不敢单独后退，这便是指挥千军万马作战的方法。所以，夜间作战，多用火炬和锣鼓；白天作战，多用旗帜，都是为了适应将士们耳目视听的需要。

三军将士，可以夺去它的锐气，军队将领可以使他动摇意志，丧失决心。这是因为，早晨士气旺盛，中午士气懈怠，到了晚上士气便衰竭了。所以善于用兵的人，总是避开敌人锐气，等到他们士气懈怠、衰竭的时候再发起攻击，这是把握士气的用兵方法。以我军严整有序，对付敌军的混乱无序，以我军的沉着镇静对付敌军的喧哗不安，这是掌握心理的用兵方法。以我军的靠近战地等待敌军远道而来。以我军的休整安逸等待敌军的奔走疲劳，以我军的粮饷充足等待敌军的饥饿不堪，这是把握军队战斗力的用兵方法。不要去邀击旗帜严整、队列雄壮的敌军，也不要去攻打阵容强大、实力雄厚的敌人。这是掌握机变的用兵方法。

因此，用兵的法则是：不仰攻占据高地之敌；不迎击背靠丘陵险阻之敌；不追击伪装打败之敌；不进攻士气旺盛之敌；不贪吃敌军的诱饵；不阻击撤兵回国的敌军；把敌军包围起来要留下一面缺口；不要过于逼迫已陷于绝境的敌军。这些都是最基本的用兵方法啊！

【注释】

〔1〕合军聚众：按曹操注："聚国人，结行伍"。意思是说把人们聚集起来，组成军队。合，集合、结集、全集，这里可引申为组织编制。聚，聚集。〔2〕交合而舍：这里的意思是指两军处于对峙状态。交，相交、相互。合，我国古代的军门称为合门。合，驻扎。〔3〕军争：在作战中，争取夺得胜利的有利条件。〔4〕以迂为直：是指把迂回曲折的弯路变为径直近便的道路。迂，迂回、曲折。直，径直。〔5〕以患为利：把有害的事情变为有利的事情。〔6〕故迂其途而诱之以利：意思是说，

第七篇　军争篇

我军故意走迂回道路，而以小利引诱敌军，把它牵引到别的方向。故，故意。其，代词，这里是指我军。之，这里是代指敌军。〔7〕后人发：这里是指，比敌军后出动。人指敌军。〔8〕先人至：比敌军先到达战地。〔9〕军争为利：军争有利。为，这里作"有"解。〔10〕举军而争利，则不及：意思是说，率领全部携带武器辎重的军队去争夺先机之利，就会因行动迟缓而不能按时到达。举，全、尽。举军，指全部携带武器辎重的军队。争利，争夺先机之利。不及，来不及、赶不上。〔11〕委军争利，则辎重捐：句意是说，率领委军去争夺先机之利，那就会把作战必需的重装备和辎重都丢掉。委，委弃、选择。委军，指丢弃了笨重装备和辎重的军队。〔12〕卷甲而趋：收起铠甲，轻装急进。卷，卷起、收起。甲，铠甲。趋、疾走。〔13〕处：作动词，休息、停顿。〔14〕倍道兼行：倍道，指行军速度加倍。兼行，日夜不停。〔15〕擒三将军：三军将领都被俘虏。三将军，指上、中、下或左、中、右三军将领。擒，被擒，被俘虏。〔16〕劲者先：体质健壮的人会先到达目的地。劲，有力，引申为体质健壮。〔17〕罢者后：体质弱的人就会落后。罢，通疲，引申为体质羸弱。〔18〕其法十一而至：用这种方法，只有十分之一的人能按时到达目的地。法，方法。十一，十分之一。〔19〕蹶上将军：将会损折前军统帅。蹶，失败、损折。上将军，指前军统帅。〔20〕其法半至：用这种方法，只有一半的人能按时到达目的地。〔21〕辎重：指军用器械、营具、粮秣、服装等。〔22〕无委积：没有储备物资。委积，储备物资。〔23〕不知诸侯之谋：不了解各诸侯国的计谋。诸侯，指春秋时期各诸侯国。谋，计谋、谋略。〔24〕豫交：与之结交。豫，通"与"。〔25〕沮泽之形：沼泽地带的地形。沮泽，草木丛生的沼泽地带。形，地形。〔26〕乡导：指熟悉本地地形带引道路的人。乡，通向。导，引导。〔27〕兵以诈立：用兵打仗，以善于运用诡诈、欺骗之术取胜。诈，诡诈、欺骗。立，成立，引申为取得成功、取得胜利。〔28〕以利动：以利益驱之使动。〔29〕以分合为变：全句意思是说，根据敌情和地形或分散兵力或集中兵力，灵活机动，变化莫测。分，分开、分散。这里是指分散兵力。合，聚合。这里是指集中兵力。变，变化。〔30〕疾：迅疾。〔31〕徐如林：这里是说，用兵舒缓时像树林那样轻轻摇动。徐,缓慢、舒缓。〔32〕侵掠如火:发起攻击时像火一样的猛烈。侵,进犯。掠,掠夺。侵掠,可解释为"攻击"。〔33〕不动如山:指军队坚守时像山一样的稳固。〔34〕难知如阴:是指像阴天那样情况不明,难以测度。难知,难以测度。阴,阴天。〔35〕动如雷震:行动犹如迅雷。〔36〕掠乡分众:意思是说,要兵分数路掠取敌国的粮食。乡,指敌国领土。分众,即分兵。〔37〕廓地分利:这里的意思是说,要扩大占领区,分兵夺取敌方资源。廓,同"扩"。利,指有利的阵地。分利,指分兵夺取敌方的资源。〔38〕悬权而动:权衡利害而后行动。权,指秤锤。悬权,即称秤。引申为权衡利害。〔39〕先知迂直之计者胜:率先了解和运用迂直之计的人会取得胜利。〔40〕言不相闻:这里是指,作战时,以语言指挥,声音听不清楚。言,言语、讲话。〔41〕鼓铎:鼓,战鼓,击鼓为进。铎,金钲,鸣金为退。〔42〕视不相见:这里是指作战时,以动作指挥,人们看不清楚。〔43〕旌旗:泛指旗帜。旌,中国古代的一种旗帜。〔44〕一民之耳目:统一士卒们的行动。一,统一、一致。民,这里泛指士卒、军队。〔45〕民既专一:士卒行动既然有了统一的指挥。专一,统一、一致。〔46〕用众之法:指挥千军万马作战的方法。用,使用。引申为指挥。众,指军队士卒之众。〔47〕火鼓:火光与锣鼓。〔48〕变民之耳目:即是指适应士卒的耳目。变,这里作"适应""便利"解。〔49〕三军可夺气:三军之众可使它丧失掉锐气。夺,夺走,引申为丧失。气,这里指的锐气。〔50〕将军可夺心:虽身为将帅,也可以使得他们丧失掉坚强的决心和意志。心,决心。〔51〕朝气锐:军队早晨士气旺盛。朝,早晨。锐,旺盛。〔52〕昼气惰:中午士气懈怠。昼,白昼,中午。惰,怠惰、懈怠。〔53〕暮气归:傍晚时士气衰竭。暮,傍晚。归,止息、衰竭。〔54〕治气:掌握军队士气的方法。治,这里作"掌握"解。〔55〕以治待乱:以我军的严整有序对付敌军的混乱无序。治,严整有序。待,对待,对付。〔56〕以静待哗:这里是说,以我军的沉着镇静对付敌军的喧哗不安。静,镇静。哗,喧哗不安。〔57〕治心:是指掌握军队心理的方法。〔58〕治力:掌握军队的战斗力。力,这里是指的战斗力。〔59〕勿邀正正之旗:不要邀击旗帜严整、队列雄壮的敌军。邀,邀击、迎击。正正,严整。〔60〕勿击堂堂之阵:不要去攻击阵容强大、实力雄厚的敌军。堂堂,壮大貌。阵,阵容。〔61〕治变:掌握机变的方法。〔62〕高陵勿向:不要去仰攻占据了高地的敌军。高陵,高山地带。向,仰攻。〔63〕背丘勿逆:不要去正面攻击背靠着丘陵险阻地带的敌军。背,背靠着。丘,丘陵。逆,这里是指的正面攻击。〔64〕佯北勿从:不要去追击假装打了败仗的敌人。佯,佯装、扮装。北,败北,打了败仗。从,跟从、跟随。〔65〕锐卒勿攻:不要去攻打士气旺盛的敌军。锐卒,士气旺盛的军队。〔66〕饵兵勿食:不要贪吃敌军以小利作的诱饵。饵,钓饵。饵兵,指用一些小利作诱饵的军队。〔67〕归师勿遏:不要去阻击撤退回国的敌军。归师,撤退回国的军队。遏,阻遏。〔68〕围师必阙:把敌军包围起来后要留一面缺口。围师,被包围的军队。阙,同"缺"。〔69〕穷寇勿迫:不要过于逼迫已经陷入绝境的敌人。穷,穷途、绝路、绝境。迫,逼迫。

应用实例

定军山之战

赤壁之战后,魏、蜀、吴三国鼎立之势形成。其时占据巴蜀的刘备力量地盘都还较弱小,又被曹操占了汉中,直接威胁刘备在四川的统治权和稳定性。于是,公元217年,刘备亲率大军进攻汉中,意欲占据这个意义重大的战略要地,守住四川的东北门户,并造成进可直攻关中,退可固守成都的有利形势。

刘备大军直抵阳平关,想一举攻下这一战略要地。阳平关魏将夏侯渊据险而守,顽强抵抗,刘备选精兵数万轮番攻战,无奈阳平关易守难攻,魏军能攻善守,两军在关前相持一年有余,始终不能分出胜负。

第三年正月,刘备经过充分准备,决定采取行动改变这种长期相峙的局面。刘备率蜀军绕开地势险要、防守严密的阳平关,南下渡过汉水,避开大道,沿南岸山地东进,神不知鬼不觉突然来到定军山,并一举攻占了定军山。定军山是汉中西南的门户,地势险要,关系重大,刘备占领了定军山,就打开了直通汉中的道路,并对阳平关曹军侧翼的安全造成严重的威胁。夏侯渊被迫将防守阳平关的兵力东移,与刘备争夺定军山,曹军据险固守之势被打乱。为防刘备北上或继续东进,曹军在汉水南岸与定军山东侧,建营垒、修围寨、设鹿砦(一种栅栏式的防御工事)。刘备乘虚夜攻曹营,火烧南围鹿砦。夏侯渊命张郃守东围,自率轻骑去救援南围。刘备见机,调动军队急攻东围,并派黄忠率精兵埋伏于东围、南围之间的险要地段。东围张郃不敌刘备军的猛攻,夏侯渊又被迫急速回军支援东围。此时,黄忠以逸待劳,等夏侯渊率军而过,突然居高临下袭击进行中的曹军。夏侯渊毫无防备,仓促应战,很快便溃不成军,夏侯渊被黄忠斩杀,曹军死伤惨重,四散而逃。张郃拼死逃出东围,退守阳平关。

曹操得知汉中战场失利,亲率主力从长安斜谷,迅速赶赴阳平关,救援汉中。刘备夺取并保住了定军山,改变了从前的被动局面,胜利后的蜀军将士士气旺盛,刘备也对战局信心十足。面对曹操的增援,刘备并不畏惧,以佚待劳。曹操急于尽快收复定军山,稳定汉中局势,而刘备却不慌不忙,据险而守,无论曹军如何挑战叫阵,蜀军就是不与曹军决战。曹军求战不得,情绪急躁,刘备则"以静待哗",寻机扰敌。刘备派遣多股游兵,深入曹军后方进行袭扰,劫其粮草,断其交通,相机消灭小股队伍。曹军向前,攻险不胜,求战不得;后方又屡遭侵扰,军需供应受破坏,粮食短缺,军心恐慌,很快兵无斗志,士气衰竭,临阵脱逃者日益增加。僵持一月多,曹操见取胜无望,不得不放弃汉中,全军撤回关中。

刘备占据汉中后,不久又派刘封、孟达等攻取了汉中郡东部的房陵(今湖北房县)、上庸(今湖北竹山西南)等地,势力得到了扩大和巩固。至此,汉中争夺战以刘备获全胜而告结束。

刘备的胜利,以摆脱阳平关前的被动局面开始,到夺取定军山已基本奠定,其中关键的因素,是他采用"迂直之计",放弃初战时以硬碰硬的战术方法,通过长途迂回,占领了更为重要的定军山,取得了战争的主动权,是"以迂为直,以患为利"的很好范例。定军山与曹军对阵,刘备又采用了正确的战术,主力固守险要而不出战,游兵偷袭敌军后方,守"以佚待劳""不动如山",迂回"难知如阴",袭敌"其疾如风",趁敌东西奔袭救援之机而设伏兵攻击,不仅可"以佚待劳",而且做到了"以治待乱"、"动如雷震"。刘备得汉中,得之于孙武之"军争之道"。

第八篇　九变篇

【主要内容】

本篇是前一篇——《军争篇》的继续和补充。《军争篇》全面论述了"迂直之计"。本篇则进一步论述在作战过程中,要实行迂直之计,为将者,还必须根据地形和敌情的变化灵活处置,变通应敌,在特殊情况下即便是"君命"也"有所不受",决不可机械行事,贻误战机。文中分析了战场之上,经常遇到的种种需要变通应敌的情况和方法,同时还论述了军队将领掌握这些变通应敌方法应具备的基本素质。

全篇内容大体分为三部分:1. 提出战场上经常需要人们变通应敌的几种情况。即:圮地无舍;衢地合交;绝地无留;围地则谋;死地则战;涂有所不由;军有所不击;城有所不攻;地有所不争。指出诸如以上种种情况,为将者必须临机处置,即使是"君命"亦"有所不受"。2. 提出用兵打仗,必须利害兼思。只有考虑到有利一面,才能鼓舞士气,增强必胜信心;只有同时又考虑到有害一面,才会事先提防、免除后患。强调用兵打仗必须立足于自身的充分准备,决不可对敌人抱不切实际的幻想,不可以心存侥幸。3. 指出两军对阵,将领们的思想水平和思想素质十分重要。如果将领的思想性格具有"必死""必生""忿速""廉洁""爱民"等片面性,感情用事,缺乏理性思考,不能从实际情况出发,临机变通,将会遭到覆军杀将的危险。

【原文】

孙子曰:凡用兵之法,将受命于君,合军聚众,圮地无舍[1],衢地

第八篇 九变篇

合交[2]，绝地无留[3]，围地则谋[4]，死地则战[5]。涂有所不由[6]；军有所不击[7]；城有所不攻，地有所不争；君命有所不受[8]。

故将通于九变之利者[9]，知用兵矣。将不通九变之利者，虽知地形，不能得地之利矣。治兵不知九变之术，虽知五利[10]，不能得人之用矣[11]。

是故智者之虑[12]，必杂于利害[13]。杂于利，而务可信与[14]；杂于害，而患可解也[15]。是故屈诸侯者以害[16]，役诸侯者以业[17]，趋诸侯者以利[18]。故用兵之法，无恃其不来[19]，恃吾有以待也[20]；无恃其不攻，恃吾有所不可攻也[21]。

故将有五危：必死[22]，可杀也[23]；必生[24]，可虏也[25]；忿速[26]，可侮也[27]；廉洁[28]，可辱也[29]；爱民[30]，可烦也[31]。凡此五者，将之过也[32]。用兵之灾也，覆军杀将，必以五危，不可不察也。

【译文】

孙子说：大凡用兵打仗的法则是，将军领受国君的命令，征集民众，组成军队，然后出征。出征时，遭到山林险阻沼泽的"圮地"，不能宿营；遇到与邻国接壤、四通八达的"衢地"，要注意与邻国结交；遇到缺乏生存条件或地形十分险恶的"绝地"，应迅速通过，不能停留；遇到四周地形险峻，敌可往来，我难出进的"围地"，应设计赶快离开，免遭包围；遇到前无进地，后有追兵的"死地"，应率领将士与敌作殊死之战，以求脱险。在出征的进程中，有的道路不能通过；有的敌军不能攻击；有的城池不能攻打；有的地方不能争夺；在以上情况下，必须变通应敌，即使是国君的命令也有些不能照办。

所以，作为将帅，只有通晓在上述九种情况下，必须临机处置、变通应敌，才能算是懂得用兵；将帅如果不通晓"九变之利"，哪怕是熟悉地形，也不能取得地形之利；统辖军队，如果不懂得各种临机处置的方法，哪怕是知道"五利"，也还是不能充分发挥全军将士的战斗力。

所以说、聪明人考虑问题，必定是同时兼顾利害两个方面。只有在处于不利情况时，能充分考虑到有利的方面，才会对完成任务充满信心；只有在情况顺利时，能充分考虑到种种不利因素，才能解除各种可能产生的祸患。

所以，要使别的诸侯国屈服，就要用他们最害怕的事情去威胁他们；要使别的诸侯国受驱使，就要以种种任务去劳役他们；使别的诸侯国归附，就要以种种利益去引诱他们。

所以说，用兵的法则是，不要寄希望于敌军不会来侵犯，而应依靠自己充分的准备，严阵以待；不要寄希望于敌军不会来进攻，而要依靠自己防守坚固、攻不可破。

所以，作为领兵之将有五种危险：只知死拼硬打，可能会被敌军诱杀；一味贪生怕死，可能会被敌军俘虏；性情急躁、偏激，可能会中敌军"凌侮"之计而领兵轻进，招致失败；过分重视人格名誉，可能会中敌方"羞辱"之计而轻易出战，自乱阵脚；不区别情况讲求仁爱人民，可能会中敌方"烦扰"之计而频繁出击、以致疲惫不堪，最后被战而胜之。以上五点，都是为将的过错，是用兵的灾害。覆军杀将，都是因这五种危险引起的，不可不认真加以考察啊！

【注释】

〔1〕圮地无舍：在山林险阻沼泽的地方不能宿营。圮，倒塌、毁坏。圮地，按梅尧臣注："山林、险阻、沮泽之地"。舍，住舍。这里是指部队宿营。〔2〕衢地合交：全句的意思是说，在与多国相邻的地方要重视与邻国结交。衢，通衢。衢地，指与邻国相接四通八达的地方。合交，结交。指与其他诸侯国结交。〔3〕绝地：缺乏生存条件或地形十分险恶的地方。〔4〕围地则谋：意思是说，当部队进入四面地形险恶、敌军可以任意往来而我军却难以出入的地区设计谋尽快离开。围，包围，是指四面地形险恶，敌可往来，我难出入之地。谋，设谋、设计。〔5〕死地：前无进路、后有追兵，必得死战之地。〔6〕涂有所不由：意思是说，部队进军时，有的道路不能走。涂，通"途"，道路。由，经由，通过。〔7〕军有所不击：对于有的敌军不能进行攻击。〔8〕君命有所不受：君主的命令，有时也不能接受或照办。君，君主。受，接受。〔9〕

第八篇　九变篇

将通于九变之利：此句是说，将帅通晓在遇到上述九种情况时必须加以变通处置的利益。将，将帅。通，通晓、熟练。九变，指从"圮地无舍"到"地有所不争"的九事之变。变，权变。引申为变通处理、临机处置。〔10〕五利：指五变之利。具体是指"涂有所不由"到"君命有所不受"的五变之利。〔11〕得人之用：意思是指，充分发挥全军将士的战斗力。人，这里是指的军队将士。用，作用，这里可引申为战斗力。〔12〕智者之虑：句意为聪明的人思考问题。智者，聪明的人。虑，思虑、考虑。〔13〕杂于利害：既有利也有害。这里是指，思考问题既考虑到有利一面，也考虑有害一面。杂，掺杂、有混合。〔14〕务可信：指任务可以成功。务，任务。信，通"伸"。这里可引申为完成、成功。〔15〕患可解：灾患可以解除。〔16〕屈诸侯者以害：要使别的诸侯国屈服必须用他们最畏惧的灾害去威胁他们。屈，屈服。这里作使动词用，意为"使屈服"。害，危害、灾害。〔17〕役诸侯者以业：按杜佑注："能以事劳役诸侯之人，使不能安佚"。意思是说要以种种事情去役使别国人民，使之疲劳不堪不得安逸。〔18〕趋诸侯者以利：要以利益引诱，使得别的诸侯国归附。趋。趋附，这里作使动词，意为"使趋附""使归付"。〔19〕无恃其不来：不要依靠寄希望于敌军不来进犯。恃，依恃、依靠。其，代指敌军。不来，指不来进犯。〔20〕恃吾有以待：要依靠自己有充分准备。待，等待。引申为有准备。〔21〕恃吾有所不可攻：要依靠于自己有充分准备，不可被攻克。〔22〕必死：必定要死斗、死拼。〔23〕可杀也：这里的意思是指，可能遭到敌军诱杀。杀，这里是指的诱杀。〔24〕必生：一味贪生。生，这里是指的贪生。〔25〕可虏也：可能遭到敌军俘虏。〔26〕忿速：这里是指性情急躁，容易愤怒、偏激。忿，愤怒。〔27〕可侮也：可能因受到敌方设计侮辱而领兵轻进，致遭失败。〔28〕廉洁：指重视人格名誉。〔29〕可辱也：可能因受不了敌方使用人格羞辱之计而轻易出战。〔30〕爱民：有"仁人爱民"之心。〔31〕可烦也：按杜牧的解释，有些有仁人爱民之心的将领，常常因为要保护人民而不顾远近，不自量力地轻易出击。这样的将领有可能中敌军的烦扰之计，频繁出击，以致疲劳不堪，最后被战而胜之。烦，烦劳，烦扰。〔32〕将之过也：将，将领。过，过失，过错。

应用实例

周亚夫平七国之乱

刘邦战胜项羽建立西汉王朝以后,为巩固封建家族的统治地位,大封同姓子弟为王,各据一方,以防异姓篡权。到景帝时,各王所统治的诸侯国财富日增,势力日强,逐渐形成了割据态势,几乎到了要与朝廷分庭抗礼的地步。景帝听从大臣削弱割据势力、加强中央集权的主张,先后削夺了赵、楚、吴几国对部分郡县的统治权,收归朝廷管辖。"削藩"政策加剧了各诸侯国对朝廷的不满,终于在公元前154年爆发了七国之乱。

七国之乱的首领是吴王刘濞。起兵前,刘濞先后说服胶西、齐、淄川、胶东、济南等诸王参加叛乱,结果,胶西、胶东、济南、楚、赵等五国先后起兵,响应吴王反对朝廷。吴王认为反叛联盟已成,便制定了从南、北、东三面合击并中的战略部署,筹划着一举占据王朝的统治中心长安。然而,吴王对诸侯联盟的稳定性估计太高,其他诸王并没有完全按他的计划行动,参加叛乱的也只有吴、楚、赵、胶西、胶东、淄川七国。

公元前154年正月,吴王亲率大军二十万,从吴都广陵出发,北渡淮河与楚军会合,准备西进攻打梁国。汉景帝得知吴王起兵,便命令周亚夫率兵东进攻吴、楚,同时另派兵对付齐、赵。

周亚夫奉命出征。行前,周亚夫向景帝建议,吴军士气正旺,剽悍轻捷,正面争锋难以取胜,不如暂且将梁国舍弃给吴国,大军迂回至吴军背后,断其粮道,然后便能将叛军制服。景帝同意周亚夫的意见,周亚夫便按计划出兵,向洛阳进军。

汉军原计划走大道,经崤山、渑池而至洛阳。这时赵涉提议,吴王知道将军的方向,必定会在崤渑之间安置间谍,在险要处设法阻止大军东进。不如改经蓝田，出武关而到洛阳，虽然比原定路线多走一二天时间，却可以神不知、鬼不觉安全抵达洛阳，迅速控制军械库。周亚夫迅速改变行军路线，由蓝田出武关，经南阳至洛阳，并派兵抢先占领了荥阳要地，控制了洛阳的武库和荥阳的敖包。

这时，吴、楚联军已开始向梁国发动进攻，在棘壁（今河南永城西北）与梁军交战，歼灭梁军数万人，占得梁国部分地盘。梁军退守睢阳（今河南商丘南），又被吴、楚联军包围。危急中，梁国向周亚夫求救，周亚夫却领兵向东北进发，在远离梁国睢阳的昌邑（今山东金乡西北）深沟高垒，修筑起坚固的防御工事，固守不战。吴、楚联军一再攻打睢阳，梁王天天派使臣请求发兵相救，周亚夫按原定策略，始终不发救兵。梁王上书景帝，景帝下令救援，周亚夫依然坚守营垒，不肯发兵。但他却派出轻骑，迂回到吴、楚联军背后，断了联军的粮道。梁军面对吴、楚联军的四面包围，竭尽全力坚固防守，还不时出精兵袭扰吴国。

吴、楚联军久攻睢阳不下，西取荥阳、洛阳也没了希望，退路又受到周亚夫大军的威胁，加之又被周亚夫断了粮道，军队缺乏足够的粮草，士气大挫，陷入了进退两难的境地。为摆脱困境，吴、楚联军调转兵力进攻下邑，企图寻找周亚夫大军的主力决战。周亚夫依然深沟高垒，对敌军的挑战不理不睬。多次挑战而不能如愿的吴、楚联军，使出声东击西之计，向汉军东南方发起佯攻。周亚夫识破敌军诡计，派兵加强西北营垒的防卫力量，当吴、楚联军主力进攻西北角时，以逸待劳的汉军给了进犯之敌沉重有力的打击。攻汉军营垒而不克，引汉军出营决战而不得，兵疲粮尽的吴、楚联军，只得引军撤退。这时，周亚夫即派精锐部队追击掩杀，大破吴、楚联军，楚王刘戊被迫自杀，吴王刘濞丢弃了大部分军队，只带几千亲兵逃窜，汉军乘势追杀，全部俘虏了吴国将士，并悬赏黄金千斤捉拿吴王。一个多月后，东越王在汉军的威胁和利诱下，杀了吴王刘濞。

周亚夫用了三个月的时间，便将七国之乱的主力——吴、楚联军的叛乱平息。

当吴、楚联军进攻梁国时，其他诸侯各怀异心。齐王背约不出兵，赵王则坐观吴、楚联军死战，只有胶西、胶东、淄川、济南四王举兵。

但四王并没有按原计划进攻洛阳，与吴、楚联军会合，而是在胶西王的指挥下，去围攻齐国之临淄。结果，临淄没有攻下，却遭到景帝派出的另一路汉军的打击，四王军队全军覆没。最后，胶西王、赵王自杀，其余诸王被杀，七国之乱彻底失败。

周亚夫在平定七国叛乱中，发挥了举足轻重的作用。周亚夫用兵十分灵活，是他取胜的关键因素。他临时改变进军路线，"涂有所不由"，收到了意想不到的效果；吴、楚攻梁时，坚持"委之以梁"的策略，让吴、楚联军在攻战中消耗实力；坚持不分兵救援，做到了"地有所不争，君命有所不受"；面对吴、楚联军对梁国的攻杀和对汉营一再的挑战，他没有犯"忿速"、"爱民"之类的错误；深沟高垒，坚固防守，是"有以待之"、"有所不可攻也"；而一旦敌军溃败，则全力追杀，充分发挥"地之利"与"得人之用"。周亚夫能根据敌我双方兵势的情况，充分利用地形、兵势之利，灵活处理进攻和防守的关系，以防御为主的战略手段，完成了通常用战略进攻所能完成的任务，确实不愧为"通于九变之地利"的杰出军事指挥家。

周亚夫平定七国之乱，充分证明了孙子"九变之术"的确是具有真理性的战术原则。

第九篇　行军篇

【主要内容】

本篇专门论述作战中有关行军的各种问题，诸如行军时如何安营扎寨，如何观察和利用地形，如何侦察敌情等等。

全篇内容大体分为四部分：1. 分别从山岳地带、河川地带、盐碱地带、平原地带，以及其各种险阻地带论述了行军扎营、应敌所必须注意的事项和应该采取的措施。2. 论述行军过程中侦察敌情的几种基本方法。诸如"敌近而静者，恃其险也；远而挑战者，欲人之进也；其所居易者，利也；众树动者，来也；众草多障者，疑也；鸟起者，伏也"。3. 指出用兵打仗，主要的并不在于兵力越多越好，而在于"并力、料敌、取人"，也就是善于集中兵力，判明敌情，以智取胜；那种"无虑而易敌"，一味只知盲目猛进的人，将"必擒于人"。4. 指出统帅军队必须重视平时的教育，同时，也更要重视战时军纪严肃，赏罚分明。强调为将者要言而有信，令行禁止，士卒们才会心悦诚服。

【原文】

孙子曰：凡处军相敌[1]，绝山依谷[2]，视生处高[3]，战隆无登[4]，此处山之军也[5]。绝水必远水[6]，客绝水而来[7]，勿迎之于水内[8]，令半济而击之[9]，利[10]；欲战者，勿附于水而迎客[11]；视生处高，无迎水流[12]，此处水上之军也。绝斥泽[13]，惟亟去无留[14]；若交军于斥泽之中，必依水草而背众树[15]，此处斥泽之军也。平陆易处[16]，而右背高[17]，前死后生[18]，此处平陆之军也。凡此四军之利[19]，黄帝之所以胜四帝也[20]。

凡军好高而恶下[21]，贵阳而贱阴[22]，养生而处实[23]，军无百疾[24]，是谓必胜。丘陵堤防[25]，必处其阳而右背之[26]。此兵之利，地之助也[27]。上雨[28]，水沫至[29]，欲涉者[30]，待其定也。凡地有绝涧、天井、天牢、天罗、天陷、天隙[31]，必亟去之[32]，勿近也。吾远之，敌近之；吾迎之，敌背之[33]。军行有险阻、潢井、葭苇、山林、翳荟者[34]，必谨复索之[35]，此伏奸之所藏处也[36]。

敌近而静者[37]，恃其险也；远而挑战者，欲人之进也[38]；其所居易者[39]，利也。众树动者[40]，来也；众草多障者[41]，疑也[42]；鸟起者[43]，伏也[44]；兽骇者[45]，覆也[46]。尘高而锐者[47]，车来也；卑而广者[48]，徒来也[49]；散而条达者[50]，樵采也[51]；少而往来者[52]，营军也。辞卑而益备者[53]，进也[54]；辞诡而强进驱者[55]，退也；轻车先出居其侧者[56]，陈也[57]；无约而请和者[58]，谋也[59]；奔走而陈兵车者[60]，期也[61]；半进半退者[62]，诱也[63]。倚仗而立者[64]，饥也；汲而先饮者[65]，渴也；见利而不进者，劳也。鸟集者[66]，虚也[67]；夜呼者[68]，恐也[69]；军扰者[70]，将不重也[71]；旌旗动者[72]，乱也[73]；吏怒者[74]，倦也[75]；粟马肉食[76]，军无悬罐[77]，不返其舍者[78]，穷寇也[79]。谆谆翕翕[80]，徐与人言者[81]，失众也[82]；数赏者[83]，窘也[84]；数罚者，困也[85]；先暴而后畏其众者[86]，不精之至也[87]；来委谢者[88]，欲休息也。兵怒而相迎[89]，久而不合[90]，又不相去，必谨察之。

兵非益多也[91]、惟无武进[92]，足以并力、料敌[93]，取人而已[94]。夫惟无虑而易敌者[95]，必擒于人[96]。

卒未亲附而罚之则不服[97]，不服则难用也；卒已亲附而罚不行，则不可用也。故令之以文[98]，齐之以武[99]，是谓必取[100]。令素行以教其民，则民服[101]；令不素行以教其民，则民不服。令素信著者[102]，与众相得也[103]。

【译文】

孙子说：大凡率领军队作战，观察判断敌情，在穿越山地时，要依

第九篇 行军篇

傍着溪谷行进；要在地势较高、视野开阔的地方扎营；不应去仰攻占据了高地的敌军，这是在山地处置军队行军作战的原则。穿越河川地带时，必定安在距离河流较远的地方扎营；敌军渡河前来进攻，不可以在其刚进到河边时，便迎击他们，而要等到他们渡至河心再发起攻击，这样才会有利；想要出战不要选择靠近河流的地方与敌军交锋；军队应驻扎在开阔的高地、且不能处于河的下游（以免敌军从上游投毒或决水）。这是在河川地带处置军队行军作战的原则。穿越盐碱地和沼泽地时，应急速通过。不能停留；如果在这样的地带与敌军相遇交锋，必须抢占依傍水草、背靠树林的有利阵地。这是在盐碱、沼泽地带处置军队行军作战的原则。在平原地带，要选择平坦的地方扎营，但侧翼要背靠高地，以形成背靠山险、面向平地的有利态势。这是在平原地带处行军作战的原则。以上四种地带是行军作战求取胜利的原则，也正是当年黄帝之所以战胜四周部落领袖的原因。

　　大凡军队安营都喜欢处于地势较高的干燥地方而厌恶地势低洼的潮湿地方，都重视向阳明亮之处而不喜欢阴暗背光之处，还要是水草丰盛、粮食充足、物资供应方便的所在，这样才能使战士不生各种疾病，才能每战必胜。如果是遇有丘陵堤防，必定要占据其向阳的一面，并且将主要的侧翼背靠它，以之为依托。这些对于用兵的有利措施都是以利用地形作为辅助条件的。部队行至河流附近，遇到上游下雨、洪水到来，如果想要涉水渡河，必须等待水势稳定后再渡。大凡行军作战遇到两岸山势峭峻、一水穿流其间、地形险恶的"绝涧"；遇到四周山势高峻、中间地势低洼的"天井"；遇到四面地势险恶、易进难出的"天牢"；遇到四周荆棘丛生、进入之后如同陷入罗网，难以摆脱的"天罗"；遇到地形低洼、泥泞易陷的"天陷"；以及遇到两旁高峰壁立，中间道路十分狭窄的"天隙"；等等，都必须急速离开，不能靠近它们，要让自己的部队远离这些险地，而让敌军去靠近它；要设法使自己的部队能面对着这些险地，而让敌军去背靠着它们。行军路上遇到有险峻的道路，或者是地势低陷、积水很多的地方，或者是水草丛生的地方，或者是山林和草木茂密、障碍甚多的地方，都必须仔细地反复搜索。因为这些地方都是容易隐藏伏兵或奸细的所在。

敌军靠近了我军却表现得很安静，这是因为他们有险可据；敌军距离我军较远，却不断地派兵前来挑战，这是希望激怒我军轻进；敌军在平坦的地带安营，这是因为形势对他们有利。树林摇曳摆动，说明敌军要来了；敌人在杂草丛生的地方设置许多障碍，这是想迷惑我军；敌方阵地鸟雀惊飞，说明敌军设有伏兵；野兽惊跑，说明敌军要大举进攻；敌方的尘土高扬，笔直朝上，这是兵车已出动；尘土飞起，分散而细长，这是敌军在砍柴伐木；尘土飞起甚少而且此起彼落，这是敌军在安营扎寨。敌方表面上言辞谦卑实际上却在加强战备，这是要向我军进攻；敌方以诡诈的言辞作掩护，勉强驱军前进，这实际上是准备撤退；敌方战车先出，列于侧翼，这是在布成阵式；敌军并未受到约束、陷入困境却要前来请和，这是包藏着阴谋；敌方士卒迅速奔跑，并用战车摆开阵式，这是期望与我军决战；敌军似进似退、进进退退，这是要引诱我军出战。敌方士卒倚着兵器站立，这是缺粮饥饿的表现；敌军见利而不进取，这是疲劳的表现。敌方军营之上鸟雀群集，这是军营空虚的征候；敌方士卒半夜呼叫，这是一种恐惧的表现；敌方军营纷纷扰扰，这是敌将威望不重的表现；敌方旌旗杂乱摆动，这是队伍混乱的表现；敌方军官容易躁怒，这是敌军十分疲劳、无法管理的表现；敌方军队以粮喂马，宰杀牲口，收拾炊具，士卒不再返回军营，这是面临绝境、决意拼死突围的穷寇。敌方军官姿态诚恳和蔼，轻言细语对士卒谈话，这说明已经失去军心；对士卒赏了又赏，这说明已无计可施；对部属罚了又罚，这说明已处于困境；对下属起初暴虐不堪而后又害怕下属叛变、这说明敌军将领极不精明。敌方派出使者前来委婉表示谢罪，这是企图休兵息战。敌军盛气而来却又久久地不向我军进攻，也不往后撤退，对于这种情况则应特别谨慎观察，以摸清其意图。

用兵并不在于军队的数量越多越好，只要不恃勇轻进，并能判明敌情、集中使用兵力、取得部下的信任和支持就行了。只有那不深思熟虑而又轻敌的人，才会在战争中被敌军擒获。

当着士卒还没有明白道理亲近依附的时候，便施加刑罚，士卒们便会怨愤不服；当着士卒已经明白道理、亲近依附的时候，却根本不施刑罚，那样的军队也是不能作战的。所以说，带领军队既要用政治教育的方法、使将士接受命令,又要用强制性的军纪、军法统一将士们的行动,这样才必定能取得全军上下的敬畏和拥护。要用平常发布的每一项军令都必须坚决执行的事实来教育士卒,这样,士卒们才会信服;平常发布的军令不能严格执行,要去管理士卒,士卒是难以信服的。平时的军令能得以贯彻执行,这正是将领同下级和士卒之间关系融洽的表现。

【注释】

〔1〕处军相敌:处军,处置军队,指带领军队行军、扎营、作战等。相敌,观察、判断敌情。〔2〕绝山依谷:全句的意思是说军队穿越山地要依傍着溪谷行进。绝,渡过、穿越。依,傍依。谷,溪谷。〔3〕视生处高:意思是说,要把军队驻营于地势高、视野开阔的地方。视,视野。生,生动、生机。引申为开阔。视生,就是指视野开阔。处高,处于高地。〔4〕战隆无登:意思是说,不要去仰攻占据高地的敌军。隆,这里是指高地。登,攀登。〔5〕处山之军:处置、部署部队在山地行军作战的原则。处,处置、部署。〔6〕绝水必远水:军队穿越河川地带时,要在距离河流较远的地方驻扎,以免陷入背水一战的死地。水,这里泛指河川地带。〔7〕客绝水而来:敌军渡河前来进攻。客,这里是指敌军。〔8〕勿迎之于水内:全句意思是说,不要在敌军刚到河边时便迎击他们。迎,这里是指迎击。水内,按梅尧臣注、张预的解释,指的水边。〔9〕令半济而击之:句意为使敌军渡河渡至一半时才发起攻击。令,使。济,过河,渡河。半济,渡河才渡过一半。〔10〕利:利益。这里是指,对我军取胜有利。〔11〕勿附于水而迎客:意思是说,不要在靠近河流的地方同敌作战。附,附近,靠近。客,指敌军。〔12〕无迎水流:不要在河的下游驻扎,以免敌军在上游决水或投毒而遭失败。水流,河的下游。〔13〕绝斥泽:绝,渡,穿越。斥,盐碱地。泽,沼泽地。〔14〕亟去无留:迅速离开不要停留驻扎。亟,急、迅速。〔15〕依水草而背众树:要依傍着水草,背靠着树林扎营。依,依傍。背,背靠。〔16〕平陆易处:这里的意思是指,在平原地带也要选择平坦的地方安营。平陆,这里指平原地带。易,这里指平坦地方,处,安处。

〔17〕右背高：这里是指军队的侧翼要背靠高地以为倚托。右，指军队的侧翼。背，背靠。高，高地。〔18〕前死后生：在平原地带作战，要选择背靠山险、面向平坦的地势。死，死地。指地势较低，易攻难守之地。生，生地。指地势较好的险峻之地。〔19〕四军之利：四军，指山地、河川地、盐碱沼泽地、平原地四种地带行军作战。利，取利。〔20〕黄帝之所以胜四帝也：意思是说，这就是当年黄帝之所以能够战胜四帝的原因。黄帝，传说中的汉族祖先。四帝，指黄帝时代四周的部落领袖。相传黄帝曾先后打败了炎帝、蚩尤、獯鬻等部落统一了黄河流域。〔21〕凡军好高而恶下：全句意思是说，大凡军队扎营都是喜欢选择地势较高的干燥地方而讨厌地势低下的潮湿地方。军，这里是指驻军扎营。〔22〕贵阳而贱阴：重视向阳明亮之处而不喜欢阴暗背光之处。贵，重视。阳，作"向阳"解。贱，轻视、不喜欢。阴，阴暗。〔23〕养生而处实：养生，这里是指水草丰盛，粮食充足，军队容易休养生息。处实，这里是指，军需物资供应方便的地方。〔24〕百疾：各种疾病。〔25〕丘陵堤防：这里指在有丘陵堤防的地区。〔26〕处其阳而右背之：在丘陵堤防地带行军打仗，军队要占据向阳的一面并且背靠着主要侧翼以之为依托。处，占据。阳，向阳的一面。右，指军队的主要侧翼。〔27〕地之助也：利用地形的辅助。地，地形。〔28〕上雨：上，河的上游。雨：下雨。〔29〕水沫：河水的泡沫。这是洪水到来的表现。〔30〕涉：涉水。〔31〕绝涧：两岸山势峭峻，水流其间的险恶地形。天井：四周高峻，中间低洼的地形。天牢：四周地势险恶、易进难出的地形。天罗：四围荆棘丛生，军队进入后如同陷入罗网难以摆脱的地形。天陷：地势低洼、泥泞易陷的地形。天隙：指两边高山壁立，中间道路狭窄、难以行军的地势。〔32〕亟去之：急促离开。〔33〕敌背之：让敌军去背靠它。背，作使动词用。〔34〕潢井：指地势低陷、积水很多的地方。潢，积水池。葭苇：芦苇，泛指水草。这里指水草丛生的地方。翳荟：草本茂盛，这里指草本蒙密多障碍。〔35〕谨复索之：这里是说要认真地、反复地进行搜索。谨，谨慎、认真。复，反复。索，搜索。〔36〕伏奸：伏兵与奸细。〔37〕敌近而静者：靠近我军的敌军却能保持安静。〔38〕欲人之进也：希望对方的军队轻进。进，轻进。〔39〕所居

第九篇 行军篇

易者：这里是指，敌军在平坦地带驻扎。易，平易，这里是指的平坦地带。〔40〕众树动：是指树林摇曳摆动。众树，众多的树，即树林。〔41〕众草多障：指敌军在杂草丛生的地方设置了许多障碍。众草，杂草。障，障碍。〔42〕疑也：疑，使动词，使疑，使迷恋。〔43〕鸟起：鸟雀惊飞起。〔44〕伏也：埋伏。这里是指的伏兵。〔45〕兽骇：野兽惊跑。〔46〕覆也：覆，倾覆、遮蔽。这里是指敌军大举进攻，蔽天盖地而至。〔47〕尘高而锐：尘土高扬，直冲云天。尘，尘土。锐，锐直。〔48〕卑而广：这里是指，尘土飞扬不高但面很宽广。卑，低下。〔49〕徒：这里指的是步兵。徒，徒步。〔50〕散而条达：飞起的尘土分散而细长。散，分散。条达，细长貌。〔51〕樵采：敌军砍柴伐木。樵，砍柴。采，伐木。〔52〕少而往来者：这里是指，飞起的尘土少，而且是一来一往此起彼落。〔53〕辞卑而益备：敌方表面上言辞谦卑，实际上却在加强战备。辞，言辞。卑，谦卑。备，这里是指战备。〔54〕进也：这里是指的进攻。〔55〕辞诡而强进驱：意思是说，以诡诈的言辞作掩护，勉强驱军前进。辞诡，措辞诡诈。强，勉强。进驱，这里是指驱军前进。〔56〕轻车先出居其侧者：意思是说，战车先出来列放在侧翼。轻车，战车。侧，侧翼。〔57〕陈：同阵。指布阵。〔58〕无约而请和者：敌军没有陷入困境却主动请和。约，约束。这里是指陷入困境。〔59〕谋：阴谋。〔60〕奔走而陈兵车：敌军迅速奔跑，并且用战车摆开阵势。〔61〕期：期望、期求。〔62〕半进半退：进进退退，似进似退。〔63〕诱：引诱。〔64〕倚仗而立：敌军倚靠着武器站着。仗，兵器。〔65〕汲而先饮：这里是说，汲水的敌军争着先喝。汲，汲水。〔66〕鸟集：鸟雀群集。这里是指，军营之上，鸟雀群集。〔67〕虚也：虚，空虚。〔68〕夜呼者：这里是指敌军士卒半夜惊叫。〔69〕恐：恐惧、恐怖。〔70〕军扰：敌军营内纷纷扰扰。扰，纷扰。〔71〕将不重也：敌将不持重。〔72〕旌旗动：旌旗不规则地摇动。动，摇动。〔73〕乱也：这里是指敌军队伍混乱。〔74〕吏怒：指敌军军官躁怒。怒，躁怒。〔75〕倦也：这里是指敌军将士疲倦。〔76〕粟马肉食：用粮食喂马，宰杀牲口食肉。粟，粮食，这里作动词用。粟马，以粟喂马。肉食，这里是指宰杀牲口食肉。〔77〕军无悬𦈢：意思是指，军中把炊具都收拾起来了。

罐，汲水用的瓦罐，这里是泛指炊具。悬罐，悬起来供使用的炊具。〔78〕不返其舍：意思是说，士卒们不再回到军营去。舍，军营。〔79〕穷寇：无路可走，决意拼死突围的敌军。穷，穷途，无路可走。〔80〕谆谆翕翕：这里是指，敌军长官对士卒讲话显出一副诚恳和气的样子。谆谆，教诲不倦。翕翕，和顺的样子。〔81〕徐与人言：轻言细语同别人谈话。徐，缓慢。〔82〕失众：失去了众人之心。这里是指失去了军心。〔83〕数赏：一再地奖赏。〔84〕窘：窘迫，无计可施。〔85〕困：困厄、困难。〔86〕先暴而后畏其众：这里是说，敌军长官先对部下横施暴虐，以后又害怕起部下叛变来了。暴，暴虐、行暴。畏，畏惧。〔87〕不精之至：不精明到了极点。精、精明。〔88〕来委谢者：这里是指，敌方派遣使者前来委婉的表示谢罪。委，委婉。谢，谢罪。〔89〕兵怒而相迎：这里是指，敌军盛怒而来。怒，愤怒。〔90〕久而不合：指敌军久久地不向我军进攻。合，合战。〔91〕兵非益多也：军队并不一定是越多越好。益多，以多为益，越多越好。〔92〕惟无武进：意思是说，只是不要恃勇轻进。惟，只是。武进，恃勇轻进。〔93〕足以并力料敌：意思是说，只要能充分地判明敌情，集中使用兵力就行了。足，足够。并，合并，引申为集中。料，预料，引申为判明。敌，这里是指的敌情。〔94〕取人：这里是指取得部下的信任和支持。取，取得。人，这里是指的部下。〔95〕惟无虑而易敌者：这里的意思是说，只有那不深思熟虑而又轻视敌军的人。惟，只有。易，轻易。易敌，轻易地对待敌军。〔96〕擒于人：被人所擒。〔97〕卒未亲附而罚之则不服：当着士卒们还没有亲近依附时便施加刑罚，士卒们便会怨愤不服。亲附，亲近依附。罚，刑罚。〔98〕令之以文：这里的意思是说，要用政治教育的方法使士卒们接受命令。令，命令、号令。文，文教，这里是指的政治教育。〔99〕齐之以武：这里的意思是说，要用强制性的军纪使士卒们统一行动。齐，整齐、统一。武，武力。这里是指强制性的军纪。〔100〕必取：必定取得。这里是指，必定会取得部下的敬畏与拥护。〔101〕令素行以教其民：这里的意思是说，要用平素发布的军令都必定坚决执行的事实来教育士卒。令，命令、军令。素，平素、平时。行，实行。〔102〕令素信著者：平时发布军令信实有征，威望昭著的人。〔103〕与众相得：这里是指与部下关系融洽。得，亲和。相得，关系融洽。

应用实例

东、西魏沙苑、渭曲之战

　　北朝的北魏分裂为东魏、西魏两个政权，分别以河南和陕西为中心，展开了长期的争斗，进行了无数次战争。公元537年，西魏丞相宇文泰率军东进，占攻了东魏的军事要地恒农（今三门峡市西）。东魏丞相高欢一面命大将高敖曹领兵三万反击恒农，一面亲率主力二十万，由蒲坂（今山西永济）西渡黄河，进袭关中，沙苑渭曲之战拉开了序幕。

　　宇文泰决定全力阻止敌军西进，派大将坚守华州（今陕西大荔），迅速征调各地兵马，并抽调恒农守军万人回救关中。高欢渡过黄河，便命部队即攻华州城，由于城坚难攻，高欢命大军距城30里扎营。宇文泰回到渭南，便决计进击高欢。部将以为征调兵马未到，敌众我寡，悬殊很大，反对立即迎敌。宇文泰则认为：东魏军远道而来，首攻华州又不下，便屯兵观望，说明东魏军人数虽多，但战斗力不强，也没有苦战克敌的精神，趁其立足未稳，地理不熟而突然袭击，必获全胜。若让其站稳脚跟，继续推进而威逼长安，形势就对我们大大不利了。于是宇文泰命部队在渭水上搭建浮桥，亲率轻骑七千北渡渭水，进至距东魏军60里的沙苑（今大荔南）安营扎寨。

　　西魏军进驻沙苑，宇文泰便立即派人化装成东魏军屯兵在许原一带的居民，潜至东魏兵营附近侦察敌情。侦察证实了宇文泰对东魏军的判断。针对东魏军骄傲轻敌的特点，部将李弼建议利用十里渭曲（渭河弯曲部分）沙丘起伏、沼泽纵横、芦苇丛生的地形，布设伏兵，诱敌深入而伏击聚歼。宇文泰亦正有此念头，便依计而行。再说高欢听说西魏军已进至沙苑，在没有认真部署的情况下，便率大军前来与宇文泰决战。行至渭曲附近，大将斛律羌举见渭曲地形不利野战，建议留部分兵力在沙苑与宇文泰相持，另以精兵西袭长安。高欢急于寻找宇文泰决战，当然听不进去。高欢准备放火焚烧芦苇，又遭部将侯景、彭乐反对，他们提出要活捉宇文泰示众。部将的盲目乐观与骄傲轻敌，正与高欢的心态合拍，结果利令智昏，放弃了火攻，下令军队进入沼泽探索宇文泰。宇文泰等东魏军进入伏击圈后，击鼓为号，西魏军从左右两翼猛烈冲击东魏军，很快将其截为数段。本来乱无阵形的东魏军，突遭袭击，更加混乱不堪，在陌生而复杂的地形中兵力的优势无法发挥，反而在突围中自相践踏。西魏军趁势奋力拼杀，杀东魏军六千余人，俘虏东魏军八万人。东魏军大败溃散，高欢仓惶逃至蒲津，渡河东撤而去。西魏军取得了沙苑渭曲之战的全面胜利。

　　宇文泰在战事部署及"处军"、"相敌"方面深得兵法要领。从屯兵许原，看到东魏兵人多势众，却无战斗力，不仅未被东魏的兵势吓倒，而且制定了相应的攻敌计划；派人化装深入敌占区，更准确地掌握敌情；利用地形之利，设计伏击歼敌，都是大获全胜的重要原因。不过，渭曲设伏也是一着险棋，若高欢真的用火攻，那么，宇文泰便不战自败了。此计并不周密，但正如孙子所言："兵闻拙速，未睹巧之久也。"相反，高欢的失败，正在于违背了孙武所说的处军、相敌的原则，更有一条是骄傲轻敌、贸然进攻，听不进正确的意见、反而坚持错误，结果只能是"覆军杀将"。对比西魏、东魏的胜利和失败，孙子所言"兵非贵益多，唯无武进，足以并力、料敌、取人而已。夫唯无虑而易敌者，必擒于人"，无一字落空，真可谓天人神语，非凡人所能道。

第十篇　地形篇

【主要内容】

本篇主要论述为将者如何善于利用地形之利以克敌制胜的问题。文中提出了两个重要观点，即"知己知彼，胜乃不殆；知天知地，胜乃可全"；为将者必须从战场实际情况出发，按"战道"即战争规律办事，"进不求名，退不避罪，惟民是保"，以克敌制胜。

全篇内容大体分为三部分：1. 提出用兵打仗经常会遇到"通形"、"挂形"、"支形"、"隘形"、"险形"、"远形"等六种地形。为将者应审慎判明各种不同地形并采用不同的战法加以利用。比如，对敌能来，我军能往的"通形"，应"先居高阳、利粮道"，以迎战敌人。2. 提出在战争中出现"走兵"、"弛兵"、"陷兵"、"崩兵"、"乱兵"、"北兵"等六种情况，主要不应归咎于地形不利，而应归咎于主将领兵失误。3. 指出在作战过程中，要克敌制胜，处于有利地形只是辅助条件，关键是为将者要会带兵，会打仗，具备应有的主观素质：一是能准确地判明敌情，了解地形的险厄远近，并能从战胜敌人，保卫人民利益出发，一切按战争规律办事，"进不求名，退不避罪，惟民是保"。二是亲爱士卒，使其甘心情愿赴汤蹈火，与主将同生死。但亲爱决不是溺爱，更不是放纵，而是纪律严明、令行禁止、阵法整齐、调度有数。三是对敌我双方的情况，对天时、地利情况都非常了解，即所谓"知己知彼，胜乃不殆；知天知地，胜乃可全"。

【原文】

孙子曰：地形有通者，有挂者，有支者，有隘者，有险者，有远者。我可以往，彼可以来，曰"通"，通形者，先居高阳[1]，利粮道，以战[2]则利。可以往，难以返，曰"挂"；挂形者，敌无备，出而胜之[3]；敌若有备，出而不胜，难以返，不利。我出而不利，彼出而不利，曰"支"；支形者，敌虽利我[4]，我无出也，引而去之[5]，敌半出而击之，利。隘形者[6]，我先居之，必盈之以待敌[7]；若敌先居之，盈而勿从[8]，不盈而从之[9]。险形者[10]，我先居之，必居高阳以待敌；若敌先居之，引而去之，勿从也。远形者[11]，势均难以挑战[12]，战而不利。凡此六者，地之道也[13]；将之至任[14]，不可不察也。

故兵有走者[15]，有弛者[16]，有陷者[17]，有崩者[18]，有乱者[19]，有北者[20]，凡此六者，非天之灾[21]，将之过也[22]。夫势均以一击十曰"走"[23]；卒强吏弱曰"弛"[24]；吏强卒弱曰"陷"[25]；大吏怒而不服[26]，对敌怼而自战[27]，将不知其能[28]，曰"崩"；将弱不严[29]，教道不明，吏卒无常[30]，阵兵纵横[31]，曰"乱"；将不能料敌，以少合众[32]，以弱击强，兵无选锋[33]，曰"北"。凡此六者，败之道也，将之至任，不可不察也。

夫地形者，兵之助也[34]，料敌制胜，计险厄远近[35]，上将之道也[36]。知此而用战者必胜，不知此而用战者必败。

故战道必胜[37]，主曰无战[38]，必战可也；战道不胜，主曰必战，无战可也。改进不求名[39]，退不避罪[40]，惟民是保[41]，而利合于主[42]，国之宝也[43]。

视卒如婴儿[44]，故可与之赴深溪[45]；视卒如爱子，故可与之俱死。厚而不能使[46]，爱而不能令[47]，乱而不能治，譬如娇子，不可用也。

知吾卒之可以击[48]，而不知敌之不可击，胜之半也；知敌之可击，而不知吾卒之不可以击，胜之半也；知敌之可击，知吾卒之可以击，而不知地形之不可以战，胜之半也。故知兵者，动而不迷[49]，举而不穷[50]。故曰：知己知彼，胜乃不殆；知天知地，胜乃可全[51]。

第十篇　地形篇

【译文】

孙子说：在行军打仗的过程中，所遇到的地形有通形，有挂形，有支形，有隘形，有险形，有远形。我军可以往，敌军也可以来的叫做"通形"。遇到"通形"，先占据地势高而向阳，且又有利粮道畅通的阵地，就会对作战有利。可以前往却难以返回的地形叫做"挂形"。遇到"挂形"，如果敌方没有准备，我军可以出击取胜；如果敌方有准备，我军出击将不能取胜，而且还难以返回原来的阵地。我军出去不会得利，敌军出去也不会得利的地形叫做"支形"。遇到"支形"，敌军虽然以利饵引诱我军，我军也不应出击；而会伪装撤退，引诱敌军前出一半而后回击之，就会有利。遇到两山之间峡谷地带的"隘形"，如果我军先占领了有利阵地，一定要以充足的兵力把守隘口，等待敌军前来进攻；若是敌军先占据了有利阵地，则当他们以充足的兵力把守隘口时，我军不可以进攻；如若敌军未用充足的兵力把守隘口，我军便可以发起攻击。遇到涧壑坑坎、崎岖不平的"险形"，如果我军先期到达，必定要占据地势高而向阳的阵地以等待敌军到来；如果是敌军先期到达，我军则应主动撤离而不可进攻。对于双方营寨相距较远的"远形"，在双方实力相当且不便于挑战的情况下，如果硬要出战，就会不利。以上六点，是利用地形的法则，是为将者最重大的责任之所在，是不可以不认真考察的。

所以，用兵有"走兵"，有"弛兵"，有"陷兵"，有"崩兵"、有"乱兵"，有"北兵"。所有这六种兵，都不是由于自然条件的灾害，而要归咎于为将者用兵的过错。敌我双方各方面条件相当，势均力敌，却要去以一击十，以致临敌败逃的叫做"走兵"；士卒强悍而将官懦弱，以致与敌作战，士气不振，指挥不灵的，叫做"弛兵"；将官强勇而士卒怯弱，只靠为将者孤身对敌，以致全军陷没的叫做"陷兵"；部队高级将官怨怒而不服指挥、只凭一腔对敌愤怒而擅自出战，且主将又不知其用兵才能，以致临阵之时，势不能敌，士卒溃逃如土崩瓦解的，叫做"崩兵"；为将者懦弱无能，号令不严，教导不明，以致官兵关系很不正常,布阵混乱,不堪一击的叫做"乱兵";为将者不能判明敌情,以寡敌众、以弱敌强,又无精锐的前锋部队,以致遭到败北的,叫做"北兵"。以上六种情况,都是导致打败仗的必然规律,也是主将最重大的责任之所在,是不可以不仔细考察的。

有利的地形,只是用兵打仗的辅助条件。能够正确判明敌情而制胜,能够仔细计算地形的险厄远近而用兵,才是精明能干的将领的用兵方法。懂得以这种方法用兵打仗,就必定会取得胜利;不懂得以这种方法用兵打仗,就必定会失败。

所以说,按照战争规律必定会取得胜利的,即便是君主说是不能战,也必定要出战;相反,如果按照战争规律不能取得胜利,哪怕是君主说要战,也不能出战。所以,作为三军主帅,用兵打仗,进攻不是为了求取个人名声;退却也决不回避违命的罪责,唯一的是要保卫广大民众利益,而这也会符合君主的根本利益。这样的主帅正是国家的宝贵财富啊!

为将者对士卒就像对待婴儿那样关心他们,他们便会甘愿与你共患难;对待士卒就像对待爱子那样疼爱他们,他们便会甘愿与你同生死。厚待士卒却不能使用他们,爱护士卒却不能命令他们,士卒们扰乱军纪却不能管治他们,这样的士卒就像娇生惯养的儿子,那是没有什么用的。

了解自己的军队可以打仗,而不了解敌军不可以进攻,这只有一半取胜的可能性;了解敌军可以进攻,也了解自己军队有力量向敌军进攻,但却不了解所处的地形不宜于向敌军发起进攻,这样也只有一半取胜的可能性。所以,真正懂得用兵的人,他的每一个军事行动都是非常清楚而不会迷惑的,他的举措也是千变万化的,应用无穷的。所以说:既了解我军一方,也了解敌军一方,争取胜利将不会有危险;再加上既知天象,又知地形,那就能取得完全的胜利了。

【注释】

〔1〕先居高阳:地势高而朝阳的地方。先,抢先。〔2〕利粮道:有

第十篇　地形篇

利于粮道，即保持粮道畅通。〔3〕出而胜之：出战可以取得胜利。出，出战、出击。〔4〕敌虽利我：敌军以利为饵引诱我军。利，这里是指的利饵，以利引诱。〔5〕引而去：带领军队佯装撤走。引，这里是指的引军、带领军队。〔6〕隘形：两山之间的峡谷地带。隘，狭窄。〔7〕盈之以待敌：在山间峡谷的"隘形"地带，我军抢先占据了有利地形，必须用充盈的兵力堵住隘口，以等待敌军前来进攻。盈，充盈、充满。〔8〕盈而勿从：这里的意思是说，当敌军已用充足的兵力把守住山隘口时，我军就不能进行攻击。这里的"盈"是指敌军兵力充盈。从，跟从，这里可作"进攻"解。〔9〕不盈而从之：敌军没有用足够的兵力把守山隘口，便可以进行攻击。〔10〕险形：一种涧壑坑坎、崎岖不平的地形。〔11〕远形：这里是指，敌军营寨距离我军营寨较远的地形。〔12〕势均难以挑战：敌我双方力量和所处地形都差不多，而且又不便于挑战。势均，势力相当、形势相当。〔13〕地之道：这里是指利用地形的原则。道，道路、方法、原则。〔14〕将之至任：为将者最大的责任。〔15〕兵有走者：一种临敌败逃之兵。兵，这里是指的败兵。走，这里是指的逃走。〔16〕弛者：指一种士气不高，纪律涣散难以约制的军队。〔17〕有陷者：即指一种士卒毫无斗志、只靠为将者孤身对敌，以致全军陷没的军队。陷，陷没。〔18〕崩者：一种崩溃四散的军队。〔19〕乱者：一种官兵关系混乱紧张，列队布阵杂乱无章的军队。〔20〕有北者：一种一遇战斗，便打败仗的军队。北，败北。〔21〕天之灾：自然条件的灾害。〔22〕将之过：为将者的过失。〔23〕夫势均以一击十曰"走"：意思是说，在双方指挥水平、战斗力、乃至所处地形都相当的情况下，却以我方一成兵力去对付敌方十倍于我的兵力，必然会寡不敌众，见敌就跑，这就叫作"走兵"。势均，指势均力敌。〔24〕卒强吏弱曰"弛"：士卒强悍，将帅懦弱，与敌作战，士气不振，指挥不灵，难以制约，这就叫"弛兵"。〔25〕吏强卒弱曰"陷"：将吏勇敢，但士卒怯弱，没有战斗力、对敌作战，终将陷入覆没，这就叫做"陷兵"。〔26〕大吏怒而不服：部队的高级军官心怀怨怒，不服从调遣。大吏，部队高级军官。怒，怨怒。服，服从。〔27〕对敌怼而自战：对敌人满怀怨愤而擅自出战。〔28〕将不知其能：意思是说，统师部队的主将不了解下面高级军官的才能。将，主将。其，代指大吏，即部队的高级军官。〔29〕将弱不严：部队主将懦弱无能，号令不严。将，主将。弱，懦弱。严，指号令严明。〔30〕吏卒无常：这里的意思是说，长官与士卒都没有规矩约束，相互关系也失去常态。无常，指没有法纪、常规。〔31〕阵兵纵横：布兵列阵杂乱无章。阵兵，布兵列阵。纵横，指纵横交错，杂乱无章。〔32〕以少合众：以少数兵力来对抗人数众多的敌军。合，合战，即交战。〔33〕兵无选锋：打仗时，没有经过挑选的精锐先头部队。选，挑选。锋，先锋。这里是指先头部队。〔34〕兵之助：用兵作战的辅助条件。兵，这里是指的用兵作战。〔35〕计险厄远近：算计地形的险要和路途的远近。计，算计。险厄，险要。〔36〕上将之道：智慧才能高明的将领的用兵之道。上，上等，这里是指智慧才能属于上等。道，这里是指用兵之道。〔37〕战道必胜：按照战争自身的规律办事，必然会取胜。战道，战争的规律。〔38〕主曰无战：君主讲不能战。主，君主。〔39〕进不求名：向敌人发起进攻不是为了个人的名声。进，这里是指的进攻。〔40〕退不避罪：意思是说，撤退军队也不回避违命的罪责。退，退却。〔41〕惟民是保：唯一的目的就是保护广大民众的利益。惟，惟一，只有。民，这里是指广大民众的利益。保，保护。〔42〕利合于主：对君主有利。利，利益。合，符合。主，君主。〔43〕国之宝：国家的宝贵财富。〔44〕视：对待。〔45〕可与之赴深溪：意思是说，可以与人共患难。深溪，很深的溪谷。〔46〕厚而不能使：意思是说，虽然厚待他们，却又不能使用他们。厚，这里指的厚待。使，使用，使唤。〔47〕爱而不能令：虽然很疼爱他们却又不能命令他们。〔48〕知吾卒之可以击：了解自己的军队可以作战。知，知道，了解。吾卒，这里是指自己的军队。击，打仗。〔49〕动而不迷：采取某种军事行动却不致发生迷误。动，行动。这里是指军事行动。迷，迷误。〔50〕举而不穷：举措千变万化，没有穷尽。举，举动、举措。穷，穷尽。〔51〕胜乃可全：可以取得完全的胜利。

应用实例

刘裕北伐南燕

东晋晚期，后来做了南朝宋国皇帝的刘裕，因镇压农民起义和平定叛乱而官至车骑将军，掌握了东晋朝廷的军政大权。他以恢复中原为号召，训练军队，积极准备北伐。刘裕北伐的第一个目标是南燕。

刘裕针对南燕国土幅员较小，政治腐败，尤其是没有长远的战略眼光的弱点，力排众议，起兵北伐灭燕，同时制定了沿途筑城、分兵留守、巩固后方、长趋北进的作战方针。公元409年，刘裕率十万大军兵出建康（南京古城），由水路前进，到下邳（今江苏邳县西南）改由陆路，率兵向琅琊（今山东临沂北）进发。所经之处筑城建堡，留兵把守，以防南燕骑兵袭扰和切断后路。晋军到琅琊时，南燕已将莒城（今山东莒县）、梁父（今山东泰安）守军撤回至临朐、广固（今山东益都县）。晋军欲直至广固攻击燕国都城，但莒城与临朐之间有山高势险的大岘山（今山东沂水北），其上有号称"齐南天险"的穆陵关，狭仅能通一车，越之不易。另外还有两条路，或取东北向北上，而后转而向西逼近广固，迂远费时；或取直北，转而向东进达广固，山路漫长。翻大岘山既近且直，但其险可畏，若南燕派兵据守，根本无法能过。东晋军一时不知如何是好。

刘裕仔细研究了南燕的情况，断然决定取道大岘山北进。刘裕认为，南燕曾数次南下攻入东晋淮北地区，但只掳掠财物人马而不攻城占地，一是乘骑兵之优势，二是贪婪而无长远之计；闻晋军北伐，不战自退，先撤莒城、梁父之兵，可见其不愿与晋军在大岘山南交战，而是准备在临朐、广固一带平坦地域，依托坚城，充分发挥骑兵优势而聚歼晋军，全无战争谋略。加之南燕为鲜卑族政权，游牧成性，爱惜财物，只知驰骋掠夺，而不知深谋远虑，料定不会在大岘山设防，也不会坚壁清野。于是率军取道大岘山北上。

南燕闻晋军北上，征房将军公孙五楼建议扼守大岘，选精兵沿海南下，断其粮道，另派兵马迂回敌后，造成两面夹击之势。但南燕主慕容超坚持己见，决定纵敌深入，然后依城出战。结果，东晋军顺利越过大岘山，接近临朐。南燕不据险而守，也未清野，遍地成熟的麦子，成了晋军的粮源。两军首战水源城，激烈争夺之后，晋军攻占水源，转向攻击临朐。

临朐之战，慕容超派出主力骑兵，快速运动。夹击晋军。刘裕为削弱骑兵在平原作战的优势，以车兵四千分列步兵两翼，以骑兵列于车后机动，组成了步、骑、车相互配合的阵形。兵车在外，骑兵很难冲击，车上长矛却对敌骑构成很大威胁，有效地抵御了燕军骑兵对晋军步兵主力的冲击。双方激战半日，未见胜负。此时，参军胡藩建议选精兵、取小道，奇袭临朐城。刘裕接受建议，派兵迂回奔袭临朐。南燕大军在城外与晋军鏖战，临朐守军兵力薄弱，被晋军一举攻下。临朐失陷，慕容超惊慌失措，即刻撤出战斗，率余部逃到都城广固。

晋军乘胜连夜追击，直逼广固城下。广固城四周绝涧，坚固异常，晋军一时难以攻取。刘裕命晋军环城修筑长墙，将敌军困于其中，同时就地取粮，准备长期围困。城中慕容超此时不是积极采取防御措施，而是一心指望盟国后秦的援兵来救，消极等待。晋军则一方面采用攻心战术，瓦解敌军，一方面利用降将张纲善于制造攻城器具的特长，设计制造了新的攻城器械。公元410年2月初，晋军四面攻城，南燕军兵无斗志，尚书悦寿开门迎降，广固城被克。慕容超率数十骑突围逃脱，后被晋军追获，送东晋都城建康斩杀。至此，历时近一年，东晋灭南燕之战结束。

刘裕之所以成功，在于他善于"料敌制胜，计险厄远近"，"知己知彼"，了解自己，了解敌人，了解地形对敌我双方的利弊，正确决定取道大岘山。还在于他"动而不迷，举而不穷"，善于根据敌情制定战略措施，采用灵活的战术方法。沿途筑城，留兵把守，以绝后患；正面与敌决战，分兵奇袭空城；以步、骑、车组合的阵法，克制敌军骑兵之长；四面围城，造械而攻，终克方固。及观南燕的失败，恰恰与东晋相反，不用地利，不善应变，只知"吾卒之可以击"，却"不知敌之不可击"，"不知地形之不可以战"，要想取胜，就难上加难了。

第十一篇　九地篇

【主要内容】

本篇着重从人的心理因素和情绪因素角度论述如何因利乘便，利用地形，发挥人的战斗积极性，以克敌制胜。其中突出的一个重要思想，就是如何造成一种主观条件（严厉的军纪约束和训练）和客观条件（投之于险地），使战士们生发出一种决死心理，从而团结一心，奋不顾身，勇往直前，去夺取胜利。

全篇内容大约分为四部分：1.首先总论"九地"的特点和战法。诸如：处于本国境内、士卒容易产生恋家情绪的"散地"，应"一其志"，使士卒意志专一而不致逃散；处于进入敌境不远、难进易退的"轻地"，应"使其属"，使部队首尾相连而不致脱节……2.论述将对敌国宣战、举兵出征时，政府应采取的基本方略、措施，以及灵活机动、屈伸应敌以趋利避害的策略。诸如：封锁国境，取消入境通行证件，断绝使者往来，督励百官在庙堂之上密筹战守大计；当着敌国犹豫未决、进退未定、有隙可乘时，便应迅速进攻，首先抢占战略要地。3.论述大军深入敌后，将军的决心与处置。主要是强调大胆深入敌境。认为只有深入敌境，置军队于险地，士卒们才会患难与共、生死相扶、团结一致，专心对敌，才会生发一种决死心情，奋勇杀敌，有进无退。同时也强调三军统帅此时处事更应冷静、沉稳，令人莫测，赏罚公正严明，使人只知甘心情愿服从命令、冲锋杀敌而不问其它。4.总结：用兵打仗，必须对地形的特点、屈伸的利益，以及人的心理、感情因素的变化都有详细的考察和研究，才能率领三军克敌制胜。

第十一篇　九地篇

【原文】

孙子曰：用兵之法，有散地[1]，有轻地[2]，有争地[3]，有交地[4]，有衢地，有重地[5]，有圮地，有围地[6]，有死地[7]。

诸侯自战其地，为散地；入人之地而不深者，为轻地；我得则利，彼得亦利者，为争地；我可以往，彼可以来者，为交地；诸侯之地三属[8]，先至而得天下之众者，为衢地；入人之地深，背城邑多者，为重地；行山林、险阻、沮泽，凡难行之道者，为圮地；所由入者隘、所从归者迂，彼寡可以击吾之众者，为围地；疾战则存，不疾战则亡者，为死地。

是故散地则无以战[9]，轻地则无止[10]，争地则无攻[11]，交地则无绝[12]，衢地则合交，重地则掠[13]，圮地则行，围地则谋[14]，死地则战[15]。

所谓古之善用兵者，能使敌人前后不相及[16]，众寡不相恃[17]，贵贱不相救[18]，上下不相扶[19]；卒离而不集[20]，兵合而不齐[21]。合于利而动，不合于利而止。敢问："敌众整而将来[22]，待之若何[23]？"曰："先夺其所爱[24]，则听矣[25]。"兵之情主速[26]，乘人之不及[27]，由不虞之道[28]，攻其所不戒也[29]。

凡为客之道[30]，深入则专[31]，主人不克[32]；掠于饶野[33]，三军足食；谨养而勿劳[34]，并气积力[35]；运兵计谋[36]，为不可测[37]。投之无所往[38]，死且不北[39]。死焉不得[40]，士人尽力[41]。兵士甚陷则不惧[42]，无所往则固[43]，深入则拘[44]，不得已则斗。是故其兵不修而戒[45]，不求而得[46]，不约而亲[47]，不令而信[48]。禁祥去疑[49]，至死无所之[50]。吾士无余财[51]，非恶货也[52]；无余命[53]非恶寿也[54]；令发之日，士卒坐者涕沾襟[55]，偃卧者涕交颐[56]。投之无所往者，诸、刿之勇也[57]。

故善用兵者，譬如率然；率然者，常山之蛇也。击其首则尾至，击其尾则首至，击其中则首尾俱至。敢问："兵可使如率然乎？"曰："可。夫吴人与越人相恶也[58]，当其同舟共济[59]，遇风，其相救也如左右手。"是故方马埋轮[60],未足恃也;齐勇若一[61],政之道也[62];刚柔皆得[63],地之理也[64]。故善用兵者,携手若使一人[65],不得已也。

将军之事[66],静以幽[67],正以治[68]。能愚士卒之耳目[69],使之无知;易其事[70],革其谋[71],使人无识[72];易其居[73],迂其途,使人不得虑[74]。帅与之期[75],如登高而去其梯。帅与之深入诸侯之地,而发其机[76]。焚舟破釜[77],若驱群羊,驱而往,驱而来,莫知所之。聚三军之众,投之于险,此谓将军之事也。九地之变,屈伸之利[78],人情之理[79],不可不察也。

凡为客之道,深则专,浅则散[80]。去国越境而师者[81],绝地也;四达者,衢地也;入深者,重地也;入浅者,轻地也;背固前隘者[82],围地也;无所往者,死地也。是故散地,吾将一其志[83];轻地,吾将使之属[84];争地,吾将趋其后[85];交地,吾将谨其守[86];衢地,吾将固其结[87];重地,吾将继其食[88];圮地,吾将进其涂[89];围地,吾将塞其阙[90];死地,吾将示之以不活[91]。故兵之情[92],围则御[93],不得已则斗,过则从[94]。

是故不知诸侯之谋者,不能预交[95];不知山林、险阻、沮泽之形者,不能行军;不用乡导者,不能得地利。四五者,不知一[96],非霸王之兵也。夫霸王之兵,伐大国,则其众不得聚[97];威加于敌,则其交不得合[98],是故不争天下之交[99],不养天下之权[100],信己之私[101],威加于敌[102],故其城可拔,其国可隳[103]。施无法之赏[104],悬无政之令[105],犯三军之众[106],若使一人[107]。犯之以事[108],勿告以言[109];犯之以利,勿告以害。投之亡地然后存,陷之死地然后生。夫众陷于害[110],然后能为胜败[111]。故为兵之事,在于顺详敌之意[112],并敌一向[113],千里杀将[114],此谓巧能成事者也。

是故正举之日[115],夷关折符[116],无通其使[117];厉于廊庙之上[118],以诛其事[119]。敌人开阖[120],必亟入之。先其所爱[121],微与之期[122],践墨随敌[123],以决战事[124]。是故始如处女[125],敌人开户[126];后如脱兔[127],敌不及拒。

第十一篇 九地篇

【译文】

孙子说：掌握用兵的法则，就要懂得在军事地理上有散地，有轻地，有争地，有交地，有衢地，有重地，有圮地，有围地，有死地。

在本国境内作战的地方，叫做"散地"；已经进入别国境内，但还没有深入，在这样的地方作战，叫做"轻地"；我方占据有利，敌方占据也有利的地方，叫做"争地"；我军可以前往，敌军也可以到的地方，叫做"交地"；同几个国家毗邻，谁先占有就能得到其它诸侯国援助的地区，叫做"衢地"；进入敌国境内已经很深，背靠敌国许多城邑的地区，叫做"重地"；行军到达山林、险阻、水网、沼泽地带，以及一切难以通过的地区，叫做"圮地"；进去的道路狭窄，返回的道路迂回、敌军只要占领险要便可以寡击众的地方，叫做"围地"；奋起速战可能生存，否则必将全军覆没的地区，叫做"死地"。

因此、处于"散地"，便不宜于轻战以免士卒因恋家而临阵逃散；处于"轻地"，便不能停留，以免士卒因怀恋故土而轻易退却；处于"争地"，如果敌军先占据阵地，便不要强攻，以免过多消耗自己的有生力量；进入"交地"便不能使行军队伍中断，以免敌军乘隙攻击；进入"衢地"便要主动与邻国结交，以取得它们的支持；进入"重地"便要掠取敌国的粮草，以保证我军粮草的供应；进入"圮地"，便要使部队迅速通过，以免遭到敌军奇兵的袭击；进入"围地"，便要设奇谋突围，以免遭到敌军的围歼；进入"死地"，便要号令将士，迅速决一死战，以求击溃敌军，获得生还。

古代所谓善于用兵的人，能够做到，使敌军前队与后队不能相互配合，相互策应；大部队和小分队不能相互协同，相互依持；长官与士卒不能相互救援；下级与上级不能相互扶持；士卒们被击溃走散了便很难再集合起来，就是集合起来了也不能统一行动。至于对自己的军队，那就是，有利就打、没有利就不打。试问："众多的敌军、排成严整的阵势将要来进攻，又该怎样对待它们呢？"回答是："抢先夺取敌方最珍惜的重要地方或物资，他们就会听从我们的摆布了。"用兵的情理，重在快速、要乘敌方措手不及的时机、经由敌方意料不到的道路，进攻敌方放松戒备的薄弱环节。

　　大凡进入敌国境内作战的规律是：深入腹地作战，战士们就会同心协力，意志专一，敌军将无法战胜我们；从敌国富饶的田野掠取粮食，就能保证部队有充足的军粮供给；重视部队的休整，不使将士们过于疲劳，就能鼓足士气，聚积战斗力；同时还要巧用计谋，部署兵力，使敌方无法揣测我军的动向和意图。把军队投入无路可走的绝境，将士们就会宁死不退。将士们既然连死都不怕、那还会有什么事清办不到呢？那样，全军将士必然会竭尽全力与敌军作战。士卒们既已陷入绝境，反而更会无所畏惧了。部队无路可走，军心反而会更稳固。越是深入敌境部队的意志会更加集中，团结会更加坚固，遇到迫不得已的情况，将士就会作殊死的战斗。所以说，在上述情况下士卒们不需要整饬，便能自觉地进行戒备；无需对他们进行强求，便能完成自己的任务；无需对他们有所约束，便能亲爱互助；无需对他们三令五申、便能得到他们的信任和服从。要禁止迷信和谣言，以免士卒猜疑，扰敌军心，就能使士卒们至死也不会逃跑。应该懂得，我们的将士没有多余的财货、并不是因为他们讨厌财货；他们并没有第二条生命，却是那样地不怕牺牲；也并不是因为他们厌恶长寿，只要看看当命令下达之日，士卒们坐着的，眼泪满衣襟；躺着的，流泪满双颊；便能知道他们的心情。只是由于把他们投入到无路可走的绝境，他们才都会像专诸、曹刿那样的勇敢呀！

　　所以，善于用兵的人，就像摆弄"率然"蛇一样。"率然"是常山地方的一种蛇。打它的头，它的尾便会来救应；打它的尾，它的头便会来救应；打它的中间，它的头和尾部都会来救应。试问："用兵难道也可以像摆动'率然'蛇一样吗？"回答说，是可以的。吴国人和越国人本来是相互仇视的、但当他们同坐一条船渡河时，遇到风暴，他们也会像左手帮助右手那样自然而然地相互救援哩！因此，缚马埋轮，向士卒们表示死战的决心，想以此来稳住阵势，是靠不住的。要使全军将士协同合作，英勇奋战，如同一人，关键于平时治军有方，要使部队不论强弱都能发挥各自的作用，关键在于利用地形之利。所以，善于用兵的人，能使全军上下，携手团结、如同一人，那也是情势所迫，不得

第十一篇　九地篇

已呀!

　　带兵的事情,为将者要沉着镇静,幽深难测,办事公正严明而又有条不紊。要能蒙蔽士卒们的耳目,使他们对军事行动的目的一无所知;要不断改变过去曾经做过的事情,变换曾经用过的计谋;要经常更换军队的驻地,要有意走着迂回的道路,使人们对主将的意图捉摸不透。主帅与将士们约期赴战、要像登高以后就去掉梯子那样,只能上不能下。主帅与将士们深入敌国领土,就像扳动机括发出利箭一样,只能一往无前。烧毁舟船,打破炊具,像驱赴群羊一样,时而赶过去、时而又赶回来,使士卒们不知道到底要走向哪里。能聚合三军官兵,投入险恶之地,这正是统率军队的本领。因此,为将者,对于九种地形的应变处置,或进或退的利益所在,以及将士们心理情感变化的规律,都是不能不认真考察的啊!

　　大凡领兵去敌国境内作战的规律是:越是深入腹地,士卒们的意志便越是专一、军心越稳固;相反,进入敌境越浅,军心便越是容易涣散。离开本土,越过敌境作战的地区叫作"绝地";交通四通八达的地方叫做"衢地";深入敌境的地方,叫做"重地";进入敌境较浅的地方,叫做"轻地";背靠险阻,面临隘路的地方,叫做"围地";无路可走的地方,叫做"死地"。因此,进入"散地",我们便要统一部队意志;进入"轻地"、我们便要使部队首尾相连;进入"争地",我们便要催促后队疾速前进;进入"交地",我们就要督促部队严密防守;进入"衢地",我们就要注意巩固与其他诸侯国的结盟;进入"重地",我们就要重视保证军粮供应不断;进入"圮地",我们就要使部队迅速通过,不能停留;进入"围地",我们就要堵塞缺口;进入"死地",我们就要表示与敌军死战到底的决心。所以说,将士们的心理是,陷入了包围,便更会奋力抵抗,处于绝境,便更能服从指挥。

　　因此。不了解其他诸侯的战略意图,便不能预先与他们结交;不了解山林、险阻、沼泽等地形,便不能轻易行军;不使用当地人作向导,便不能取得作战中的地形之利。以上这些事情,如果有一样不了解,都不能成为争霸天下的军队。凡是争霸天下的军队,讨伐大国、行动之迅速,能使得敌国不及动员集中全国军民进行有效的抵抗;要以强大的兵威施加于敌国，以致使得其他诸侯国不敢与其结交而给予支援。因此，无需与天下诸侯国结交、也不用在各诸侯国培植自己的势力，只要伸展自己的战略意图，用兵威加于敌国之上，就能攻占他们的城池，摧毁他们的国都。在战争中要施行超越常法的奖赏，颁布打破常规的法令，就能做到指挥全军将士，就如同指挥一个人那样运用自如。向将士们布置作战任务，却不需要告知他们的计谋所在；动员士卒，只应说明有利条件，无需指出危险因素。把士卒们投进最危险的境地，有可能转危为安；把他们投入"死地"，有可能起死回生。全军将士都陷于危难之中，便会众志成城，拼死备战、赢得胜利。所以，带兵之事，在于仔细地了解敌军的意图，并且佯装依顺他们、使他们落入我方圈套，然后集中兵力，突破一点，便可做到千里奔袭，擒敌杀将。这就是所谓巧计能成大事呀！

因此，在决定举兵出征的日子里，要封锁关口，废除来往敌国的通行证件，不与敌国互通使节，还要督促大臣们在庙堂之上，共谋征伐大计。遇到敌军出入无常、进退未决，有隙可乘时，便应迅速攻入。首先夺取其战略要地。无需与敌国约期作战，也无需遵循固定的规章制度，一切军事行动都依敌情的变化而灵活运用，以保证战争的胜利。因此，在战争即将开始时，要表现得像处女那样柔弱沉静，不露声色，诱使敌人放松警惕，大开门户；而一旦战事打响以后，便要像脱逃之兔那样行动迅速异常，以致使得敌军措手不及，无法抵抗。

【注释】

〔1〕散地：指在自己国土内同敌人作战的地域。由于在这种地方作战，遇上危急情况，士卒们容易因恋家而逃散，所以叫做"散地"。〔2〕轻地：进入敌国境内不深的地域。由于这种地方离本国尚近，士卒们怀恋家园，意志尚不专一，打起仗来，难进易退，所以叫作"轻地"。〔3〕争地：指敌我双方，无论哪一方夺得都有利的地域。由于这种地域，敌我双方都要争夺，所以叫作"争地"。〔4〕交地：指一种我可以往，敌可以来，四通八达，不可堵绝的地域。〔5〕重地：指进入敌国境内很

第十一篇 九地篇

深,所经过的敌国城郭已经很多,归路已断,难以退还的地域。〔6〕围地:指一种进入的道路狭窄险峻,返回的道路迂回曲折,敌军只需用少量兵力便可对付我众多军队的地域。〔7〕死地:是一种背山阻水,粮草断绝,进不得前,退又有阻,或者是被敌军重重围困,难以冲出的地域。处于这种地形,只有迅速决一死战方有生存希望;否则,拖延时日必将陷于灭亡,所以叫做"死地"。〔8〕诸侯之地三属:这里是指与众多诸侯国交界的地方。三,泛指众多。属,归属。〔9〕散地则无以战:这里是说,在本国境地不宜轻战,以免士卒因恋家而逃散。无以战,不要轻战。〔10〕无止:指部队不要逗留,不要停止前进,以免士卒因离家路程不远而轻易退走。〔11〕争地则无攻:是说对于争地,应先期占领,如已被敌方所占,则不应拼力攻取,以免损耗太大。〔12〕交地则无绝:意思是说,进入道路四通八达的交地时,应使各种部队首尾相连,不可使断绝,以防敌军乘隙攻击。无绝,指各种部队要首尾相连。不可使其断绝。〔13〕重地则掠:意思是说,当部队深入敌国境内很远时,就要掠取敌国的粮食,以保证源源不断地供给军粮。掠,这里是指掠取敌国积蓄的粮食。〔14〕围地则谋:句意是说,进入前有隘、后有险,返回的道路迂回曲折的围地时,应运用奇谋以取胜。谋,这里是指出奇谋。〔15〕死地则战:当部队处于敌军围困数重或背山阻水、粮草断绝、进不得前,退又有阻的死地时,必须号令士卒迅速决一死战。〔16〕前后不相及:前军与后军不能相互策应、配合。前后,前军与后军。及,策应、配合。〔17〕众寡不相持:大部队与小分队之间,不能相互协同,相互依持。众寡,指大部队与小分队。持,依持、协同。〔18〕贵贱不相救:军官与士卒之间,不能相互求援。贵,这里是指的军官。贱,这里是指的士卒。〔19〕上下不相扶:这里的意思是说,上级与下级不能相互扶持、相互帮助。上下,这里是指的上级与下级,扶,扶持。〔20〕卒离而不集:士卒被击溃走散了,很难再集合起来。离,离散。集,集合。〔21〕兵合而不齐:士卒们即使集合起来了,也不能整齐统一行动。合,集合。齐,整齐。〔22〕敌众整而将来:敌军人数众多,队形严整,将要来进攻。敌,敌军。众,众多。整,严整。将来,这里是指敌军将要来进攻。〔23〕待之若何:即如何待之,如何对付它（敌军）呢？待，对待、对付。之，指示代词，指敌军。〔24〕先夺其所爱：此句是说，先夺取敌方最珍惜的重要地方或物资。其，指示代词，指敌方。爱，爱惜、珍爱。〔25〕听：听从。这里是指听从我方的摆布。〔26〕兵之情主速：这里的意思是说，用兵的情理重在快速。兵，用兵。情，情理。主，这里是指的重要、重视。速，快速。〔27〕乘人之不及：趁敌人措手不及之时。乘，同"趁"。不及，指措手不及。〔28〕由不虞之道：经由敌方料想不到的道路。由，经由。虞，料想、臆度。〔29〕攻其所不戒：攻打敌方没有戒备的地方。其，指示代词，这里是指敌方。戒，戒备、警戒。〔30〕为客之道：这里的意思是指，我军进入敌方领土作战时应遵循的规律。客，客人、作客。这里是指进入敌国领土后，相对于敌方来说，敌方是主，我方是客。道，道理、原则、规律，这里是指的作战之道。〔31〕深入则专：这里的意思是说，深入敌境作战，将士们就会同心协力，意志专一。〔32〕主人不克：在本国境内作战的军队往往不能战胜入侵的军队。主人，这里是指在本国领土作战的军队。克，克复、克服。〔33〕掠于饶野：这里是指，要掠取敌国富饶原野上生长的庄稼。掠，抢掠。饶野，富饶的原野。〔34〕谨养而勿劳：这里是说，要小心地注意搞好部队休整，不要使将士过度劳累。谨，谨慎、小心。养，养息、休整。劳，劳累。〔35〕并气积力：意思是说，要鼓足旺盛的士气。聚积将士的战斗力。并，集中、鼓足。这里是指，鼓足旺盛的士气。积，聚积。力，这里是指战斗力。〔36〕运兵计谋：这里是指，要部署兵力，巧用计谋。运，运用。运兵，运用兵力，即部署兵力。〔37〕不可测：不可被揣测。〔38〕投之无所往：把军队投入无路可走的绝境。投，投入。无所往，没有地方走、无路可走。〔39〕死且不北：意思是说，宁死也不后退。北，败北、败退。〔40〕死焉不得：这里的意思是说，将士们死且不怕，还有什么事情办不到呢？焉，怎么、什么。焉不得，怎么会得不到？或还有什么事办不到呢？〔41〕士人，这里是指的将士。〔42〕兵士甚陷则不惧：意思是说，士卒们既已陷入绝境，反而无所畏惧了。甚陷，陷得很深，指陷入绝境。惧，畏惧。〔43〕无所往则固：军队处于无路可走的绝境，军心反而会更加稳固。无所往，没有去处、无路可走。固，稳固、巩固。

第十一篇　九地篇

〔44〕深入则拘：军队深入敌境，意志反而更集中，团结反而更坚固。拘，拘束。这里可引申为凝聚、集中。〔45〕不修而戒：军队不需要整饬便会自觉地进行戒备。修，修治、整饬。戒，戒备。〔46〕不求而得：对士卒们无需强求，他们便能完成任务。求，强求。得，获得。〔47〕不约而亲：这里的意思是说，士卒们不待约束便能亲爱互助。约，约束。〔48〕不令而信：这里的意思是说，不需要对将士们三令五申便能得到他们的信任和服从。令，命令。信，信任服从。〔49〕禁祥去疑：这里是指，要禁除迷信和谣言，以免士卒猜疑，扰乱军心。祥，吉凶的预兆。这里是指预卜吉凶的迷信活动。疑，疑虑、猜疑。〔50〕至死无所之：士卒们至死也不会逃跑。之，往。这里是指的逃往、逃跑。〔51〕士无余财：士卒们没有多余的钱财。士，士卒。余财，多余的钱财。〔52〕非恶货也：并非厌恶财货。恶货，厌恶财货。〔53〕无余命：没有多余的生命。余命，多余的生命。〔54〕非恶寿也：并非厌恶长寿。寿，寿命、长寿。〔55〕涕沾襟：眼泪沾满衣襟。涕，眼泪。〔56〕偃卧者涕交颐：这里是指，一些仰卧的士兵们眼泪在面颊两边流着。偃：仰倒。颐，面颊。〔57〕诸、刿之勇：像专诸、曹刿那样的英勇无畏。诸，专诸，春秋时吴国勇士，曾将剑藏在鱼腹中刺杀吴王僚，结果自己被杀害。刿，曹刿，春秋时期鲁国勇士，曾在齐鲁柯地会盟上，手持利剑劫持齐桓公，迫使齐桓公同鲁国订立盟约，退还所侵鲁国的土地。〔58〕吴人与越人相恶：春秋时期，吴国与越国争霸而引起两国人民的相互仇恨。〔59〕其同舟共济：同坐一条船渡河。济，渡河。〔60〕方马埋轮：方，按曹操注为"缚"。方马，即缚马。方马埋轮，把马缚起来，把兵车的轮子埋掉。〔61〕齐勇若一：这里的意思是说，要使得战士们全都一样的勇敢奋战。齐，整齐、全部。勇，勇敢。一，一样。〔62〕政之道：治理军队的方法。政，治理。道，道路、方法。〔63〕刚柔皆得：这里是指，要使部队不论强弱，都能因地势而得以各自发挥其作用。刚柔，按曹操、杜牧注，皆作兵势强弱解。皆得，皆得其用。〔64〕地之理：地形之理、地势之理。〔65〕携手若使一人：携手团结如同一人。〔66〕将军之事：率领军队的事情。将，主持、带领。将军，带领军队。〔67〕静以幽：冷静而幽深莫测。静，冷静、镇静。幽，幽深。〔68〕正

以治：治理军队公正严明而又有条不紊。正，公正、严正，治，治理、有条不紊的秩序。〔69〕愚士卒之耳目：要蒙蔽士卒们的耳目，使他们一无所知。愚，蒙蔽。〔70〕易其事：要变更过去曾经作过的事。易，交易、变更。〔71〕革其谋：这里是说，要不断交换已经用过的计谋。革，变革、变换。谋，计谋。〔72〕使人无识：使别人认识不到、了解不到。识，认识。〔73〕易其居：变换军队的驻地。居，居住。这里是指军队的驻地。〔74〕不得虑：思虑不到、料想不到。虑，思虑、考虑。〔75〕帅与之期：指主帅与将士们约期赴战，或交与将士们的作战任务。帅，主帅。期，约期。〔76〕发其机：扳动机括，射出利箭。机，机括。〔77〕焚舟破釜：把用来过河的船烧掉，把煮饭用的锅子打破。釜，煮饭用的锅子。〔78〕屈伸之利：军队或进或退的利益所在。屈伸，这里是指军队的进退。〔79〕人情之理：部队心理状态变化发展的规律。情，情绪、情感、心理状态。理，道理、规律。〔80〕浅则散：是说部队进入敌国境内不深时，军心容易因恋家而涣散。浅，这里是指部队进入敌国境内不深。散，涣散。〔81〕去国越境而师：离开本国越过边境进入敌国作战的军队。去国，离开本国。师，军队。这里引申为"作战"。〔82〕背固前隘：背靠着险阻，又面临着隘路。固，坚固，这里可引申为"险阻"。隘，狭隘。〔83〕一其志：统一全军将士的意志。一，统一。其，代词，这里是指全军将士。〔84〕使之属：使部队紧紧连接，不致中断。之，指示代词，这里指部队。属，连属。〔85〕趋其后：这里的意思是指，催促后继部队疾速跟进。趋，疾走、赶快。其，代词，指部队。后，这里指后继部队。〔86〕谨其守：这里是指，要督促部队严密防守。谨，严谨。〔87〕固其结：巩固原来的结盟。固，巩固。结，结交、结盟。〔88〕继其食：使粮食获得不断的供给。〔89〕进其涂：按曹操、杜佑注"进其涂"可以解释为"疾过去"、"疾行无留"。意思说，要迅速通过，不能停留。〔90〕塞其阙：堵塞缺口。阙，缺口。〔91〕示之以不活：这里是指，表示要与敌军死战到底的决心。示，表示。〔92〕兵之情：士兵的心理。兵，士兵。情，心情、心理。〔93〕围则御：这里的意思是说，部队陷入包围，士卒们就会竭力抵抗。围，包围。御，抵御。〔94〕过则从：这里的意思是说，士卒们陷入绝境，就会服从指

第十一篇　九地篇

挥。过，太甚、太绝。从，服从。〔95〕不能预交：不能预先结交。预，预先。交，结交。〔96〕四五者不知一：这里的意思是说，对以上这些事，如有一样不能了解。四五者，按曹操注，可解释为以上四五件事，或九地的利害。〔97〕其众不得聚：这里是指敌国的军民集中不起来。其，指示代词，这里是指敌国。众，指军民之众。聚，聚集。〔98〕其交不得合：敌国想与别国结交，以求取得援助，也不能成功。交，结交。合，合作、联合。〔99〕不争天下之交：无需争取与其他诸侯国结交，以取得他们的支援。争，争取。天下，指各诸侯国。交，结交。〔100〕不养天下之权：无需在各诸侯国培植自己的势力。养，培养。权，权势、势力。〔101〕信己之私：这里的意思是指要伸展自己的谋略。信，申。私，私意，这里是指自己的谋略。〔102〕威加于敌：以自己的军威加于敌军之上。威，威力，这里是指军威。〔103〕其国可隳：这里是指敌国的国都可以被摧毁。国，这里是指国都。隳，摧毁、毁灭。〔104〕施无法之赏：施行超越常法的奖赏。无法，没有法、超越常法。〔105〕悬无政之令：颁布打破常规的命令。悬，悬挂，引申为颁布。无政，不合常规。〔106〕犯三军之众：指挥三军之众。犯，发生、发作，这里可引申为使用、指挥。〔107〕若使一人：如同指挥一个人一样地运用自如。若，如同。使，使用，引申为指挥。〔108〕犯之以事：使用士卒作战。事，事情，这里是指作战。〔109〕勿告以言：不要告知其计谋。言，按梅尧臣注，这里可解释为"计谋"。〔110〕众陷于害：大家都陷于危难之中。众，大家。害，危害、危难。〔111〕能为胜败：能为胜为败。〔112〕顺详敌之意：要仔细了解敌军的意图，并佯装随顺他们，以使其落入我方圈套。顺，随顺、依顺。详，详细、仔细。敌之意，敌军的意图。〔113〕并敌一向：集中兵力攻打一个方向。并，合并、集中。这里是指集中兵力。敌，攻打、进攻。一向，一个方向。〔114〕千里杀将：千里奔袭，擒杀敌将。千里，这里是指部队奔袭千里。〔115〕政举之日：指举兵出征的日子。政举，即征举。〔116〕夷关折符：封锁关口，废除通行证件。夷，封锁。关，关口。折，毁折、废除。符，通行证件。〔117〕无通其使：不与敌国通使。使，使者、使节。〔118〕厉于廊庙之上：这里的意思是指，督厉大臣们在庙堂之上计谋战事。厉，督励。廊庙，庙堂。〔119〕以诛其事：以计谋其事。诛，责成，按曹操、杜牧注，这里可作"治理""计谋"解。〔120〕敌人开阖：开阖，一开一阖，按曹操、杜预注，这里是指敌人一开一阖，出入无常，进退未决，因而有隙可乘。〔121〕先其所爱：这里的意思是说，先攻占敌方最重视的战略要地。爱，爱惜、珍爱。可引申为重视。〔122〕微与之期：这里的意思是说，不要与敌方约定交战的日期。微，不。之，指敌国、敌军。期，约期。〔123〕践墨随敌：意思是说，循守法度，实行规矩，都要依随敌情的变化而灵活运用。践，践履、实践、实行。墨，绳墨。按杜牧注，这里可作"规矩"、"法度"解。敌，这里是指的敌情。〔124〕以决战事：以解决战争的胜负问题。决，解决。〔125〕始如处女：在军事行动将要开始时，要表现得像处女那样柔弱沉静，不露声色。〔126〕敌人开户：要让敌方放松警惕，大开门户。敌，这里是指的敌国。开户，打开门户。〔127〕后如脱兔：一旦军事行动开始，就要像脱逃之兔那样迅速异常。后，这里是指军事行动开始以后。脱兔，脱逃之兔，迅速异常。

应用实例

项羽鏖兵解救巨鹿之围

公元前208年，秦国攻打赵国都城巨鹿，赵军兵败被围，巨鹿危在旦夕。赵王一面命大将陈余出战抗敌，一面派人向齐、燕、代、楚等求救，慑于秦军威势，陈余不敢出战，只在城上拒守，齐、燕、代几国的援兵也进到巨鹿附近，便不敢再向前。只有项羽率领楚军投入了救赵战斗。项羽骁勇异常，不久前杀死了宋义，楚怀王迫不得已，任命项羽为上将军。接到赵军求救，项羽便领兵出战。渡过黄河后，项羽即下令全军将士，沉掉船只，砸破釜甑，烧毁营舍，每人只带三天干粮，誓与秦军决一死战。楚军上下面临绝境，又见主帅项羽英勇慷慨，人人怀必死之心，奋力前行，直抵巨鹿城下。

秦将王离调遣军队迎敌楚军。两军相逢，秦军还未展开阵势，楚军早已一齐冲上，乱砍乱杀，勇不可当，猝不及防的秦军竟三战三退。秦将章邯见王离兵败，率大军前来增援。两军对阵，秦军甲仗齐整，队伍雄壮，兵多将广，其势如泰山压顶；但见楚军衣甲简陋，步伐粗疏，三五成群，各自为战，全然不成阵式，只知横冲直闯，似毫无训练的散兵游勇。作壁上观的燕、代、齐各国将士，都捏了一把汗，以为楚军必败无疑。殊不知，这正是项羽用兵的精妙之处。项羽清楚，秦楚兵力悬殊，如果按成规兵对兵、将对将，列阵对抗，楚军一人对付秦军二人还不够分配，败局已定。项羽从战场情势出发，灵活处置，自己身先士卒，冲杀在前，命将士不拘阵式，各自为战，只求杀敌取胜。楚军破釜沉舟，已无后退之路，唯有奋勇向前才可能有活路。将士们又见主帅冲锋在前，士气大振。于是怒气冲斗牛，以一当十，以十当百，呼声震天，秦军闻声丧胆，刀斧过处，秦军尸横遍野。章邯曾在项羽面前吃过败仗，今日之阵势，更令他胆战心寒，战不过几个回合，便败退而去，秦军伤亡十有三四。

项羽也不追击，而是下令宿营休息，饱食干粮，以便再战。第二日出战前，项羽命令将士：今日务必尽扫秦兵。我军粮食已尽，不胜将全军覆灭。是死是活，就在此一战。并命将士杀敌后，只管向前，不必考虑阵形与别人的策应。将士得令，个个争先。才进入战场，便一声呼啸，直向秦军杀去。章邯刚上阵便陷于被动，虽极力催促部下向前，但总敌不过楚军英勇猛烈，秦军一退再退，五进五退之后便溃不成军。章邯仓皇率残部逃回了秦军大营。王离在项羽大战章邯时，勉强守住了本寨，但绝不敢出战，项羽便命英布等领兵堵住道路，自己亲率军马攻打王离，一鼓作气，直捣王离营门，王离想夺路逃跑，却被项羽堵住了出路，只三四个回合，便被楚军生擒了。

从项羽率军抵达巨鹿城下，与秦军大战九个回合，楚军连连取胜，三日之内便将势力强大的秦军击溃，巨鹿之围一举而解。

项羽的成功，除自己骁勇善战，身先士卒之外，"破釜沉舟"、自断退路，"践墨随敌"、各自为战，是更为重要的原因。"项羽麇兵解巨鹿之围",不仅成为战争史上的一段佳话,受到后代兵家的推崇;也是孙武《九地篇》攻击理论的一次成功运用,生动地证明了"置死地而后生"的真理性和普遍适用性。

第十二篇　火攻篇

【主要内容】

本篇专门论述向敌军进行火攻的各种问题，诸如火攻的对象、作用、条件、方法，以及在火攻的过程中应该注意的问题等等。

全篇内容大体分为四部分：1. 提出火攻的对象有五，即"火人""火积""火辎""火库""火队"。2. 分析火攻应具备的主客观条件，包括发火器材的准备，天象、气候的选择等等。3. 提出实行五种火攻所应采取的灵活对策，包括是从敌营内部纵火，还是从外面纵火；如何根据火攻引起的敌情变化，相机发起攻击而不可贸然行事；以及在进攻时应如何选择正确的方向等等。4. 指出火攻与水攻都是属于进攻敌军的辅助措施，两者对于战胜敌军各有其特点，为将者必须谨慎选择，要"合于利则动，不合于利则止"，要从"安国安军"的大局出发，赏罚分明，进退有变，决不可凭一时的意气用事，导致亡国覆军之祸。

【原文】

孙子曰：凡火攻有五：一曰火人[1]，二曰火积[2]，三曰火辎[3]，四曰火库[4]，五曰火队[5]。

行火必有因[6]，烟火必素具[7]。发火有时，起火有日，时者，天之燥也；日者，宿在箕、壁、翼、轸也[8]，凡此四宿者，风起之日也。

凡火攻，必因五火之变而应之[9]。火发于内[10]，则早应之于外[11]；火发而其兵静者[12]，持而勿攻[13]；极其火力[14]，可从而从之[15]，不可从而止。火可发于外，无待于内，以时发之。火发上风[16]，无攻下风[17]。昼风久,夜风止[18]。凡军必知有五火之变[19],以数守之[20]。

故以火佐攻者明[21],以水佐攻者强[22]。水可以绝[23],火可以夺[24]。

夫战胜攻取,而不修其功者凶[25],命曰费留[26]。故曰:明主虑之[27],良将修之[28]。非利不动,非得不用[29],非危不战[30]。主不可以怒而兴师,将不可以愠而致战[31]。合于利而动,不合于利而止。怒可以复喜[32],愠可以复悦;亡国不可以复存,死者不可以复生。故明君慎之,良将警之,此安国全军之道也。

【译文】

孙子说:火攻的形式一般有五种:一是焚烧敌军的人马,二是焚烧敌军的粮草,三是焚烧敌军的军用物资,四是焚烧敌军的物资仓库,五是焚烧敌军的隧道。

进行火攻必须具备必要的条件。放火用的燃料和器具应在平时就准备好;放火要选择适当的天时,火攻要选择适当的日子。所谓适当的天时,是指气候干燥;所谓适当的日子,是指月亮运行经过箕、壁、翼、轸四宿的那几天。因为一般的在这几天,都是容易起风的日子。

凡是进行火攻,都必须根据以上五种火攻形式所引起的敌情变化而采取相应的举措。如果是从敌军营内放火,便应提前以部队从外面进行攻击,使敌军疏于对内部的防范;敌军营内已经起火,却仍表现得非常镇静,就应耐心等待观察,而不可急于进攻;要等到火势十分旺盛,到了顶点,再看情况,可以进攻便发起进攻,不可以进攻便要停止进攻。能够从外面纵火就不必等着有人从敌营内部策应,只要能适时放火就行了;从上风纵火,就不能从下风进攻(以免烧到自己);白天的风刮得很大,晚上的风就会止息。凡是领兵打仗、都必须懂得以上五种火攻形式的变化、并且要按照气象变化的 规律、等待火攻的时机。

所以,用火攻作为向敌军进攻的辅助方法,效果会非常明显;以水攻作为向敌军进攻的辅助方法,只能使我军的攻 势大大增强。这是因为水攻只能隔断敌军的联系或者是断绝他们的粮道,而火攻则可以烧毁掉敌军的人马和物资。

对于打了胜仗、攻取了敌军阵地的人，不论功行赏，是会有危险的。这种作法叫做"费留"——吝惜费用。因此，英明的君主应该认真地思考这个问题，优秀的将领也应该认真地对待这件事。没有利益可得，就不要轻易行动，没有把握取得胜利就不要轻易用兵，不是形势十分危急，不可轻易开战。君主不能因一时的愤怒而兴师功众，主将也不可因一时的愤懑而轻易出战。要算计确实有利才能用兵，无利可得便要停止出战。这是因为一时的愤怒还可以转为欣喜，一时的愤懑还可以转为高兴，而一旦亡国便不可复存，一旦死亡便无法复生。所以，在这个问题上英明的君主一定要慎重，优秀的将领一定会警惕，这才是维护国家安定、保全军队实力的道理。

【注释】

〔1〕火人：放火焚烧敌军的人马。火，作动词用，意为烧火、放火。人，这里指人马。〔2〕火积：放火焚烧敌军积藏的粮草。积，积蓄、积藏。这里是指积藏的军用粮草。〔3〕火辎：放火焚烧敌军的各种军用物资。辎，辎重，包括武器、兵车，以及各种军用器械。〔4〕火库：烧毁敌军的物资仓库。〔5〕火队：放火焚烧敌军的隧道。队，通"隧"，即隧道。〔6〕行火必有因：施行火攻必须具备一定的根据和条件。行，施行、进行。火，这里是指的火攻。因，原因、根据、条件。〔7〕烟火必素具：用以进行火攻的燃料和有关器材，一定要在平常时就准备好。烟火，这里是指用来进行火攻的燃料和有关器材。素，平素、平常。具，具备。〔8〕宿在箕、壁、翼、轸：当月亮运行经过箕、壁、翼、轸这四座星宿的日子。宿，星宿、星座。中国古代天文学家认为天空有二十八座星宿，这箕、壁、翼、轸就是其中的四座。〔9〕必因五火之变而应之：意思是说，必须依据五种火攻形式所引起的敌情变化分别采取相应的配合措施。因，依据。五火之变：这里是指火人、火积、火辎、火库、火队五种火攻形式所引起的敌情变化。应，相应、策应。〔10〕火发于内：在敌军营内放火。内，这里是指敌军营内。〔11〕则早

应之于外：提前从外部策应。早，提早、提前。应，策应。〔12〕火发而其兵静者：这里是说，火已燃起但敌军却依然表现镇静。兵，这里是指敌军。静，安静、镇静。〔13〕待而勿攻：待，等待。勿攻，不要急于进攻。〔14〕极其火力：火势极其旺盛，到了顶点。极，极点、顶点。〔15〕可从而从之：这里的意思是说，要视火发以后的情况，可以进攻便进攻。从，跟从。按杜牧、曹操注，这里可解释为"进攻"。〔16〕火发上风：在上风方向起了火。上风相对于下风而言，指火焰起时，烟雾飞行的顺风方向。〔17〕无攻下风：不要从逆风方向进攻。下风，火焰飞行的逆风方向。〔18〕昼风久，夜风止：白天刮风刮得时间很长，晚上的风就会止息。昼风，白天刮的风。〔19〕凡军必知有五火之变：凡是用兵的人都必须懂得有五种火攻形式及其所引起的敌情变化。〔20〕以数守之：按照气象变化的规律，等候火攻的时机。数，规律、法则。这里是指气象变化的规律。守，守候。〔21〕以火佐攻者明：以火攻作为向敌军进攻的辅助方法效果很明显。佐，辅佐、辅助。明，明显。这里是指效果明显。〔22〕以水佐攻者强：用水攻的方法来辅助进攻，就能使攻势大大增强。强，增强、加强。这里是指增强攻势。〔23〕水可以绝：用水攻的办法可以隔断敌军的联系或者是断绝敌军的粮道。绝，断绝、隔绝。〔24〕火可以夺：这里是指，用火攻的方法可以烧毁掉敌军的人马和物资。夺，夺走。这里是指烧毁掉。〔25〕不修其功者凶：这里的意思是说，对于进行火攻有功的人不举功行赏，就会有凶险。修，按杜牧注："修者，举也。"修即是修举。凶，凶险。〔26〕费留：按贾林注："费留，惜费也。"费留就是吝惜费用。〔27〕明主虑之：虑，思虑、考虑。这里是指认真思考。明主虑：英明的君主要认真思虑到这一点。〔28〕良将修之：优秀的将领都要认真地对待这件事。修之，认真地对待。〔29〕非得不用：非有取得胜利的把握不可轻易用兵。得，得到。这里是指取得胜利。用，这里是指用兵。〔30〕非危不战：不是十分危急，不可轻易开战。危，危险、危急。〔31〕将不可以愠而攻战：主将不可以一时的愤懑而轻易出战。将，将领、主将。愠，愤懑。〔32〕怒可以复喜：愤怒可以重新变为高兴。复，回复、变回。

第十二篇 火攻篇

应用实例

赤壁之战

公元208年,曹操率领号称83万人马的大军,从江陵顺江东下,准备消灭割据南方的刘备与孙权,统一全国。曹军阵容强大,气势汹汹逼人,长坂坡大败刘备,顺利占领了江陵,然后顺江东下,威逼东吴孙权。刘备新败,自知不敌曹军。孙权也感到了巨大压力,担心无力独挡曹操攻势。于是在鲁肃和诸葛亮的斡旋下,孙、刘准备联合抗曹。诸葛亮出使东吴,分析双方实力与曹军军情,坚定了孙权联合抗曹的决心,又舌战群儒,挫败了东吴内部的主降派势力。孙权从鄱阳调回了主战的都督周瑜。孙刘合兵一处,沿江西上,到赤壁(今湖北嘉鱼东北)与曹军先头部队遭遇。联军击败曹军先头部队,曹军被迫回江北与主力会合。

此时,沿江疾病流行,曹军又多半不习水性,受不了江上的风浪颠簸,士兵多病疲惫。曹操针对情况,命手下将战船用铁索串联在一起,在船上铺上木板,减轻了船身的摆晃。士兵的确感到平稳舒适了不少,但船只的行动却受到了很大牵制。此情此景被东吴将军黄盖看在眼里,便生出火烧战船的计谋。周瑜接受了黄盖的计谋,随即制定以黄盖诈降接近曹营,然后纵火奇袭曹军战船的作战计划。周瑜让黄盖写了降书,派人送去曹营,曹操见降大喜不疑,遂与信使约定了投降的时间与信号。同时,周瑜下令装备斗舰十艘,载上枯草干柴,灌进桐油,用布帷遮盖严实,插上约定旗帜。又准备一批小船系在大船尾部,以备将士纵火后逃脱。11月的一天,黄盖率十艘战船,向北岸急驶而去,行至江心又升起风帆,加速前进。将至曹营,黄盖命士兵向北呐喊:"黄盖前来投降。"曹营军士见黄盖来降,纷纷出营观看,并无一丝警戒。这时,黄盖战船已靠近曹军水寨,十艘大船同时放火,直冲曹营而去,放火士兵乘机跳上小船向南退去。这时，江上正刮着强劲的东南风，张满帆的火船直冲曹军战船，火借风势，风助火力，顷刻间，曹军战船纷纷起火。曹军战船被铁索连在一起，一时无法解脱，眼看着所有战船都燃烧起来了，熊熊烈焰，一直烧到北岸曹军大营。曹军官兵被突如其来的大火烧得惊慌失措，晕头转向，不仅无力抵抗，而且于慌乱中被烧死、溺水而死和相互踩死的人不计其数。孙刘联军乘乱猛攻，将曹军杀得人仰船翻，四散而逃。曹操冲出火海，率领残兵败将，从陆路经华容向江陵败逃而去。孙刘联军乘胜追击，一直追到南郡（今湖北江陵境内）。此一战，曹军军马已死伤过半，不得已，曹操命曹仁、徐晃坚守江陵，命乐进坚守襄阳，自己则领兵败回北方去了。

赤壁之战，孙刘联军利用自己的有利条件，抓住敌人的弱点，巧用火攻，一举战胜了兵力数倍于己的曹军，打了一个以少胜多，以弱制强的漂亮仗。火烧赤壁，成为古代战争史的经典之作，人们茶余饭后的美谈，也作了《孙子·火攻篇》的绝好史证。

第十三篇 用间篇

【主要内容】

本篇专题论述在战争中如何运用间谍的问题。包括使用间谍的意义，间谍的种类和作用，对待间谍的态度和政策，以及为将者必须善于用间等等，其中特别强调使用"反间"对于克敌制胜的重要性。

全篇大体分为五部分：1. 从战略大局角度，阐述用间的意义，指出是否能不吝惜爵禄财物使用间谍，是一个对国家、对民众百姓、对战争胜败负责的重大原则问题，是衡量统军将领是否具仁爱之心，是否懂得用人，是否配做国家辅佐，是否能成为战争胜利的主宰的重要尺度。2. 分析要克敌制胜，关键在于能预知敌情，而要预知敌情必须用间，一切依靠鬼神迷信，依靠类比推理和主观测度，都是不能了解真实敌情的。3. 提出间谍可分为"因间"、"内间"、"反间"、"死间"、"生间"等五种，分析各种间谍活动的特点和作用。4. 指出只有高超智慧和精细作风的人才会善于用间，才能对间谍采取应有的亲密态度和厚赏政策，提出"三军之事，莫亲于间，赏莫厚于间，事莫密于间，非圣贤不能使间、非仁义不能用间，非微妙不能得间之实"等一系列用间的重要原则。5. 突出强调"反间"的作用。因此，用间便成为"兵之要"，也成为事实上一切军事行动的重要依据。

【原文】

孙子曰：凡兴师十万，出征千里，百姓之费[1]，公家之奉[2]，日费千金；内外骚动[3]，怠于道路[4]，不得操事者[5]，七十万家[6]；相守数年[7]，以争一日之胜。而爱爵禄百金[8]，不知敌之情者，不仁之至也，非人之将也[9]，非主之佐也，非胜之主也[10]。故明君贤将，所以动而胜人[11]，成功出于众者，先知也[12]。先知者，不可取于鬼神[13]，不可象于事[14]，不可验于度[15]，必取于人，知敌之情者也。

故用间有五[16]：有因间，有内间，有反间，有死间，有生间，五间俱起，莫知其道[17]，是谓"神纪"[18]，人君之宝也[19]。因间者，因其官人而用之[20]。内间者，因其官人而用之[21]。反间者，因其敌间而用之[22]。死间者，为诳事于外[23]，令吾间知之，而传于敌间也。生间者，反报也[24]。

故三军之事莫亲于间[25]，赏莫厚于间[26]，事莫密于间[27]；非圣贤不能用间[28]，非仁义不能使间[29]，非微妙不能得间之实[30]。微哉微哉[31]！无所不用间也。间事未发[32]，而先闻者，间与所告者皆灭[33]。

凡军之所欲击，城之所欲攻，人之所欲杀，必先知其守将、左右、谒者、门者、舍人之姓名[34]，令吾间必索知之。

必索敌人之间来间我者[35]，因而利之[36]，导而舍之[37]，故反间可得而用也。因是而知之[38]，故因间、内间可得而使也。因是而知之，故死间为诳事，可使告敌。因是而知之，故生间可使如期[39]。五间之事，主必知之，知之必在于反间[40]，故反间不可不厚也。

昔殷之兴也[41]，伊挚在夏[42]，周之兴也，吕牙在殷[43]。故惟明君贤将，能以上智为间者[44]，必成大功。此兵之要，三军之所恃而动也。

【译文】

孙子说：大凡兴兵10万，远征千里，民众百姓的耗费，国家开支的费用，每天平均需要花费千金之巨！全国上上下下，里里外外，都会因之而骚动不安；百姓们还要为长途辗转运输军用物资而疲劳不堪，以致不能正常操持农事的达70余万家之多，如此两军对峙数年，为的是争求一朝的胜利。所以，那些吝惜爵禄钱财，不愿通过使用间谍以确知敌情，终于打了败仗的人，实在是太没有仁爱之心了。这样的人是不懂得善于用人的将领，他们不配做国家的辅佐，也不能成为打胜仗的主

第十三篇　用间篇

宰。英明的君主和贤能的主将，他们之所以能每战必胜，取得超乎常人的成功，就在于他们能预先掌握敌情。而要预先掌握敌情，决不能依靠迷信鬼神的启示，也不能依靠对某些相似事物的类比推想，更不可以用主观机械的计度去检验所获得的敌情是否准确，而必须依靠深知敌情的人。

所以，使用间谍的方法有五种：有"因间"，有"内间"，有"反间"，有"死间"，有"生间"。五种间谍活动一起进行，敌人就不能知道，究竟是从哪里泄露了军事机密。这就是所谓"神纪"，是一种能令人感到神妙莫测的克敌制胜法则，它是君主克敌制胜的法宝。所谓"因间"，是利用敌方的人，包括老同事、老同乡做我方的间谍。所谓"内间"，是利用敌国的官吏（贪财好色的，特别是被罢黜的或受过刑罚的官吏以及他们的子孙）做我方的间谍。所谓"反间"，是利用敌方的间谍作我方的间谍。所谓"死间"，是指故意在外面散布谣言，并通过我方间谍使敌方间谍上当受骗，一旦真情败露，我方间谍就难免一死。所谓"生间"，是指能活着回来报告敌情的间谍。

所以，作为主将，在军队中最亲信的人莫过于间谍，给予奖赏的丰厚也莫过于间谍，能够交代最机密事情的也莫过于间谍。不是具有极高的智慧与才能的人是不能运用间谍的，不是具有仁义之心的人也是不能使用间谍的，不是用心处事十分精细的人更是不能获得间谍的真实情报的。微妙呀！微妙呀！简直没有什么地方不可以使用间谍。如果用间谍的事还没有开始进行，就有人来告知这件事，就应将间谍和这个告发的人一同处死。

大凡我方想要攻击的敌军，想要攻取的城市，以及想要诛杀的敌方人员，都应事先了解敌军守将及其幕僚亲信、负责通报和传令的官吏、卫士乃至内室勤务人员的姓名，要命令我方间谍人员务必把这些情况侦察清楚。

必须搜索出敌方派来的间谍，并使用金钱收买他们，还要对他们加以开导，让他们为我们服务，然后交给他们任务，放他们回去，这样就可以利用"反间"了。依据"反间"提供的情报，便可以使用"因间"和"内间"，同样根据"反间"提供的情报，也可以让"死间"制造虚假情报，以"反间"形式告诉敌方，使他们上当受骗。同样，根据"反间"提供的情况，也可以使"生间"能如期回来报告敌情。总之，五种间谍活动情况，君主都应该知道，而关键又在于通过"反间"了解这些情况。因此，对于"反间"的赏赐便不能不更为优厚了。

从前，殷商兴起，而殷商的相国伊尹本来是在夏朝为官；西周兴起，而西周的太师姜尚本来却是商朝的隐士。（由于他们最了解情况，所以他们分别在商汤灭桀和武王伐纣的过程中起了重要作用）所以，英明的君主和贤能的将领能够使用有很高智慧与才能的人为间谍，就必定会取得极大的成功。这是用兵的要领，也就是说，三军都要依据间谍提供的情报来决定自己的行动。

【注释】

〔1〕百姓之费：民众百姓的耗费。〔2〕公家之奉：国家开支的费用。公家，国家、政府，奉，供奉。〔3〕内外骚动：全国上上下下，每家每户里里外外骚动不安。内外，里里外外。骚动，骚动不安。〔4〕怠于道路：老百姓因长途辗转运输军用物资疲劳不堪。怠，倦怠、疲劳。〔5〕操事：这里是指，操持农事。〔6〕七十万家：按曹操、李筌注：古代制度是，一家从军，需要七家负担运输国粮等各种劳役。因此，出兵十万，便有七十万家不能正常操持家事。〔7〕相守数年：与敌军对峙数年。〔8〕爱爵禄百金：吝惜赏给人们以官位、俸禄和钱财。爱，爱惜。这里是指的吝惜。爵禄，官位与俸禄。百金，泛指钱财。〔9〕非人之将也：不懂得用人的将领。人，这里是指的用人。〔10〕非胜之主：不是能主宰打胜仗的人。胜，战胜、打胜仗。主，主宰。〔11〕所以动而胜人：之所以每次打仗都能战胜敌人。动，行动。打仗的军事行动。胜人，战胜敌人。〔12〕先知：预先知道、预先掌握。〔13〕不可取于鬼神：不能从相信鬼神的迷信活动中了解到敌情。取，取得、获取。鬼神，这里是指的相信鬼神的迷信活动。〔14〕不可象于事：不可能用对等相似事物的类比中去推想出敌情。象，比象、比推、类比。〔15〕不可验于度：不可以用主观机械的计度去检验所获得的敌情是否准确。

第十三篇 用间篇

验,检验。度,计度。〔16〕间:间谍。〔17〕莫知其道:不知道究竟是怎样的泄露了军事机密的。其,指示代词。这里是指,泄露军事机密的事情。道,道路、途径。〔18〕神纪:神妙莫测的纲纪。一种能使人感到神妙莫测的法则或诀窍。神,神妙莫测。纪,纲纪。〔19〕人君之宝:君主在战争中,用以克敌制胜的法宝。宝,法宝。〔20〕因其乡人而用之:利用故乡的人作我方的间谍。因,依靠、利用。乡人,这里是指敌乡之人,包括身居敌国的老同事,老同乡。〔21〕因其官人而用之:意思是说,利用敌方为官者或他们的子孙作我方的间谍。官人,按杜佑、李筌、杜牧等人说,是指敌方的官吏(诸如贪财好色的官吏,特别是那些失去职务、受过刑罚的官吏和他们的子孙)。〔22〕因其敌间而用之:收买利用敌方的间谍做我方的间谍。敌间,敌方的间谍。〔23〕为诳事于外:在外面散布谣言或虚假情报。诳,欺骗、造谣。〔24〕反报:回来报告。这里是指回来报告敌情。反,返回。〔25〕莫亲于间:没有比间谍更应成为亲信的了。亲,亲爱,亲信。〔26〕赏莫厚于间:没有比间谍更应得到丰厚的奖赏的了。赏,奖赏。厚,丰厚。〔27〕事莫密于间:没有比间谍的事更应保守机密的了。密,机密、保密。〔28〕非圣贤不能用间:不是具有极高智慧的人是不能使用间谍的。圣贤,极高的智慧,这里是指,具有极高的智慧有人。〔29〕非仁义不能使间:不是具有仁义之心是不能使用间谍的。仁义,这里是指的仁义之心。〔30〕非微妙不能得间之实:不是用心处事非常精微巧妙,是不能从间谍那里获得真实敌情的。微妙,精微巧妙。这里是指用心处事精微巧妙。实,这里是指的实情。〔31〕微哉:微妙呀!微,微妙。〔32〕间事未发:用间之事还没有开始进行。间事,用间之事。发,出发,开始进行。〔33〕间与所告者皆死:间谍和告知用间之事的人都要被处死。所告者,指告知间事的人。〔34〕必先知其守将、左右、谒者、门者、舍人之姓名:必须先探知敌方主将以及他的幕僚亲信、负责通报和传令的官吏、卫士以及勤务人员的姓名。守将,这里是指主将。左右,指主将的幕僚、秘书、参谋等亲近人员。谒者,负责通报和传令的官吏。门者,卫士。舍人,室内勤务人员。〔35〕必索敌人之间来间我者:此句前一个"间"字是名词指间谍。后一个"间"字是动词,是间谍活动。意思是说,一定要搜索到敌方派到我方从事间谍活动的人。〔36〕因而利之：按杜佑注，给以重金收买。〔37〕导而舍之：对被我方搜索到的敌方间谍经过开导后，交予任务，将其放走。导，开导。舍，放走。〔38〕因是而知之：从反间提供的情报而知道……因，从。是，这里是指反间提供的情报。〔39〕生间可使如期：生间可以使他们按期回来报告敌情。生间，能活着回来报告敌情的间谍。如期，按期。〔40〕知之必在于反间：要掌握五种间谍活动的情况，都可以依靠反间的作用。知之，这里是指，了解五种间谍活动的情况。反间，按李筌注，反间有两种，一种是收买敌方的间谍，一种则是对敌方派来探听虚实的人，假装不知，并给予假情报让其带回，使敌方上当。〔41〕殷之兴也：殷商的兴起。殷，指殷商。兴，兴起。〔42〕伊挚在夏：伊挚，即伊尹，原为夏桀的大臣以后归附商汤为相，在灭夏的过程中，伊尹发挥了很大的作用。〔43〕吕牙在殷：吕牙，即姜尚，又名姜子牙，原是商纣时期的隐士，后归附周武王。武王伐纣，命姜尚为"师"。〔44〕以上智为间者：用智慧高超的人作间谍。上智，高超的智慧。这里是指具有高超智慧的人。

应用实例

项羽中反间之计

公元前205年，楚霸王项羽率兵围攻荥阳，汉军只有招架之功而毫无还手之力。汉王刘邦下令闭城固守，急召谋臣商议破敌之计。陈平献计：项羽手下的得力干将，不外范曾、钟离昧几人。大王如能不惜重金，贿赂利诱楚人，散布流言，离间项羽君臣关系，使他们互相猜疑，然后乘隙进攻，何愁楚军不破。刘邦闻言大喜，拨出黄金四万斤交由陈平实施反间计。陈平挑选若干自己的心腹小校，带足金钱，混入楚营收买间谍，使他们在楚军中散布谣言。不久，楚营中便到处流传谣言，说钟离眛功劳很大，却得不到封赏，钟离眛准备与汉王联手灭楚，然后瓜分楚地。项羽生性多疑，听到谣言后便起了戒心，从此不再找钟离眛商议大事。

陈平见首战告捷，便又将离间目标对准范曾。范曾是项羽的智囊，项羽尊范曾为"亚父"，大小事情都找他商议。鸿门宴上，刘邦差一点栽在范曾手上。这次荥阳之战，刘邦假意求和，又被范曾识破，告诉项羽："这是缓兵之计，刘邦意在拖延时间，等待韩信的救兵。必须加速攻城，消灭刘邦之后，再去剿灭韩信。"项羽听言猛攻荥阳，但一连几天都未能攻下。这时，刘邦又派使者来求和，愿意以荥阳为界，与楚东西分而治之。项羽虽不答应议和，却派了使者去汉营探听虚实。此一去，便为陈平提供了可乘之机。

楚使向刘邦转达了项羽不肯议和的旨意后，被陈平接到馆舍，以诸侯之礼款待，设下了丰盛的宴席。尚未开席，陈平便向楚使打听范曾的情况，而只字不提项羽。使者说："我受项王之命出使，并非受亚父派遣。"陈平闻言，假装吃惊异常："你原来是项王派来的！"说完扭头就走，并命人撤去宴席和服侍人员。楚使一人独坐馆舍，好久不见再有人来，直到日影西斜，才有人来送饭，却是粗茶淡饭，无一点荤腥不说，还有一阵臭味，连酒也是酸的。楚使气愤不已，便不告而别，径自返回楚营。受了一通窝囊气，楚使回营后，把这段经历添油加醋向项羽做了汇报。无意之间，做了一回陈平的反间。性情暴躁多疑的项羽，听了使者的汇报，不禁勃然大怒，对范曾产生了怀疑。

此时，范曾还蒙在鼓里，忠心耿耿为项羽出谋划策。见项羽几天攻城不力，便催促加紧攻城，并说："现在刘邦兵困荥阳，是灭汉的天赐良机。如不从速决断，再次纵虎归山，后果将不堪设想。"项羽听范曾指责，忍不住气上心头，便说："你要我攻荥阳，我并非不想攻。只怕是荥阳尚未攻下，我的性命就早被你送掉了。"范曾听后吃惊不小，心想项羽从未对自己说过这样难听的话，一定是近来听信了谣言，竟然怀疑起自己的忠心了。范曾顿时觉得心寒意冷，便对项羽说："现在天下大势已定，愿大王好自为之，千万不要中了敌人的奸计。我已年迈无用，请允许我告老还乡吧！"说完便头也不回走出去。随即，范曾将项羽授给他的历阳侯印绶派人送还给项羽，草草收拾行装离楚营而去。可怜范曾，本来就年老多病，又气郁于心，在回家途中便发病身亡。

范曾一死，项羽便如无头苍蝇一般，东碰西撞，争霸事业开始走下坡路，没几年就被刘邦逼得四面楚歌，自刎于乌江。

三十六计

第一计　瞒天过海

【计名典故】

本计的计名出自一个传说。相传唐贞观17年（公元643年）唐太宗李世民率军30万御驾亲征高丽国。这一日，太宗来到海边，对怎样才能渡过大海发起愁来了。前部总管张士贵见状，赶忙与众将商议对策，只有部将薛仁贵于情急之中，想出了一个主意，说道：皇上担心大海阻隔，难于征伐高丽，我今有一计，定叫大军平安渡过大海，取得东征的胜利。

几天后，张士贵领着薛仁贵一道拜见唐太宗，奏道：今有一位老人，精通干海之术，能将海水变干，可帮助我军东征成功。太宗听说有此神奇老人，龙颜大喜，立即命张、薛二人带路，前去会见老人。于是君臣三人，在薛仁贵引领下，穿过一条用帷幕遮蔽的通道，来到一个处所，只见这里绣幔锦彩，茵褥铺地，百官迎候。太宗召见了老人，夸奖了他的法术，并且大张筵席，召集群臣与老人一道饮宴作乐……过了许久，忽闻风声四起，涛声如雷，杯盏倾倒，周围一片摇晃，太宗询问缘由，近臣便揭开帷幕让太宗看，只见大海茫茫，水天一色。太宗问道：这是什么地方？为何如此波涛汹涌？这时，张士贵、薛仁贵才从实奏道：这是为臣用的"瞒天过海"计，得一风势，30万大军已经渡过大海，就要到达东岸了。这就是传说薛仁贵用的"瞒天过海"计。可见，这里所说的"天"，本意是指的天子，所谓"瞒天过海"，是指哄瞒着天子在不担惊受怕的情况下，平安地渡过大海。以后，人们把"瞒天过海"作为用兵打仗三十六计中的第一计。

【原文】

备周则意怠[1]；常见则不疑。阴在阳之内，不在阳之对[2]。太阳，太阴[3]。

【译文】

防备周密，往往容易导致思想麻痹，意志松懈；常见的事情就不会产生疑惑以致丧失警惕。密谋就隐藏在公开的行动之中，并不是与公开行动相对立的。最公开的行动当中往往隐藏着最秘密的阴谋。

【注释】

〔1〕备周则意怠：备，防备。周，周密、周到。意，意志、思想。怠，懈怠、松懈。全句意为：防备十分周密，容易使自己有恃无恐，意志松懈。〔2〕阴在阳之内，不在阳之对：阴，这里指的是秘密谋略。阳，这里指公开的行动。对，对立、相反的方面。全句意为：秘密的谋略就隐藏在公开的行动之中，而不与公开行动相对立。〔3〕太阳，太阴：太，这里是指的极端、特别、非常之意。全句意为：在最公开的行动后面往往隐藏着最秘密的阴谋。

【评点及应用实例】

公元589年，隋朝要大举进攻南朝陈。战前，隋将贺若弼频繁地对沿江守备部队进行调防，并规定每次调防，都要在历阳（今安徽省和县地区）集结，插上许多旗帜，并在野外搭建很多帐幕。开始，陈以为隋军要来进犯，马上便调集了国内的全部兵力进行防范，事后才了解到是隋军的正常调防。于是便将已经集结的部队又撤了回去。以后，隋军三番五次地这样搞，陈军渐渐地习以为常了，就不再做相应反应了。当陈军放松了警觉之后,隋军便乘机轻易地打过江来,一举攻占了陈的南徐州(今江苏省镇江市)。

在现代战争中,此法也被广为运用。例如:在第二次世界大战期间,希特勒当局为了伪装闪击法国的军事行动,麻痹盟国首脑,连续29次改变入侵法国的开始时间表,并多次把这种变动情况,通过某种载体传播出去,故意让西方国家的政要和参谋本部获悉,终于使之习以为常,从而使西方国家的军政首脑失去了应有的警觉。在希特勒正式发动进攻的前夕,英法情报机关截获了德国军队向法国边境调动的许多消息。当时,英法当局却认为又是一次"神经战",根本没有引起足够的重视。在第四次中东战争中,阿方也采取这种示假隐真的战术,借助第三次中东战争之后,每年都照例举行的军事演习之机,向运河一带大肆调集兵力。他们白天往运河西岸调动一个旅,傍晚又撤回两个营,暗中留下一个营,使以方误认为派出的部队是在进行正常的演习训练,从而丧失了警惕性,使阿方三军得以顺利地进行了秘密集结。

【精评】

瞒天过海,实际上是利用人们对待社会现象的习惯定势,对于熟视无睹的现象经常是信而不疑的心理,利用人的错觉,以假象骗人。一般军事上利用人们的这种心理,以假乱真,最后以假代真,以达到出其不意的效果。而在商业经营中,也可以假象为基础,达到渔人之利的目的。但此计不同于"掩耳盗铃",那是一种愚蠢的自欺欺人的办法,而瞒天过海则恰恰相反,它是愚弄对方于掌上的高明之策。

第二计　围魏救赵

【计名典故】

本计出自《史记》记载的齐魏桂陵之战。计名则见于明罗贯中《三国演义》第 30 回："此孙膑围魏救赵之计也。"

公元前 353 年，魏惠王派兵攻打赵国都城邯郸。赵国向位于山东的齐国求救。齐王招募 8 万军队。任命田忌为统帅，孙膑为军师，前往援救赵国。田忌原想率兵直奔赵都邯郸，与魏军决一死战。军师孙膑建议说：魏国出动全部精锐部队攻打赵国，国内空虚，无重兵把守。因此，我们应攻打魏国都城大梁（今河南开封）。这样，魏军必定会停止对邯郸的包围，回兵救援本土。田忌听从了孙膑的建议，带领齐兵向魏都大梁进军。消息一经传开，魏将庞涓慌忙从赵国退兵，火速赶回魏国。这时，齐军在魏军回国必经之地桂陵一带（今山东省菏泽市）设下伏兵，以逸待劳，作好充分准备。魏军长途跋涉，精疲力尽，遭到齐军的突然伏击，大败，赵国之围也很快被打破了。

这就是历史上有名的围魏救赵的战例。后人把这次战例的经验加以升华、概括，列为三十六计的第二计。此计主要是用于解围的。它的特点是：以迂为直，避实就虚，攻敌所必救，以解除敌军的围困。具体地说，就是：当本军某部遭敌围困不得突围时，救援的军队不是直接进攻围困的敌军，而是以迂为直，选择敌方防守相对空虚而又地处要害的地区进行攻击，以迫使敌方撤围回援，并趁敌军在回援途中，发起奇袭，以克敌制胜。

第二计　围魏救赵

【原文】

共敌不如分敌[1]，敌阳不如敌阴[2]。

【译文】

攻打集中之敌，不如攻打分散之敌。从正面攻敌，不如从侧面攻打防守相对薄弱之敌。

【注释】

[1] 共敌、分敌：这里是指集中的敌人与分散的敌人。[2] 敌阳、敌阴：敌，攻打。阳，这里是指公开、正面、先发制人；阴，这里是指隐蔽、侧面、后发制人。敌阳不如敌阴，指正面攻敌，不如从侧面攻敌。

【评点及应用实例】

公元前353年，魏国攻伐赵国，魏军包围了赵国的都城邯郸（今河北省邯郸市），赵国火速向齐国求救，齐王立即任命田忌为将，孙膑为军师，出兵前去救赵。当时，田忌本打算率军直奔邯郸，以解赵国之围。但是，军师孙膑却建议：当前魏国的精锐部队都投入到邯郸的围困战中，国内非常空虚，所以我们应当采取进攻魏国都城大梁（今河南省开封市）的谋略。这样，不仅能够解除赵国的危机，还能使魏国腹背受敌而疲于奔命。田忌欣然采纳了孙膑的计谋，率兵直奔魏都大梁。魏军果然马上放弃了对邯郸围困，日夜兼程回援大梁。当魏军走到桂陵（今山东省菏泽市）时，齐军使用"以逸待劳"的战术，几乎使其全军覆没。这便是运用"围魏救赵"计谋而以巧取胜的最早的成功战例。

【精 评】

　　围魏救赵在军事上是一个成功的谋略，历代屡用不鲜。围魏救赵在政治斗争中则表现为：围攻第三者，从而解救处于险境的人。这里围攻的情况又有多种。如果把围魏救赵提高到哲学角度加以分析后，就可以看出这是事物辩证发展普遍存在的一条规律。当人们掌握与使用它时，就是一种策略；当人们具体运用与操作时，就是一种方法论。不但古代战争可用，现代战争也可用，各行各业都可用，并且都会获得奇迹般的效果。

第三计　借刀杀人

【计名典故】

本计内容在春秋战国的史书中多次可见，而"借刀杀人"一语，则见于明代戏剧《三祝记》"这所谓借刀杀人，又显得恩相以德报怨，此计何如"一语中。这出戏是写范仲淹的政敌企图让他任军队统帅——环庆路经略招讨使，去平息西夏人赵元昊，企图借西夏人的刀杀害范仲淹的故事。

本计的主要特点是：通过利用矛盾，借敌方内部的力量，或者是盟友的力量，削弱或消灭敌对势力。而其关键所在，则是善于捕捉和利用敌方的矛盾，包括敌方内部的矛盾以及敌方与盟友的矛盾，想方设法使这些矛盾扩大、激化，直至引起敌方自相争斗，或者是引起敌方与盟友的争斗，以达到削弱或消灭敌方实力的目的。因此，在军事上，此计的运用多是与使用间谍相联系的。

【原文】

敌已明，友未定[1]，引友杀敌[2]，不自出力。以《损》推演[3]。

【译文】

敌人已经明确，盟友的态度尚在犹豫之中，这时应极力设法诱使盟友去攻打敌人，而无需自己出力。这是从《损卦》卦义的逻辑推演出来的。

【注解】

〔1〕敌已明，友未定：指打击的敌对目标已经明确，而盟友的态度却一时尚未确定。〔2〕引友杀敌：引，引诱。引友杀敌，即引诱盟友的力量，去消灭敌人。〔3〕以《损》推演：根据《损卦》"损下益上"、"损阳益阴"的逻辑去推演。

【评点及应用实例】

公元前484年，吴王夫差亲自统率精兵十万零三千人（其中有越国兵三千人），北上攻打齐国。鲁立即派兵助战。齐军中了吴军的诱敌之计，深陷重围之中，结果齐军大败，主帅国书及其他几员大将则死于乱军之中。此战以齐国请罪求和而告终。夫差大获全胜之后，便立即率军转而攻晋。因为晋国早就有所准备，故顺利击退吴军的进攻。这样，子贡充分利用了齐、吴、越、晋四国的矛盾，智于周旋，借吴国这"刀"，击败齐国；借晋国之"刀"，灭了吴国的威风，使鲁国从弱势和危难之中，得以彻底的解脱。

还有，春秋末年，吴国在会稽（今浙江省绍兴市）大败越王勾践后，吴王夫差的重要谋臣伍子胥多次建议乘势消灭越国。越王勾践便使用借刀杀人之计，离间吴王与伍子胥的关系。越王派大夫文种携带厚礼，前去买通吴王的宠臣伯嚭。伯嚭受贿后，千方百计替越国说话，多次在吴王面前诋毁伍子胥。吴王听信了伯嚭的谗言，以伍子胥阴谋通齐叛吴之罪将其杀害。

在中国古代，这方面事例很多，如曹操借刀杀关羽等。

在现代战争中，也不乏这方面的事例。

1929年，桂系军阀与蒋介石之间的矛盾开始激化。蒋介石要用武力去消灭以李宗仁为首的桂系，交战前夕，他巧用谋略，借汪系之"刀"去"杀"桂系。

第三计　借刀杀人

蒋介石先借助于唐生智，桂系白崇禧的部队是唐生智的旧部，他让唐生智买动他的旧部倒戈，使白崇禧只身出逃；他又借助张发奎从江西发兵进攻湖北；再借助俞作柏策动李宗仁的部下倒戈。结果是蒋介石不费吹灰之力就占领了武汉，而李宗仁则败退广西。

在蒋桂之战以前，蒋介石同唐生智、张发奎、俞作柏都存在大的矛盾，但蒋介石却能利用他们，可见计谋的重要。

"借刀"须有条件，或陈以利害，或许以重利，而其关键在于善于利用矛盾。蒋介石就是在利用矛盾的同时，以重利相许的。

桂系的白崇禧打败了唐生智，而后收编了他的部队。唐时刻都梦想东山再起，他的部下也想重返湖南老家，又觉得充当桂系的官兵不光彩，而蒋介石许诺只要唐生智赶走白崇禧，就让他打回老家湖南，唐生智从中周旋，果然就把事办成了。只是唐生智却一无所获，反而受到蒋介石的讨伐，从而被逼再次下台，蒋介石借了"刀"却不领情。

张发奎与桂系也有矛盾，一心想占湖北。张发奎的上司是汪精卫。蒋介石许诺：打败桂系后，完全由汪精卫领导。汪十分高兴，他一出面，张发奎就同意从江西发兵攻打湖北。随后，汪精卫又请俞作柏到武汉说服李明瑞、杨腾晖倒戈。

张发奎本以为直捣桂系的后路，是为蒋介石的南京政府建一奇功，不料对桂系之战刚一结束，蒋介石的嫡系部队却向张部发起攻击。张发奎开始还以为事出误会，当一直被追击而退过宜昌时，他才如梦初醒，但一切都成为过眼云烟。

汪精卫的后果更糟，不仅没上台领导一切，连党籍也未能恢复，他只好自认"资谋不足"。蒋介石借刀不领情，还把借刀人踏在脚下。

第二次世界大战前夕，苏联国内正在进行大规模的肃反运动。希特勒接到关于图哈切夫斯基可能发动政变的情报后，顿生借刀杀人之歹意。他命情报头子海德里希秘密组织人，编造图哈切夫斯基反苏的"证据"，又设法把编造的情报转到苏联谍报人员手里。不久，图哈切夫斯基等八名优秀的高级将领被逮捕。由于图哈切夫斯基被那突如其来的审讯弄得晕头转向，在大量的所谓"证据"面前无言以对，当天就被判处死刑。

【精评】

借刀杀人，是为了保存自己的实力而巧妙地利用矛盾的谋略。当敌方动向已明，就千方百计诱导态度暧昧的友方迅速出兵攻击敌方，自己的主力即可避免遭受损失。借刀杀人，巧在一个借字，但借刀必须有条件，或陈明利害，或许以重利。现代商战中，有些人为谋取私利刻意制造他人的过失，以图掩饰自己过错的例子也屡见不鲜，其所用策略也可称之为借刀杀人。

第四计　以逸待劳

【计名典故】

本计语出《孙子兵法·军争篇》："以近待远，以佚待劳，以饱待饥，此治力者也。"《虚实篇》也说："凡先处战地而待敌者佚，后处战地而趋战者劳。故善战者，致人而不致于人。"

本计的特点是，强调把握战场的主动权，以引诱敌人，"调动"敌人，疲劳敌人，然后捉住战机，克敌制胜。按"损"卦的说法，就是：以静制动，"损刚益柔"。

【原文】

困敌之势[1]，不以战。损刚益柔[2]。

【译文】

迫使敌人处于困难的局面，不一定用直接进攻的手段（而可采取疲惫、消耗敌人的手段）。这是从《周易》损卦象辞中"损刚益柔有时"一语中悟出的道理。

【注释】

[1] 势：情势、趋势。这里主要是指的实事态势。[2] 损刚益柔：语出《易·损·象》："……损刚益柔有时……"损卦为兑下艮上，是由

泰卦乾下坤上变来的。泰卦的九三变为损卦的上九,而泰卦的上六则变为损卦的六三,说明由泰卦变为损卦是损乾益坤、损刚益柔的结果。但这种损刚益柔只要因时也会吉利。

【评点及应用实例】

战国末年,秦国少年将军李信率二十万大军攻伐楚国。刚一开始,秦军便连克数城,锐不可当。但过了不久,李信中了楚将项燕的伏兵之计,丢盔弃甲,狼狈而逃,损失惨重,大败而归。后来,秦王又起用了老将王翦。王翦率六十万大军,陈兵于楚国边境。楚国马上派重兵迎击。而老将王翦却毫无进攻之意,只是专心营造城堡,摆出一派坚壁固守的态势,两军相持一年有余。楚军急于击退秦军。而王翦却在军中鼓励将士养精蓄锐。吃饱喝足,休养生息。秦军将士个个身强体壮,精力充沛,平时苦练战技,士气空前旺盛。王翦非常高兴,取胜的信心倍增。一年以后,楚军急于取胜的心态早已开始懈怠,斗志消磨殆尽,误以为秦军确为防守自己,并无进攻之意向。于是便决定东撤。王翦见时机已到,便下令追击正在撤退的楚军。秦军将士靠着已经养足的虎虎生气,只杀得楚军溃不成军。秦军乘胜追击,势不可挡。公元前二二三年,楚国终被秦灭。

此计所强调重点在于:要在战争中获胜,不能完全一律采用进攻之法,关键在于掌握主动权,相机而动,以不变应万变,以静制动;积极调动敌人,创造战机,而决不让敌人调动自己。所以,决不可把以逸待劳的"待"字,理解成守株待兔式的消极等待。

在海湾战争中,伊拉克采用的似乎也是"以逸待劳"的战法,即防御战术。但伊方所用的是消极防御,而不是积极主动地寻找战机,这实际上违背了以逸待劳的用兵法则。

多国部队于1991年1月17日发起代号为"沙漠风暴"的战略轰炸。首先袭击了伊方的机场、雷达设施和导弹发射基地,取得了绝对的制空权;与此同时,还袭击了伊方的指挥中心和通讯设施,破坏了伊方的指挥系统。几天之后，又重点空袭了伊方的化学武器工厂、仓库、桥梁和交通运输干线等战略目标，削弱了伊方的军事实力并切断了军事供应线。接下来的空袭重点便是伊军的前线部队，其主要目的是摧垮躲在掩体里"以逸待劳"的伊拉克部队。结果，经过38天的轰炸阶段，多国部队出动飞机近十万架次，造成了伊军军事系统的严重瘫痪，并有百分之五十以上的伊前线部队被摧毁。

2月24日凌晨四时，多国部队又采取声东击西战术，发起代号为"沙漠军刀"行动的地面进攻。多国部队把大批兵力和军用物资空投到伊拉克南部纵深地区，很快切断了伊军的退路。装甲部队从伊军侧面迂回进发，包抄了在伊科边界地带的伊军的精锐部队共和国卫队，同时向南包抄，形成了南北夹击这势，意在全歼伊军的二十四师，从而使伊军的损失很大。

由此可见，只是消极被动的等待，决不是"以逸待劳"的本来含义。

【精评】

使用以逸待劳这种策略的时候，务必要沉着冷静，把自己和对方的环境、意图，以及彼此间的实力估计清楚，机警地随时随地注意事情的变化，时机未成熟时要稳如泰山，机会一来就要翻江倒海。此计强调，让敌方处于困难局面，不一定只用进攻的方法，关健在于掌握主动权，伺机而动，以不变应万变，以静制动，积极调动敌人，创造战机。所以，不可把以逸待劳的"待"字理解为消极被动的等待。

第五计　趁火打劫

【计名典故】

本计出自《孙子兵法》"乱而取之"的思想，计语最早见于明代吴承恩的小说《西游记》中。唐玄奘法师离开大唐国，往西天取经。一天晚上，他和大弟子孙悟空来到一座小庙投宿。这座庙有上下房间共70多间，僧客200多人。庙中老方丈命人敬茶。闲谈间，问唐僧有何宝物，可以让他开开眼。于是，悟空把带来的袈裟拿出来炫耀。方丈一见，顿生歹念，假托老眼昏花，看不清楚，要求当夜借袈裟到后房仔细看看。就这样骗得了袈裟。晚上，方丈和手下僧人商议，将禅堂放火烧毁，把睡在里面的师徒两人一起烧死，以便将袈裟据为己有。可晚上悟空并未睡着，方丈的阴谋被他听到了，便变成一只小蜜蜂飞出禅堂，一个跟头翻进南天门，向广目天王借到"避火罩"，回去罩住了唐僧和白马。到了半夜，和尚们果然放火烧禅堂，火愈烧愈旺，把观音院烧得通红，唯有唐僧所在禅堂安然无恙。这时，观音院正南面一座山，有一黑风洞，洞中妖怪被火光惊醒，他与观音院方丈素有交情，便纵起云头去帮众僧救火。火光中，见前后大殿被烧成断垣残壁，唯有方丈室案上有一青毡包袱，里面透出一道道霞光彩气，打开一看，是一件锦袈裟，乃佛门宝贝。妖怪一见此宝，救火之意顿失，拿着那袈裟，趁火打劫，驾着黑云，径直回到了黑风洞。可见，本计的主要特点是，趁敌人处于危险、混乱的时机，坚决果断地攻击敌人，从中取利。

第五计　趁火打劫

【原文】

敌之害大[1]，就势取利，刚决柔也[2]。

【译文】

敌人的处境艰难，我方正好乘此有利时机出兵，坚决果断地打击敌人，以取得胜利。这是从《周易》夬卦象辞"刚决柔也"一语中悟出的道理。

【注释】

[1] 敌之害大：害，这里是指遇到严重灾难，处于困难、危险的境地。[2] 刚决柔也：决，冲开、去掉，这里引申为摈弃、战胜。王夫之《周易内传》卷三说："夬之为言决也，绝而摈之于外，如决水者不停贮之。决而任其所往。"全句意为：乘刚强的优势，坚决果断地战胜柔弱的敌人。

【评点及应用实例】

春秋时期，吴国和越国互相攻伐，战事不断。经过长年征战，越国终因不敌吴国，而俯首称臣。越王勾践被扣押在吴国，失去了人身自由。但是，勾践决不屈服，他立志复国雪耻，而卧薪尝胆，立下了"十年生聚，十年教训"的宏图大志。他表面上顺从吴王夫差，终于骗取了他的信任，被放回越国。

勾践回国之后，依然臣服吴国，年年进献财宝，以麻痹夫差。在国内，勾践则采取了一系列富国强兵的措施。经过数年的发愤图强，越国的实力大大加强了，人丁兴旺，物丰给足，人心稳定。而吴王夫差却被胜利冲昏了头脑，被勾践的假象所迷惑，从没把越国放在眼里。他骄横跋扈，拒纳谏言，杀死了名将忠臣伍子胥，重用奸臣，闭目塞听；他生活淫乱，奢侈无度；他加紧搜刮，大兴土木，搞得民穷财空。

公元前473年，吴国几乎颗粒无收，弄得民怨沸腾。而正在此时，吴王夫差又北上会盟，以谋取霸主地位。越王勾践认为时机已到，便举兵伐吴。而吴国内部空虚，无力还击，很快就被越国打败。

勾践的这次取胜，正是乘敌方内部的危机，而就势取胜的典型战例。

阎锡山的一生一直把"中"字看作是做人的准则，这一人生哲学决定了他处世圆滑，善于在夹缝处生存。但他一旦看准了目标，看准了形势，也是很会"趁火打劫"的。他曾以趁火打劫为谋计，成功地打败了直系军阀吴佩孚。

辛亥革命后，阎锡山一直在夹缝中生存。但他练就了看风使舵的本领。当时，对阎锡山有直接影响的军事力量有以张作霖为首的奉系军阀，以段祺瑞为首的皖系军阀，以吴佩孚为首的直系军阀等。第一次直皖战争结束后，直系军阀打败了皖系军阀。曹锟和吴佩孚掌握了北京权力，阎锡山急忙通电表示支持，曹锟落选，山西方面也给报销五十万元巨资。1924年9月又爆发了第二次直奉战争，在这次战争快要结束的时候，阎锡山加入了反直阵线。

阎锡山为什么要加入反直阵线呢？他要借此趁火打劫。

战争开始之前，张作霖、段祺瑞、吴佩孚三方都派代表到山西与阎联络，阎只是应付，不作肯定的表示。他并且告诫部下："无论哪方面的代表来了，都不要说太肯定的话。我不表示意见，你们也不要表示。"

1924年9月5日，张作霖发表通电，正式向直系宣战，他把军队编成6个军，总兵力达17万，进犯山海关。第二次直奉战争爆发了。9月8日，奉军第一军副军长韩麟春率敢死队三千人脱去上衣，赤膊督战，与直军白刃拼杀。双方伤亡惨重，三千人中战死两千多人。9月9日奉军攻占赤峰。17日，又攻下石门寨。吴佩孚向秦皇岛败退，而直系后方仍有强大的军事力量可沿平汉线增援。19日，冯玉祥在滦平发动政变。9月22日，直系军队的前沿阵地朝阳被奉军攻破，奉军乘胜

第五计　趁火打劫

追击，直逼凌源。26日，直奉两军在延平展开激战，直军死伤共有两千余人。奉军张宗昌部攻克了凌源。

阎锡山看时机已经成熟了，他要借机趁火打劫了。

当时，直系在河南有五万大军，还有湖北的萧耀南的队伍，他们如果率部沿平汉线北上增援的话，吴佩孚则很可能转败为胜。而阎锡山以前屈从在吴佩孚的手下，认为吴佩孚"逼人太甚"，在他底下干事，"困难得很"。如今吴佩孚兵败如山倒，正是倒戈趁火打劫的好时机。于是阎锡山派兵进驻石家庄，切断了平汉线，使直系援军难以北上，最后以彻底惨败而告终。

阿富汗是苏联南下印度洋的便捷之地，它曾因苏联长期插手而动荡不安。1979年4月，塔拉基通过政变上台后，因其统治集团内部争权夺利，互相残杀，使国内局势更不稳定。与其相邻的伊朗等波斯湾地区的国家，当时因美国的插手也危机四伏。苏联把这种局势看作是实行其南下战略的天赐良机。于是，苏联便以援助阿富汗总统阿明镇压游击队和保卫阿富汗首都安全为由，趁火打劫，出兵阿富汗，陈兵喀布尔，迅速控制了阿富汗最大的空军基地巴格兰姆。

【精评】

趁火打劫是乘人之危劫掳别人财物或有个人某种企图而把别人搞垮，一言以蔽之，就是把自己的利益建筑在别人的痛苦之上。此计用在军事上是指当敌人遇到麻烦或危难的时候，就要乘此机会出兵攻击，制服对手。在政治斗争中则表现为，当对手内部有乱或处于险境时，要趁机打击他，这同落井下石有相通之处。在现代的经济斗争中，其应用与政治和军事上有相同的含义，即趁对手处于危险境地时，落井下石，从而使自己获得利益。

第六计　声东击西

【计名典故】

声东击西计,出自杜佑(公元735－812年)所著《通典》第153卷《兵六》一章:"声言击东,其实击西。"其实,《孙子兵法》早有"攻其不备"的思想。《淮南子·兵略训》更把"将欲西而示之以东"作为重要的"用兵之道",《韩非子·说林上》也说:"今荆人起兵将攻齐,臣恐其攻齐为声,而以袭秦为实也。不如备之,成东边,荆人辍行。"

本计的特点是:以假象造成敌人的错觉,采用灵活机动的军事行动,忽东忽西,不攻而攻,攻而不攻,似可为而不为,似不可为而为,伪装攻击方向,出其不意,夺取胜利。

【原文】

敌志乱萃[1],不虞[2],坤下兑上之象[3],利其不自主而攻之[4]。

【译文】

敌人神志慌乱,不能正确预料和应付实施事变和复杂局面,正如坤下兑上的萃卦受到扰乱一样,要利用敌人这种不能自主地把握前进方向的时机,对敌人发起攻击。

第六计　声东击西

【注释】

〔1〕敌志乱萃：萃，野草丛生。全句意为：敌人神志慌乱，失去明确的主攻方向。〔2〕不虞：虞，预料。不虞，意料不到。〔3〕坤下兑上之象：《易经》萃卦下卦为坤，上卦为兑。此卦三阴聚于下，二阳聚于上，各依其类以相保，群阴虽处致用之地，高居最上之位，都为了保阳，所以萃卦六爻都说"无咎"。如果使这种群阴保阳的局面受到扰乱，就将祸乱丛集，有意料不到的困难与危险。〔4〕利其不自主而攻之：不自主，即不能自主地把握自己的前进方向和攻击目标，全句意为：敌人不能把握自己的前进方向，对我方有利，应乘机进攻、打击敌人。

【评点及应用实例】

东汉时期，班超出使西域，其主要用意是联合西域各国共同抗击匈奴。为此，必须首先打通南北通道。地处大漠西边的莎车国，却煽动周边小国归附匈奴，以反对汉朝。

班超决定首先平定莎车国，莎车国王遂向龟兹国求援。龟兹国王遂率五万人马，前来援救莎车国。班超便联合于阗等国，但只募集兵力二万五千人，敌众我寡，难以力克，必须智取。于是班超遂定下声东击西之计，以迷惑敌人。班超派人在军中散布对他的不满言论，制造不敢与龟兹较量，准备立即撤退的假象，并且故意让莎车俘虏听得一清二楚。一天的黄昏之时，班超命于阗大军向东撤退，自己率部向西退却，还显得慌乱异常，故意让俘虏趁机逃脱。俘虏逃回莎车国后，急忙报告汉军慌忙逃脱的消息。龟兹王大喜过望，误以为班超此举是因惧怕而慌忙逃窜，想借此机会，前去追杀班超。他立即下令兵分两路，追击逃敌。龟兹王亲自率一万精兵向西追杀班超。

而班超却胸有成竹，趁夜幕笼罩沙漠之机，撤退仅有十里地，大队便就地隐蔽。龟兹王求胜心切，率领追兵从班超隐蔽处飞驰而过。班超立即集合队伍，与事先约定的东路于阗人马，迅速回师，杀向莎车追兵。

班超的队伍如同从天而降，杀得莎车猝不及防，便迅速瓦解了。而莎车王惊魂未定，逃脱不了，只得请降认输。而龟兹王气势汹汹地追赶了一夜，却未见班超队伍的踪影，又听到莎车已被平定的消息，只有收拾残部，悻悻地回到龟兹去了。

粟裕大将，善于用兵，精通诈术，虚虚实实，真真假假，令敌畏怯。他的用兵格言是："对敌多施欺诈手段，应该极尽欺诈之能事。"在解放战争中著名的莱芜战役中，他成功地运用"声东击西"谋计，把老谋深算的对手陈诚打得一败涂地。

当时，陈诚是国民党军的最高指挥官。他采用南北夹击战术，命欧震率领八个整编师，由南向北，命李仙洲率三个师由北向南，妄图把我军夹击于"沂蒙山区"。

粟裕决定先把北线的敌人吃掉。为此要制造假象，迷惑敌人，他命令第二、第三两个纵队在临沂及其以南地区采取扩大正面防御，构筑三线阵地，摆出决战的架势，以造成我军主力仍在临沂一带的假象，引诱敌人进行节节阻击。

粟裕的这种"声南"的计谋，迷惑了国民党军政要员，国民党中央宣传部长彭学诚声称："攻占临沂为国民军在鲁南决战的空前大胜。"

粟裕还亲自部署兖州附近的地方武装，积极进逼兖州，并在运河上架设桥梁，声言要与刘邓的中原部队会合，造成我军主力西渡运河的态势。

敌军攻下临沂之后，陈诚在徐州说："陈毅残部（即陈粟兵团）迭经重创，已无力与国民军决战，企图偷渡运河，欲与刘邓会合。国民军正在追剿中，山东大捷指日可待。"

陈诚完全被粟裕制造的假象迷惑了，我军向北运动，被他看作是继临沂失守之后的大溃逃。陈诚完全中了"声东击西"之计。

坐镇山东济南的王耀武是一只老狐狸，他看出我十几万大军向西北方向运动的意图，生怕被我军歼灭，慌忙调整部署，急令北线部队后缩。为了进一步迷惑陈诚，粟裕命令我军先头部队不要打击正在后缩的

第六计　声东击西

王耀武部队。

陈诚对王耀武不听从他的指挥十分恼火。他电令王耀武把已经后缩的部队立即转向莱芜、新泰一线。王耀武不敢违抗军令，于是，已经逃出我军包围圈的敌军，又钻进我军预设的口袋阵里。结果，粟裕一声令下，把敌人打得全面溃败。

莱芜战役的胜利表明，粟裕"声南击北"，巧作部署，把陈诚搞得混乱不堪，使他看不透我军制造的假象，严令部队往我军的口袋里钻，结果以惨败而告终。这正是粟裕大将用兵的高明之处。

1982年4月至6月，英国军队和阿根廷军队在马尔维纳斯群岛展开了一场激烈的争夺战。阿军首先占领了马岛，并占有天时、地利、人和之利。英军经过长途跋涉之后，采用声东击西之计，夺取了战争的胜利。

英军先在马岛南部制造声势，以造成要在南部的斯坦利港、古斯格林和狐狸湾等处登陆的假象。阿军见英军的航空母舰、驱逐舰、护卫舰均调往岛的南部，便误以为英军真的要从南部进攻，于是，就集中兵力加强对南部的防守。这时，英军乘机在阿军防守薄弱的北部圣卡洛斯抢滩登陆，击败了阿军，攻占了马岛。

【精评】

声东击西讲的是出奇制胜，其目的在于转移敌人的目标，使其疏于防范，然后再乘其不意，攻其不备。凡是干任何一件事，为了消除当前人为的阻力，减少本身的损失，一定要设法分散对方的力量，或松懈其意志，才可以乘虚而入，达到目的。此计的用法很多，但有一个前提很重要，那就是本身的企图和行动要绝对秘密，这样才能时刻争取主动，否则就会处处被动，处处受牵制。

第七计　无中生有

【计名典故】

本计语出中国古代哲学家老子的《道德经》第 40 章:"天下万物生于有,有生于无"。老子揭示了万物的有与无相互依存,相互变化的规律。我国古代军事家尉缭子把老子的辩证法思想运用到军事上,进一步分析虚无与实有的关系。《尉缭子·战权》中说:"战权在乎道之所极,有者无之,安所信之?"主张用无的假象迷惑敌人,乘敌人对"无"习以为常之际,化无为有,以虚为实,出其不意,打击敌人。可见,本计的特点是,制造一种假象,有意让敌人识破,使之失去警惕,然后又化无为有,化假为真,化虚为实;真的攻击敌人了,而敌人却仍然以为是假的,不作防备,从而为我所乘,战而胜之。

【原文】

诳也,非诳也[1],实其所诳也[2]。少阴,太阴,太阳[3]。

【译文】

用虚假情况迷惑敌人,但又不完全是虚假情况,因为在虚假情况中又有真实的行动。在稍微隐蔽的军事行动中,隐藏着大的军事行动;大的隐蔽的军事行动,又常常在非常公开的、大的军事行动中进行。

第七计　无中生有

【注释】

〔1〕诳也，非诳也：诳，欺骗，迷惑。《武经三书·孙子·用间》即把诳事作为"虚假之事"。全句意为，虚假之事，又非虚假之事。〔2〕实其所诳也：实，实在，真实。实其所诳，是说把真实的东西充实到假象之中。〔3〕少阴，太阴，太阳：原指《易经》中的兑卦（少阴）、巽卦（太阴）、震卦（太阳）。这里少阴是指稍微隐蔽的军事行动，太阴是指大的秘密军事行动，太阳则是指大的、公开的军事行动。全句意为：在稍微隐蔽的行动中隐藏着大的秘密行动。大的秘密行动，也许正是在非常公开的、大的行动掩护下进行。参考第一计"太阴、太阳"解。

【评点及应用实例】

　　唐代安史之乱时期，许多地方官吏纷纷投向安禄山、史思明。而唐将张巡却忠于唐王朝不肯投敌。他率部三千人，死守孤城雍丘（今河南省杞县）。安禄山派降将令狐潮率四万人马围攻雍丘城。面对敌众我寡之势，张巡虽取得几次出城突袭的小胜，但怎奈城中的箭支越来越少，赶造不及。没有箭支，很难抵挡敌军攻城。张巡这时突然想起三国时期诸葛亮草船借箭的故事，立即心生一计，急命军中搜集秸草，扎成千余草人，将草人披上黑衣，夜晚慢慢用绳子往城下吊放。夜幕下，令狐潮见状误以为张巡又要出兵偷袭，急命部下万箭齐发，其状如骤雨。张巡轻而易举地获取了数十万支箭，天亮之后，令狐潮方知已经中计，气急败坏，叫苦不迭。

　　第二天晚上，张巡又从城上往下吊放草人。众贼见状，禁不住哈哈大笑。张巡见时机已经到来，便顺势吊下五百勇士，敌人毫无察觉。这五百勇士在夜幕掩护下，迅速潜入敌营，打得敌人措手不及，营中顿时大乱。张巡借此机会，率部冲出城来，直杀得令狐潮大败而逃，受到重创，只好退过陈留（今河南省开封市东南）。

　　张巡巧用无中生有之计保住了雍丘城。

在1942年10月的阿拉曼战役中，蒙哥马利元帅成功地运用"无中生有"计谋，指挥北约欧洲盟军击败德国军队，夺取了很大的胜利。

隆美尔是德军的著名将领，人称"沙漠之狐"。他用大约五十万枚地雷，设置了一系列地雷带，在北部和中北部的防线上，设置了两条大致平行的地雷带，并以防御据点所形成的"分割墙"连接南北两面的主地雷场，其间隔为四——五公里，造成一连串的空白地区。设置这些空白区的目的，是为了给突破部队造成陷阱，因为进攻部队突破第一地雷带之后，将被迫向"分割墙"的左边或右边通行。

10月6日，蒙哥马利根据战场情况，放弃以前代号为"轻步"的计划，提出另一计划，代号仍为"轻步"。他解释说："过去一般公认的原则，是现代战役计划应当首先着眼于消灭敌人的装甲部队，一旦这项任务完成了，敌人的非装甲部队就很容易对付。我决定把这个原则颠倒过来，先消灭敌人的非装甲部队。在这样做的时候，我暂时不打它的装甲师，留待以后再收拾它。"于是，他准备让坦克屏护队向前推进，堵住敌人地雷通道的西部出口，用"粉碎性"打击法，有条不紊地消灭敌防区内的步兵，敌装甲部队不可能眼巴巴地看着非装甲部队逐步被消灭而按兵不动，它们将进行猛烈的反击。而这一举动便正好撞上第八集团军严阵以待的装甲部队。

蒙哥马利说："粉碎性作战行动是在一系列坚定的基础上周密地组织起来的，而且也是在我军力所能及的范围之内。"及早组织坦克屏护队显然是这种作战方法的关键之所在。蒙哥马利甚至在扫清地雷通道之前，就命令第十军的装甲师紧随第三十军各先头步兵进入这条通道。此外，他还命令，如果在发动总攻击的第二天，即10月24日，通道还未完全扫清，各装甲师必须自行扫清，以便于快速进入开阔地带。

一切布置停当之后，为了使敌人摸不清第八集团军发动进攻的时间和地点，蒙哥马利决定实施代号为"伯特伦"的欺骗性的计划，其核心就是运用"无中生有"计谋。整个欺骗活动是在全集团军的范围内进行的。除了采取传播能够迷惑敌人的假情报之外，主要是从视觉上制造假象来欺骗敌人。

首先是伪装前沿地带巨大的弹药和其作战物资的堆集场所。例如，

第七计　无中生有

离阿拉曼车站不远，就有一个大的堆集场地，可储存补给品六百吨、油料两千吨和工程器材四百二十吨。场地在露天，但伪装得很好，除了偶尔有一些坑坑洼洼之外很难看出它的原貌。

其次是用假车辆扮成坦克和其他战车，使敌人对大量战车在阵地上集结逐渐习以为常。10月1日，这些假卡车以及大炮、其他武器牵引车等都要进入阵地。到了发动进攻的前一天，当参战的各师集结的时候，要在夜里把各种假车辆一律换真正的战车。在后续部队所在地，则用假车代替开往前沿阵地的真车。这样做完全是为了应付敌人的高空照相侦察。早在总攻日的前一个月，就为参加突击的步兵挖好了一条细长的战壕，供他们在10月23日即发起总攻的那一天的白天躺卧用，而且这些战壕都伪装得丝毫不留破绽。同时，为了表明主攻可能来自南面，还在那里铺设了长约20英里的假输油管线。通讯分队模拟将在南面发动主攻的无线电通讯。为了把这些伪装得天衣无缝，只向下层军官传达要发生什么事，而且是在9月28日至10月21日这段时间，按军衔的高低分批传达的。直到最后一天，才传达到普通士兵，并且相随就停止了一切休假和外出活动。

隆美尔在事后评述这次战役时曾说过这样一句意味深长的话：在黄昏来临之前的23日那天，过得像阿拉曼前线上的任何一天一样。这一仗在攻击开始之前，就由军需官们开始打了，并且，已经决定了胜负。

蒙哥马利元帅足智多谋，他巧妙地部署兵力，那些假战车、假大炮、假坦克迷惑了德军。而在攻击开始时，则由假成真，从"无"到"有"，从而夺取了这次战役的胜利。

【精评】

无中生有，就是真真假假，虚虚实实，以假乱真，以真代假，让敌人摸不着头脑。"无"是假的现象，目的是为了掩盖真的意图。无中生有的妙处在于使敌人防不胜防，其关键在于掌握对手的心理。可以说，无中生有的应用是高级将领斗智的最高境界。在当代商战中，"无中生有"常被用作骗术，欺骗顾客，这应当引起我们足够的警惕。

第八计　暗度陈仓

【计名典故】

本计全称为"明修栈道,暗度陈仓",出自司马迁《史记·淮阴侯列传》。秦末农民起义后,项羽与刘邦为争夺天下,进行为期四年的"楚汉战争"。刘邦首先攻入咸阳,自立为关中王。项羽军事力量强大,刘邦把咸阳和关中让给了项羽,自己到了汉中。与刘邦的守地汉中相邻的是章邯。刘邦为了迷惑项羽,防止章邯入侵,把出入汉中的栈道烧毁了。后来,刘邦逐渐强大起来,命韩信为大将,出兵与项羽一决雌雄。为了迷惑敌人,韩信派了一万多人马去修复烧毁的栈道。栈道修复工程艰巨,进展缓慢。章邯料定栈道修复决非易事,毫无戒备,殊不知韩信的主力已抄小路向陈仓进军,很快攻下咸阳,占领关中,韩信采用一明一暗,以明掩暗的计谋,取得了夺取关中的重大胜利。这就是"暗度陈仓"计的出处。

本计的特点是,将真实的意图隐藏在不令人生疑的行动的背后,将奇特的、非一般的、非正规的、非习惯的行动隐藏在普通的、一般的、正规的、习惯的行动背后,迂回进攻,出奇制胜。"明修栈道"表示公开的行动,"暗度陈仓"表示隐藏的真实意图。

【原文】

示之以动[1],利其静而有主[2]。益动而巽[3]。

第八计　暗度陈仓

【译文】

故意采取佯攻行动，利用敌人已决定固守的时机，暗地里迂回到敌后进行偷袭，乘虚而入，出奇制胜。

【注释】

〔1〕示之以动：动，行动，动作，这里是指军事行动。全句意为：把佯攻的行动故意显示在敌人面前。〔2〕利其静而有主：静，平静；主、主张。全句意为：利用敌人已决定固守的时机。〔3〕益动而巽：益和巽，都是《易经》的卦名。《易经·益·彖》说："益：动而巽，日进无疆。"是说益卦下卦为震、为动，上卦为巽，为风、为顺。意思是说，行动合理、顺理，就会天天顺利，没有止境。又解：益，收益；巽，为动、为前进。联系本计，意为：表面上，努力使行动合乎常情；暗地里，主动迂回进攻敌人，必能有所益。

【评点及应用实例】

公元前206年，刘邦已经逐步强大起来，便派大将军韩信出兵东征。出征之前，韩信先派出了许多士兵前去修复已被烧毁的栈道，摆出了要从原路杀回关中的架势。关中守军闻讯后，便密切注视修复栈道的进展情况，并派主力部队在这条路线各关口要塞加紧防犯，以便拦阻汉军的进攻。

韩信"明修栈道"的举动，果然奏效。由于此举吸引了敌方的注意力，敌方便把主力调往栈道一线。于是韩信立即派大军绕道至陈仓，发动突然袭击，一举打败了章邯，消灭了关中雍王、塞王、瞿王，平定了三秦，占据了关中，为刘邦统一中原迈出了决定性的一步。

1944年6月初，盟军为开辟欧洲第二战场，展开对西欧的攻势，夺取集团军的登陆场,在法国北部发起诺曼底登陆战役。为了使这一战役实现突袭性,盟军运用"暗度陈仓"之计布下疑阵。

他们在法国加来地区对岸的英格兰东部虚构了一个美"第一集团军群"的番号,设立假的无线电网,并散布巴顿将军为该集团军司令的假情报,使德军误认为盟军一定会在便于盟军空军支援的加来地区登陆。为此,德军便把主要的防御力量投放到加来地区。当德军中计调重兵至加来地区以后,盟军第二十二集团军群突然在德军意想不到的诺曼底登陆了。这便是暗度陈仓计谋的神威。

【精评】

暗度陈仓与声东击西之计有某些相通之处,都有迷惑敌人,攻其不备的作用,但暗度陈仓之计的使用更为复杂。它指在双方对峙的时候,故意另树假目标,明示自己的企图,吸引对方的注意力,而暗地里却积极进行另一个进攻计划。按兵法上说,这是一种奇正相生的战术,也就是一种"避重就轻"的战术。无论在古代还是在今天,暗度陈仓之计被广泛应用于各个领域中。

第九计　隔岸观火

【计名典故】

本计名最初见于唐代僧人乾康的诗："隔岸红尘忙似火,当轩青嶂冷如冰。"(参胜雅律《智谋》一书第157页)而其思想,则早见于《战国策·燕策二》鹬蚌相争、渔翁得利的故事:蚌张开壳晒太阳时,长嘴鸟去啄它的肉,被蚌夹住了嘴,互相争持不下,结果被渔翁一起捉住了。此计的特点是:以静观变,随变而动,使敌人内部自相残杀、自相削弱。当两股敌对势力相争时,既不援助,也不鲁莽干涉,静观其变化,直到事情发展到有利于自己的地步,才相机行动,及时出击,坐收渔利。

【原文】

阳乖序乱,阴以待逆[1]。暴戾恣睢[2],其势自毙,顺以动,《豫》,豫以顺动[3]。

【译文】

当敌人内部产生争斗、秩序混乱时,我方应静观待其发生变乱。敌人穷凶极恶,自相仇杀,必然自取灭亡。顺应时势而行动,就能象《豫》卦所说的那样,要达到令人喜悦的目的,必须顺应时势行动,不宜操之过急。

【注释】

〔1〕阳乖序乱，阴以待逆：阳、阴，指敌我双方两种势力。乖：分崩离析。逆：混乱，暴乱。全句意为：敌方众叛亲离，混乱一团，我方应静观以待其发生大的变乱。〔2〕暴戾恣睢：穷凶极恶。〔3〕顺以动，《豫》，豫以顺动：语出《易·豫·彖》："豫，刚应而志行，顺以动，豫。豫顺以动，故天地如之，而况建侯行师乎？"豫即喜悦。豫卦坤下震上。顺以动，坤在下，是顺。震在上，是动。意思是说：阴阳相应，天地之间也能任你纵横，何况建诸侯国、出兵打仗呢？这些目的一定能达到。用在本计上，即以欣喜的心情，静观敌方发生有利于我方的变动，以便顺势而制之。

【评点及应用实例】

东汉末年，袁绍兵败身亡，他的几个儿子为争权夺利而展开勾心斗角的争斗。曹操决定用计谋击败袁氏兄弟。

袁尚、袁熙兄弟二人投奔了乌桓，曹操便派兵打败了乌桓。而袁氏兄弟又投奔了辽东太守公孙康。诸将向曹操进言，要一鼓作气，平定辽东，捉拿二袁。曹操听后哈哈大笑，说：你等勿动，公孙康会把二袁的头颅送上门来的。于是，下令班师，开回许昌，静观辽东局势的变化。

公孙康听说二袁来降，心存疑惑。袁家父子一向都有夺取辽东的野心，现在二袁兵败，如同丧家之犬，无处存身，投奔辽东而来，实属迫不得已。此时收留他们，必生后患，而且此举肯定会得罪势力强大的曹操。如果曹操来攻辽东，那只能收留二袁，以利于共同抗击曹军。现在，曹操已经回师许昌，并无进攻辽东之意，收留二袁就有害无益了。于是，他预设伏兵，召见二袁，一举将他们擒住，割下他们的首级，派人送给了曹操。

曹操笑着对众将说，公孙康向来惧怕袁氏吞并他，这次二袁亲自登门请降，他顿生疑心。如果此时我们急于用兵，反会促成他们合力对

第九计　隔岸观火

抗。此时我们退守，反倒会促使他们自相残杀。而这结果，果然不出我的意料。

1948年6月，在辽沈战役之初，东北野战军包围了长春市。原计划在冬季攻势以后，凭借我军士气高涨、兵多将广之优势，顺势攻克。后来进行了一次试探性的强攻，发现长春共有守敌十余万人，又构筑了坚固的防御工事，强攻很难得手。

于是，我军便率主力南下北宁线，去攻打锦州等地。对长春之敌则采取围而不打、隔岸观火的态势。不久，锦州被我军攻占，致使东北地区的几十万国民党军队从陆路逃向关内的道路被切断。长春变成一座孤城，粮食等补给断绝，仅靠空投来接济，以致敌人为抢粮而发生的火并事件连续不断。锦州失守后，长春之敌更是恐慌万状，市内秩序更加混乱。在我军强大的军事压力和政治攻势之下，敌第六十军军长拒绝执行蒋介石的突围命令，于10月17日率部起义。随后，敌新七军和其他杂牌部队，于绝境中，也都相继投降。我军兵不血刃，和平解放了长春。

1980年9月22日，伊拉克和伊朗之间爆发了一场旷日持久的战争。苏联为了从中渔利并在这一地区扩大势力范围，对双方的相互争斗则采取了隔岸观火之计谋，以期从中收渔翁之利。

在伊拉克进攻伊朗的前一天，即9月21日，伊拉克副总理塔利库·阿齐兹特使前往莫斯科，与苏联领导人举行"紧急磋商"，之后，伊拉克便得到了苏联的二十万吨武器弹药的"支援"。与此同时，苏联又向支持伊朗的利比亚运去了二十四部SS—12地对地导弹发射架，并通过其他渠道向伊朗提供了一些其他武器。其结果是使两伊战争火上加油，双方两败俱伤，实力大为削弱，进而，双方均在一定程度上依附于苏联。

【精评】

隔岸观火，意同"坐山观虎斗"，使用的正确方法是静止不动，让他们互相残杀，力量削弱，甚至自行瓦解。但隔岸观火要根据具体情况运用，观，并不是消极的观，除了观之外，还要想办法让火烧得更大，甚至还要趁火打劫，从中渔利。当然，当火未烧起时，敌人内部矛盾尚未激化时，不是隔岸观火，而是趁火打劫，那就错了，因为火候不到，一施加压力，敌人就会消除矛盾，团结一致对外。

第十计　笑里藏刀

【计名典故】

本计语出唐白居易诗《天可度》"笑中有刀潜杀人",是白居易对唐高宗宠臣李义府为人的评价。《旧唐书》载:"义府貌状温恭,与人语必嬉怡微笑,而褊忌阴贼。既处权要,欲人附己,微忤意者,则加倾陷。故时人言:义府笑中有刀。"《资治通鉴》评李林甫"口有蜜,腹有剑",也与此义相近。

本计的特点是,以表面上的友好、善良和美丽的言词、举止作为假象,掩盖阴险毒辣的用心和企图。在军事谋略上,一般指通过政治外交手段,欺骗麻痹对方,以掩盖其突然的或重大的军事行动。

【原文】

信而安之,阴以图之[1];备而后动,勿使有变[2]。刚中柔外也[3]。

【译文】

表面上要做得使敌人深信不疑,从而使其安下心来,丧失警惕;暗地里我方却另有图谋。要做好充分准备,然后再采取行动,不要引起敌方发生意外的变故。这就是外表上柔和、骨子里却要刚强的谋略。

【注释】

〔1〕信而安之，阴以图之：阴，暗地里。图：图谋。全句意为：表面上使对方深信不疑，从而安下心来，暗地里却另有图谋。〔2〕备而后动，勿使有变：备：这里是指充分准备。变：这里指发生意外的变化。〔3〕刚中柔外也：表面上软弱，内里却很强硬，表里不相一致。

【评点及应用实例】

战国时期，秦国为了对外扩张的需要，要夺取地势险要的黄河崤山一带，便命公孙鞅为大将，率兵前去攻打魏国。公孙鞅率部直抵吴城（在今河南省）。这座吴城是魏国名将吴起苦心经营的，地势险要，工事坚固，很难从正面攻下。

公孙鞅苦心思考攻城的计策，他探知魏国守将是曾与自己有过交往的公子卬，心中暗自高兴。于是，他马上写了一封信函，主动与公子卬套近乎。在信里说，虽然现在我俩各为其主，但回想起我们过去的交情，还是两国罢兵，订立和约为好。怀旧之情，溢于言表。他还建议约定时间会谈议和之事。信送出去，公孙鞅还故意摆出主动撤军的姿态，命令秦国的前锋部队立即撤回。

公子卬看罢来信之后，又见秦军撤退，非常高兴，马上回信约定会谈日期。公孙鞅见公子卬已经钻入圈套，便暗自在会谈地设下伏兵。会谈那天，公子卬带了三百名随从到达会谈地点，他见到公孙鞅带来的随从很少，而且全都没带兵器，就更加相信对方的诚意了。会谈的气氛十分融洽，两人重叙昔日之友情，表达双方的友好情意。公孙鞅还设盛大的宴会来款待公子卬。

但是，正当公子卬兴冲冲入席，还未坐稳之时，忽听一声令下，伏兵从四面包抄过来，公子卬和他的三百名随从反应不及，就全部束手就擒了。公孙鞅利用被俘的随从，去骗吴城之门卫，顺利地占领了吴城。魏国只得割让河西一带，向秦国求和。秦国公孙鞅设下的笑里藏刀的计

第十计　笑里藏刀

谋，轻取崤山一带。

七十年代，苏联为实施其南下战略，就积极对近邻阿富汗加以渗透。苏方用笑里藏刀的计谋，高唱和平友谊的调子，为阿方提供经济"援助"，培养军事技术人才、派遣军事顾问和专家，以逐步控制阿富汗的军队和党政机关。七十年代末期，即从1979年12月初开始，苏联在一系列的政治外交欺骗下，大肆向阿富汗调兵遣将，直至2月26日，即苏联入侵阿富汗的前一天，苏联驻阿大使塔别耶夫还为苏阿睦邻友好条约签订一周年，向阿富汗总统阿明表示"祝贺"。但在第二天，阿明便成了苏联"朋友"的刀下之鬼！

【精评】

笑里藏刀是一种表面友善而暗藏杀机的谋略。表面上装出谦恭敦厚，和蔼可亲，以假诚恳争取真诚恳，以假同情换取真同情，而实际上却使对方不知不觉陷入自己设的圈套中。因为笑是美丽的，哭是丑恶的，所以上哭的当的人少，而上笑的当的人却很多。即所谓哭声不会淹没英雄，而笑声则足以埋葬豪杰。由于口蜜腹剑的人太多，所以饱经世故的人，最提防的是见面笑嘻嘻，握手亲亲热热的人。

第十一计　李代桃僵

【计名典故】

本计语出《乐府诗集·鸡鸣》。诗中说:"桃生露井上,李树生桃旁。虫来啮桃根,李树代桃僵。树林身相代,兄弟还相忘?"此诗的本意是比喻兄弟休戚与共的情谊。后人借"李代桃僵"的成语,表示为借助某种手段,以一事物的损失、牺牲,来换取另一事物的安全、成功,以局部的牺牲换取全局的转危为安的谋略。

【原文】

势必有损[1],损阴以益阳[2]。

【译文】

当局势发展到损失已不可避免的时候,要舍弃局部的利益,以求得全局更大的增益。

【注释】

[1] 势必有损:势,局势。损,损失。[2] 损阴以益阳:阴,这里是指局部利益。阳,这里是指全局利益。全句意为:舍弃某一部分利益,使全局得到增益。

第十一计　李代桃僵

【评点及应用实例】

战国后期,赵国北部经常受到匈奴的骚扰,边境极不安宁。赵王便派遣大将李牧镇守北部的门户雁门郡（今山西省右玉南）。

李牧到任后,天天杀牛宰羊,犒赏将士,并且下令只许坚壁自守,不许与敌交锋。匈奴摸不清底细,也不敢贸然进犯。李牧借机加紧训练部队,以养精蓄锐。几年以后,兵强马壮,士气高昂。

公元前250年,李牧准备出击匈奴。起初,他只派遣少数士兵保护边塞百姓出去放牧。匈奴见状,就派出小股骑兵前去劫掠,而李牧的士兵不与敌交手,假意败退,丢下一些人畜。匈奴占了便宜,得胜而归。匈奴单于以为,李牧一直不敢出城征战,说明他果然是一个不堪一击的无能之辈。

于是,单于亲自率大军直逼雁门。这是李牧意料之中的事。于是,李牧率部严阵以待,他兵分三路,给单于设下一个大口袋。由于单于轻敌冒进,而被李牧分割成几部分,然后逐一歼灭。

单于兵败,落荒而逃。李牧成功地运用李代桃僵计,用很小的代价,换得了全局的大的胜利。

在著名的台儿庄大捷中,李宗仁成功地运用了"李代桃僵"的计谋。

在抗日战争期间,国民党李宗仁部在台儿庄与日本军队展开了殊死的大血战。国民军让开津浦线,诱敌长驱直入。正在此时,李宗仁命孙连仲部死守台儿庄,阻击敌人,以待援军。日军猛攻三昼夜后,攻入台儿庄,国民军在城内与日军打"拉锯战",打得非常激烈而残酷。国民军死伤惨重。面对惨状,前沿指挥官孙连仲动摇了。向李宗仁请求可否撤军至运河南岸防守。

为了整个战局的利益,李宗仁坚定地表示:"敌我双方在台儿庄已经血战一周了,胜负之数决定于最后五分钟,援军明天中午可到,你务必守到明日拂晓。这是我的命令,不得违抗!"孙连仲的第二集团军依命死守台儿庄，与敌人发生多次肉搏，逐屋争夺，战到黄昏，敌人才停止进攻。孙连仲在午夜又组成数百人的敢死队，人自为战，夜袭敌人，一举夺回四分之三的失守阵地。

黎明时分，汤恩伯军团在敌后出现，包抄了敌军，歼敌两万余人。

1973年10月6日，埃及军队渡过苏伊士运河，对以色列军队突然发起攻击，由于以色列设防不严，显得十分被动。在埃及军队发动进攻的同时，叙利亚军队也向以军发起了猛烈的进攻。下午3时，在六百门大炮和一百架飞机长达五十五分钟的轰炸后，叙利亚三个师，共六万人，向戈兰高地发起全线进攻。在此紧要关头，以色列的装甲第七旅奉命投入了战斗，负责接管库奈特拉以北的阿尔蒙尼特山阵地。装甲七旅是以军的王牌军，在关键时刻，发挥了关键性的作用。

阿尔蒙尼特山高地是控制北部防线从以色列经库奈特通往大马士革公路的咽喉，如果失守，将对以色列构成严重威胁。所以双方在这一带展开了激战。战斗从夜里10时持续到凌晨3时，叙军共损失坦克和装甲一百辆。

戈兰高地防线的南段被叙军突破，而以军第七旅的阵地却非常稳固。

10月7日至8日两天，叙国以绝对优势的兵力，其中特别投入了精锐的第三装甲师和总参谋部直属的"阿萨德共和国警卫旅"，强攻以军第七旅的阵地。以军第七旅抵抗着数倍于己的叙军的攻击，战斗异常激烈。

9日拂晓，叙军飞机轰炸了以军阵地。这天上午9时，叙军以上百辆坦克和几十辆装甲车向以军阵地开来，双方再次展开激战，以军的坦克多数被击毁，仅剩下八辆，本加尔部不得不后撤360米。叙军终于攻占了以军的主阵地。但很快被从邻近阵地赶来的以军第七旅的第七营击退，以军又夺回主阵地。双方就这样争来夺去地激战了四昼夜。最后以军第七旅只剩下十辆坦克，双方混战在一起，旅长本加尔也难以统一指挥，只能人自为战。旅长本加尔的精神快要崩溃了，他向师长报告：叙军正在正面发起猛烈攻击，我快要守不住了！师长尽全力鼓励他：再坚持三十分钟，增援部队就能赶到！

以军第七旅在旅长本加尔英勇果敢的指挥下，迎来了援军，以较少的代价，换来了全局性的重大胜利。

【精评】

李代桃僵在军事上指敌我双方势均力敌，或者敌优我劣的情况下，用小的代价，换取大的胜利的谋略。在政治斗争中，则表现为为了整体和长远的利益，必须放弃局部的利益，要勇于作出牺牲。此外，李代桃僵之计还广泛应用于现代的经济领域和管理实践中，成为促进经济发展和管理成功的一个重要法则。

第十二计　顺手牵羊

【计名典故】

本计语出《草庐经略·游失》:"伺敌之隙,乘间取胜。"后人以顺手牵羊,形象化地比喻乘敌人的小间隙,向敌的薄弱处发展,创造和捕捉战机的一种谋略。关汉卿著元杂剧《尉迟恭单鞭夺槊》台词中,就出现了本计计名。《水浒传》第99回写道:"前面马灵正在飞行,却撞着一个胖大和尚,劈面抢来,把马灵一禅仗打翻,顺手牵羊,早把马灵擒住。"但都不是说的战争。战争史上"顺手牵羊"之计,不乏其例。如春秋时,晋献公途经虞国灭掉虢国,回师途经虞国时,又乘其不备,灭掉虞国;秦穆公攻打郑国,兵至滑国时,知郑人已有戒备,灭郑没有希望,就顺手灭滑国,然后班师回秦,都是典型的例子。这里,"顺手牵羊"的"羊",指防守有间隙、有薄弱环节的地区。在不影响进攻主要目标、完成主要任务的前提下,利用时机,出动小股部队,神出鬼没地发动攻击获得意外的、原先未料到的战果,就叫"顺手牵羊"。

【原文】

微隙在所必乘,微利在所必得[1]。少阴,少阳[2]。

【译文】

敌人出现微小的漏洞,必须及时利用,发现微小的利益,也一定要争取到。即使是敌人的微小疏忽、过失,也要利用来为我方的微小胜利服务。

【注释】

〔1〕微隙、微利：指微不足道的间隙，微小的利益。〔2〕少阴，少阳：阴，这里指疏忽、过失；阳，指胜利、成就。

【评点及应用实例】

公元383年，前秦统一了黄河流域，势力强大。前秦王苻坚坐镇项城（在今河南省），调集九十万大军，打算一举歼灭东晋。他派其弟苻融为先锋攻下了寿阳（在今安徽省寿县），初战告捷。苻融判断东晋兵力不多，并且严重缺粮，建议苻坚迅速进入东晋。苻坚闻讯，不等大军齐集，便立即率几千骑兵赶到寿阳。东晋将领谢石得知前秦百万大军尚未齐集，决定抓住时机，击败敌方前锋，挫其锐气。谢先派勇将刘牢之率精兵五万，强渡洛涧，杀了前秦守将梁成。刘牢之乘胜追击，重创前秦军。谢石率师渡过洛涧，顺淮河而上，抵达淝水一带，驻扎在八公山边（在今安徽省淮南市西），与驻扎在寿阳的前秦军隔岸对峙。苻坚见东晋军阵势严整，便立即命令坚守河岸，等待后续部队。谢石感到机会难得，只能速战速决。于是，他决定用激将法激怒骄狂的苻坚。他立即派人送去一封信，称：我要与你一决雌雄，如果你不敢应战，还是趁早投降为好。如果你有胆量与我决战，你就暂退一箭之地，让我过河与你一比高低。

苻坚看信后大怒不已，决定暂退一箭之地，待东晋军队渡到河中间时，再回兵出击，将东晋兵全歼于水中。但他哪里料到此时前秦军士气低落，撤军令一下达，便顿时大乱。秦军争先恐后，乱作一团，怨声四起。这时指挥已经失灵，几次下令停止退却，但如潮水般撤退的人马已成溃败之势。

这时，谢石指挥东晋军队，迅速渡河，乘敌大乱之机，奋力搏杀。前秦的先锋苻融被杀死在乱军之中，苻坚也因中箭受伤，慌忙逃回洛阳。前秦大败。在这次淝水之战中，东晋军抓住战机，运用"顺手牵羊"計谋,乘虚取胜,创造了我国古代战争史上以弱胜强的一个著名战例。

在抗日战争中,刘伯承率领一二九师北上抗日。当时,陈锡联是该师七六九团的团长。刘伯承当时制定了三条作战原则:

1. 师部只是一般地确定作战任务,具体打法由各级指挥官充分发挥主观能动性,相机行事,根据敌情自行灵活作战。

2. 在行军途中,可打则打。

3. 为了不误战机和保守秘密,各团有自行决定权,可以打完仗后,再向师部报告。

这三条原则,有利于部队运用"顺手牵羊"之计谋去寻找战机。

师部命令陈锡联率七六九团向敌后迂回,挺进东北部的山地,准备伺机侧击南犯敌人的后方。陈锡联率军到达指定地区后,发现代县、阳明堡、崞县等地均驻有日军,并以阳明堡机场为其前沿机场,集中了大批飞机,轮番出动,配合步兵对忻口的国民党作战。当时,由于国民党军队的不抵抗和作战无力,日军便放松了警觉,后方戒备相当松懈,虽然阳明堡上驻有香月师团的一个联队,但飞机场里只有大约二百人的守卫部队。

七六九团陈锡联团长了解到这个情况后,决心抓住这个有利的战机,于10月19日夜里,采取秘密而迅速的行动,出其不意地袭击了阳明堡机场,将该机场上的二十四架敌机全部焚毁,并歼灭了日军警卫部队百余人。这就是抓住"微隙",运用顺手牵羊这一计谋所取得的胜利。

1944年,美国在太平洋地区的军事行动进行得非常顺利,麦克阿瑟在一系列进攻中表现了他的大智大勇,做出了别人所不敢做的举动,那些冒险性的军事行动被同行称为军事赌博。但这是在有胜利依据下的赌博,也就是他善于抓住战争中敌方所出现的"微隙"而顺手牵羊的结果。

1944年,按照参谋长联席会议所确定的作战部署,"车轮行动"的后两个月的目标分别是新爱尔兰岛西北端的卡维恩和阿德默勒尔蒂群岛

第十二计　顺手牵羊

和马驽斯岛。卡维恩是哈尔西的目标，该处有重兵防守。因此，哈尔西建议绕过卡维恩而去攻取离该地西北九十英里处的埃米拉岛。但麦克阿瑟坚持要哈尔西攻打卡维恩，以掩护他人打马驽斯岛。

2月23日晚，一份侦察报告表明，日军可能把部队从洛斯内格罗斯岛转移到马驽斯岛。第二天，肯尼的侦察机报告，在洛斯内格罗斯岛上没有发现日军的活动，机场被废弃，渺无人迹。于是，肯尼向麦克阿瑟建议以小股部队迅速占领该岛，从该岛再攻打马驽斯岛就容易多了。这个情报，就是发现敌军的"微隙"，是一次难得的"顺手牵羊"的好机会。

然而，麦克阿瑟的情报处长威洛反对这一建议，他根据自己的情报来源，认为几个星期以来日军一直增援马驽斯岛和洛斯内格罗斯岛，使两岛的日军增至四千余人，而且主力在洛斯内格罗斯岛上。但麦克阿瑟对肯尼的建议很感兴趣，认为"这是进行空袭的理想时机，如果获胜，盟军在太平洋区域行动的日程表可以提前好几个月，也可以挽救数以万计的生命"。

2月24日晚，在麦克阿瑟举行的军事会议上，他不顾许多人的反对，果断地确定了对洛斯内格罗斯岛进行一次"火力侦察"，行动时间定在29日。这比原计划整整提前了一个月，而且准备时间只有五天。有人说这是一场军事赌博，敌人是庄家，牌全在他们手中。麦克阿瑟回答说："是的，这是一场赌博。但我能赢很多很多，输的却非常少；我打赌，如果我的运气非常好的话，我下几块钱的赌注，就可以赢一百块。"麦克阿瑟决定亲自参加这次行动。他率部不避艰难险阻，乃至生命危险，成功地登上了洛斯内格罗斯岛。然后稳打稳扎，步步为营，经过两天的浴血奋战，终于迎来了陆续到达的援军。经过一周的激烈战斗，美军彻底占领了该岛。麦克阿瑟成功地运用"顺手牵羊"的计谋，取得了最后的胜利。

【精评】

顺手牵羊是想充实自己的力量，其方式是和平攫取，比趁火打劫稍为高明些。但毕竟和平攫取的机会不常有,想创造机会的英雄也不会寄希望于和平。不管是明贪暗贪,暗动明动,方法不同,但目的却是一致的,即把别人的利益据为己有。因此,如果把顺手牵羊看作平微的谋略,或是"富贵逼人来"的幸运,那将是大错特错。

第十三计　打草惊蛇

【计名典故】

计名"打草惊蛇",原是借用了一句民间俗语来喻指某种军事谋略。原意是蛇在草丛中,草被搅动,蛇便受惊而走。也有人认为,"打草惊蛇"一语,源出宋代郑文宝《南唐近事》:"王鲁为当涂宰,渎物为务,会部民连状诉主簿贪,鲁乃判曰:'汝虽打草,吾已惊蛇。'"意思是说:南唐时,有个叫王鲁的人,在任当涂(属今安徽省)县令时,把主要精力放在为自己捞取钱物上。一天,老百姓联名控告他手下的主簿有贪污,王鲁因自己屁股不干净,胆怯心虚,故而在看状纸时,便下意识地信手在状纸上写了"汝虽打草,吾已惊蛇"八个字,此后,"打草惊蛇"一语便逐渐流传开了。

【原文】

疑以叩实[1],察而后动。复者[2],阴之谋也[3]。

【译文】

真相不明就应查实,洞察了实情之后再采取行动;反复侦察,是实施隐秘计谋所必需的。

【注释】

〔1〕叩实：叩，询问，查究。叩实，问清楚、查明真相。〔2〕复：反复、一次又一次地。〔3〕阴之谋：隐秘的计谋。

【评点及应用实例】

公元前627年，秦穆公发兵攻打郑国，他想和安插在郑国内部的奸细里应外合，夺取郑国的都城。大夫蹇叔认为秦国离郑国较为遥远，这样兴师动众长途跋涉，郑国肯定会做好迎战准备。秦穆公不听劝阻，便派遣孟明视等三帅率部出征。蹇叔在部队出发时，痛哭流涕地警告说：恐怕你们这次袭郑不成，反倒会遭到晋国的伏击，只有到崤山去给士兵收尸了。果然不出蹇叔所料，郑国得到了秦国要前来袭击的情报之后，逼走了秦国安插的奸细，做好了迎战的准备。

秦军见袭郑不成，只得回师，但部队经过长途跋涉，显得十分疲惫。当部队经过晋国的崤山时，毫无提防之意。他们以为秦国曾对晋国刚死去不久的晋文公有恩，晋国不会攻打秦军。可哪料到，晋国早已在崤山的险峰峡谷中埋伏了重兵。在一个炎热的中午，秦军发现晋军的小股部队，孟明视十分恼怒，便下令追击。当追至山谷险要处时，晋军突然不见踪影。

这时，鼓声震天，杀声四起。晋军的伏兵蜂拥而上，大败秦军，生擒孟明视等三帅。秦军不察敌情，轻举妄动，终因遭晋军的"打草惊蛇"之计而惨败。

1951年11月4日至6日，抗美援朝期间，某部守敌在正洞西方高地，依托两条小坑道、四十多个地堡和三十多个防炮掩蔽部为骨干阵地进行固守。由于地形地物的关系，给攻歼造成很大困难。

中国人民志愿军某部打算把敌人引出阵地然后加以歼灭。11月4日晚，先用两个排的兵力，开进敌阵地两侧交火，经过20分钟的激战，

第十三计　打草惊蛇

迫使敌人离开工事，投入战斗。敌人的兵力和火力得以充分暴露后，这两个排便立即撤回。遂用二十四门火箭炮齐射，山炮、野炮、榴弹炮和坦克炮也同时进行压制射击，给敌人以重大的杀伤。接着，地面部队发起冲锋，全歼守敌三个连。

1956年7月26日，埃及总统纳赛尔宣布苏伊士运河收归国有。英、法两国出动八万人的军队，伙同以色列进行武装干涉，于11月5日向塞得港实施空降。这次空降，英、法军队使用了打草惊蛇的计谋。为了把埃及军队引出来寻歼，第一批空降时只用了大批的木头人和橡皮人。埃及军队见状如临大敌，先命令地面炮兵猛烈射击，然后组织军民进行围歼。当埃及的火力、人员充分暴露以后，英、法空军便一个回马枪杀来，使埃及军队遭受重大的损失。接着，英、法空军和登陆部队紧密配合，一举攻占了塞得港。

【精评】

蛇一般是隐藏在草丛中的，要发现蛇就要打草，打草惊蛇是为打蛇作准备。如果打蛇的工具没有准备好，或地形不利，这时已经发现了蛇，也不能打草，以防蛇跑掉。打草惊蛇用在军事上，是指敌方兵力没有暴露或者意向不明时，切不可轻敌冒进，应当查清敌方主力配置和运动状况后再说。打草惊蛇除了惊蛇走避之外，还可以避免被蛇咬，从这一点看，此计有着积极的意义。

第十四计　借尸还魂

【计名典故】

　　计名"借尸还魂"可能源于一个有关"八仙"之一的铁拐李得道成仙的传说。相传铁拐李原名李玄，曾遇太上老君得道。一次，其魂魄离开躯体，飘飘然游玩于三山五岳之间。临行前，曾嘱咐徒弟看护好遗体，但李玄魂魄四处游山玩水，流连忘往。徒弟们等待久了，见师父的遗体老是僵在那里，总也醒不过来，便误以为他已经死去，便将其火化了。待李玄神游归来时，已不见了自己的躯体，魂魄无所归依。恰好当时附近路旁有一饿死的乞丐，刚刚断气不久，尸体还算新鲜，李玄于慌忙之中，便将自己的灵魂附在了这具乞丐尸体之上。借尸还魂后的李玄，与原来的李玄已面目全非。蓬头垢面，袒腹露胸，并跛一足。为支撑身体行走，李玄对着原乞丐用的一根竹杖喷了一口仙水，竹杖立即变为铁杖，借尸还魂后的李玄也因此被称为铁拐李，而原来的名字却反被人们忘却了。铁拐李借尸还魂的故事还见于元代岳伯川所写杂剧《吕洞宾度铁拐李岳》，后《东游记》也有记载，只是情节不尽相同罢了。借尸还魂这一带有迷信色彩的民间传说，后来被人们喻指某些已经死亡的东西，又借助某种形式得以复活的现象；有时也可以用来喻指某些新的事物或新的力量借助某种旧的事物或旧的形式求得发展的现象。在上述两种情况下，所谓"尸"、"魂"、"借"、"还"的喻义便都不尽相同了。

【原文】

　　有用者，不可借[1]；不能用者，求借[2]。借不能用者而用之，匪我

第十四计　借尸还魂

求童蒙，童蒙求我[3]。

【译文】

凡是自身能有所作为的人，往往难以驾驭和控制，因而不能为我所用；凡是自身不能有作为的人，往往需要依赖别人求得生存和发展，因而就有可能为我所用。将自身不能有作为的人加以控制和利用，这其中的道理，正与幼稚蒙昧之人需要求助于足智多谋的人，而不是足智多谋的人需要求助于幼稚蒙昧的人一样。

【注释】

〔1〕有用者，不可借：意为凡自身可以有所作为的人，就不会甘愿受别人利用。〔2〕不能用者，求借：意为那些自身难以有所作为的人，却往往有可能被人借以达到某种目的。〔3〕匪我求童蒙，童蒙求我：语出《易·蒙》卦辞。蒙卦为周易六十四卦的第四卦，也是阴阳相交后的第二卦（因第一卦乾为纯阳，第二卦坤为纯阴，皆无阴阳相交之象）。在这里，蒙字本义是昧，指物在初生之时，蒙昧而不明白。蒙卦的卦象是下坎上艮。艮象山，坎象水：山下有水，是险的象征；人处险地而不知避，便是蒙昧了。童蒙，幼稚而蒙昧。此句意为，不需要我去求助蒙昧的人，而是蒙昧的人有求于我。

【评点及应用实例】

秦二世元年，陈胜、吴广被征发到渔阳（今北京市密云县西南）去戍边。当这些戍卒走到大泽乡（今安徽省宿县东南刘村集）时，因连降大雨，道路被淹没，眼看无法按期到达渔阳了。秦法规定，凡是不能按期到达指定地点的戍卒，一律处斩。陈胜、吴广深知，即使到达渔阳，也会因误期而被问斩的。与其等死，不如一搏，寻求一条活路。他们也深知同去的戍卒也同样都有这种想法，这正是举行起义的大好时机。

但是，陈胜又想到，自己的地位低下，恐怕没有什么号召力。当时有两个名人深受百姓的尊敬，一个是秦始皇的长子扶苏，他敦厚贤明，但早已被阴险狠毒的秦二世伙同李斯和赵高给谋害了，但老百姓却不知情；另一个是楚将项燕，他功勋卓著，爱护将士，威望极高，而在秦灭六国之后不知去向。于是陈胜，便借这两人之"尸"，公开打出他们的旗号，以期得到大家的拥护。他们还利用当时人们的迷信心理，巧妙地作了其他的安排。

有一天，士兵做饭时，在鱼肚子里发现一块丝绸，上写"陈胜王"（即陈胜称王）三个字，士兵看后大惊，暗中传开了。吴广又在夜深人静之时，在旷野荒庙中学狐狸叫，这时，士兵们听到隐隐地从夜空里传来"大楚兴，陈胜王"的叫喊声。他们便以为陈胜非同凡人，肯定是上承"天意"来拯救大家的。陈胜、吴广见时机已到，便率领戍卒杀死了朝廷派来的将尉。陈胜登高振臂一呼，众人便揭竿而起。他说：我们反正活不成了，不如和他们拼个你死我活；就是死，也要死出个样儿来！

于是，陈胜自号为将军，吴广为都尉，一举攻占了大泽乡。天下云集响应，所向披靡，连连获胜。后来，部下拥立陈胜为王，国号定为"张楚"。

1916年6月5日，袁世凯病故。段祺瑞想补上总统"空缺"，借机获取实权，颇费思量。在这紧要关头，他巧妙地运用"借尸还魂"之计，实现了他的目的。段祺瑞经过权衡之后，在总统和总理这两个职务中，他选择了能够稳操实权的总理一职，而让黎元洪当上有职无权的总统一职。这种选择，就是"借尸还魂"之计在政治上的成功的运用。

从实力上讲，段氏理所当然地应任总统。但北洋一派并没有推举他为首领，还有与他匹敌的冯国璋，以及南方地方实力派，都不赞成段氏任总统。如果他要逆势而为，就必然引起南方护国军的强烈反对，南北统一便无法实现。

当然，段氏根本没把黎元洪放在眼里，他只是把黎氏当作一具政治僵尸，利用它"还魂"而已。段、黎合作矛盾不可避免，而段祺瑞大权独揽，黎元洪成了"盖印总统"，这个大的格局是不可改变的。段祺瑞

第十四计　借尸还魂

让黎元洪当总统，比之于当年曹操让汉献帝当皇帝，其计谋和用意如出一辙。

苏联卫国战争期间，苏军的一架飞机在德军机场上空中弹起火。顷刻间，该机带着熊熊的火团坠落地面。就在这紧要关头，驾驶这架飞机的苏军飞行员用降落伞也降落到德军机场。

在这非常紧要的关头，那个苏军飞行员却十分沉着冷静，他并没有向机场的黑暗处逃跑，而是沉着地经过敌方机坪勤务人员驻地的小屋，向灯火通明的停机坪走去。恰好，那里有一架坐满德国人的飞机正等待着迟到的飞行员前来驾机。那个苏军飞行员乘隙走过人群，坐进驾驶舱，将蒙在鼓里的德国乘客带到苏联机场。这位苏军飞行员，在紧要关头，凭着他的智谋和勇气，巧用"借尸"（德国飞机）"还魂"（生还）之计，逃离险境。

【精评】

借尸还魂的涵义是自己在失败之后，要凭借或利用某种力量，以图东山再起。用在军事上、政治上，即扶弱国、继绝世的豪举，这在东周列国时代比比皆是。这种现象发生在商场上最多，最普遍的是生意已面临危机，重新召新股或贷款扩张。但使用这一计时一定要慎重考虑，因为"尸"是不会白借也不可以乱借的，如果僵尸入屋，不仅搞得自己家宅不宁，也会招来不少乘人之危趁火打劫的人。

第十五计　调虎离山

【计名典故】

"调虎离山"一语可能源于《管子·形势解》。该篇中有一段这样的话:"虎豹,兽之猛者也,居深林广泽之中则人畏其威而载之。人主,天下之有势者也,深居则人畏其势。故虎豹去其幽而近于人,则人得之而易其威。人主去其门而迫于民,则民轻之而傲其势。故曰:'虎豹托幽而威可载也。'"意思是说,虎豹,是兽类中最威猛的。当它们居住在深山大泽之中时,人们就会因惧怕其威风而敬畏它们。君王是天下最有势力的人,如果深居简出,人们便会害怕它的势力。虎豹若是离开他们所居的深山幽谷而走近人类居住的地方,人们就可以将它捕捉而使之失去原有的威风。做君王的若是离开王宫的门而与普通的人混在一起,人们就会轻视他而以傲慢的态度看待他。所以说,虎豹只有不离开它们居住的幽谷深山,其威风才会使人感到畏怯。这里虽然尚未使用"调虎离山"一语,但已经包含只有将老虎调离深山,才能将其制服的意思。后来在民间语言、文学作品中便逐渐出现了"调虎离山计"的说法。如明代吴承恩的《西游记》第五十三回写孙大圣对如意真仙说:"才然来,我是个调虎离山计,哄你出争战,却着我师弟取水去了。"清代钱彩著《说岳全传》第三十四回也写着:"吉青道:'我前日在青龙山,中了这番奴调虎离山之计。'"

【原文】

待天以困之[1],用人以诱之。往蹇来返[2]。

第十五计　调虎离山

【译文】

利用不利的天时地利条件困扰敌人，用人为的方法诱惑敌人。主动进攻有危险，诱敌来攻则有利。

【注释】

〔1〕待天以困之：天，指天时、地理等客观条件。困，作动词用，困扰、困乏。全句意为：期待不利的客观条件去困扰它。〔2〕往蹇来返：语出《易·蹇》九三爻辞。原文为"往蹇，来返。"蹇卦的卦象为艮下坎上。艮象山，坎象水。王弼注曰："山上有水，蹇难之象。"故在此处，"蹇"，有难的意思。返，李镜池《周易通义》注：返，犹反反，广大美好貌。往蹇来返，意为去时艰难，来时美好。

【评点及应用实例】

东汉末年，军阀纷起，各据一方。孙坚之子孙策，年仅十七岁，而年少有为，他继承父志，逐渐扩大势力范围。

公元199年，孙策欲向北推进，准备夺取江北的卢江郡，卢江郡南有长江天险可以凭依，北有淮水阻隔，易守难攻。当时，占据卢江的军阀刘勋势力强大，野心勃勃。孙策深知如果用强攻，那是很难获胜的。他便与众将商议定出一个调虎离山的妙计。

针对刘勋极为贪财的弱点，孙策便派人去给刘勋送去一份厚礼，并在信中把刘勋大肆吹捧了一番。信中说，刘勋威名远扬，令人倾慕，并表示要与刘勋交好，还以弱者的身份向刘勋求救。信中称，上缭经常派兵来侵扰我部，而我部力弱，不能前去征讨，请求刘将军发兵降服上缭，我方感激不尽。

刘勋见孙策在信中极力讨好他，便显得万分得意。而上缭一带，十分富庶，刘勋早就想夺取，今见孙策软弱无能，便免去了后顾之忧，立即决定发兵上缭。对此举,部将刘晔则极力劝阻,可刘勋哪里听得进去?他已经被孙策的厚礼和甜言所迷惑。

孙策时刻监视刘勋的行动,见刘勋亲自率领几万兵马前去攻打上缭,城内空虚,便心中大喜,说:"老虎已被我调出山了,我们快去占据他的老窝吧!"于是,立即率领人马,水陆并进,袭击卢江,几乎没遭到顽强的抵抗,就十分顺利地控制了卢江。

刘勋猛攻上缭,却一直不能取胜。正在此时,突然得到报告,才知道孙策已经攻取了卢江,明知是中计了,却已后悔不及了,只好灰溜溜地投奔曹操去了。

彭德怀元帅,为人豪爽,敢讲真话,敢打硬仗。但他从不打无准备之仗,在历次战役中都非常注意运用计谋,创造过很多以少胜多的典型战例,是一位有胆有识的著名将领。

1947年3月,国民党调集二十三万人,向陕甘宁解放区发起进攻。由于敌我力量相差悬殊,3月19日,党中央主动暂时撤离延安。我军撤出延安以后,彭德怀、贺龙率领西北野战军,采用"蘑菇"战术,同敌人进行周旋。西北野战军在彭总的指挥下,运用"调虎离山"的计谋,打得有声有色。

我军派出一小部分兵力,公开向安塞方面撤退,而我军主力则埋伏在延安东北的青化砭,敌军派出五个主力旅向安塞扑去。3月25日,敌三十一旅的旅部和一个团进入了我军在青化砭的伏击圈。我军只用了一个小时,便全歼敌军,活捉了敌军旅长李纪云。

胡宗南发现我军主力不在安塞,就急忙把主力调到延安以东,企图与我军决战。而我军主力则迅速转移到榆树坪一带休整,只派一小部分力量同敌人周旋。

4月14日,敌军一三五旅沿瓦窑堡、蟠龙大道两侧高地南下,我军以新编四旅进行阻击,且战且退,诱敌深入。当敌人进入我军第二纵队的阵地时,教导旅和新编四旅集中优势兵力,组成了包围圈,结果敌军一三五旅全军覆没,旅长麦宗禹被活捉。我军两战两捷,用伏击战打得敌军晕头转向。

第十五计　调虎离山

4月下旬,敌人的行动变得十分谨慎。彭总决定调动敌军主力,然后集而歼之。于是,他命令三五九旅一部,再从每个旅中抽调一个排的兵力,配合绥德军分区部队,装扮成我军主力,接连抗击刘戡、董钊九个旅,并且故意在沿途丢弃一些各部的臂章和符号,以造成我军主力仍在佳县、吴堡地区欲渡黄河的假象。当敌军方阵从驻瓦窑堡西南山沟的我军野战司令部旁的山梁喧闹北上时,司令部的全体人员持枪在手,非常紧张,而彭总却躺在土炕上,镇定自若。

敌人主力已被"调"离,敌人的给养地蟠龙,只留有一个旅守卫。敌人主力过完了,彭总一跃而起,立即挥师南下,直奔蟠龙,经过三天激战,全歼守敌一六七旅六千余人,缴获服装四十三万套,面粉一万余袋,子弹百万余发,还有大量的枪支、军用器材、医药用品等,成功地运用调虎离山计,打了一次漂亮的胜仗。

苏军入侵阿富汗时,动用了一千多门大炮,妄图以火力优势取胜。苏军每次进攻,都采用摩托化步兵在前、炮兵在后的步炮协同打法。

1980年初冬的一天,苏军以一个营的兵力在二十多门大炮的支援下,向潘杰希尔山谷地带的阿游击队进攻。阿游击队根据苏军炮兵自身防护力弱、行动易受限制等弱点,决定用计将苏军步兵"调"开,集中全部力量打击它的炮兵。

当苏军进入谷地后,阿游击队则以少量部队为诱饵,把苏军步兵引向谷地深处,而隐蔽于谷口的主力则迅速向其炮兵阵地移动,并发起攻击。当苏军发觉中计上当挥师回援时,它的炮兵早已被全歼,二十多门大炮也变成了一堆废铁。

【精评】

调虎离山是打虎计策之一,目的在于削弱对方的抵抗力,减少自己的危险。在军事上指,如果敌方占据了有利的地势,并且兵力众多,这时我方应把敌人引出坚固的据点,或者把敌人诱入对我军有利的地区,这样才可以取胜。在政治斗争中,这一计用得最多,且一代又一代,亦渐神化。从其应用中可见,此计是一个阴险的谋略。

第十六计　欲擒故纵

【计名典故】

计名"欲擒故纵",它的哲理源头,可追溯到《老子》三十六章:"将欲歙之,必固张之;将欲弱之,必固强之;将欲夺之,必固兴之,将欲夺之,必固与之。"又《鬼谷子·谋篇》:"去之者纵之,纵之者乘之"。中国军事史上成功运用此计,并对此计的定名有重大影响的,当属诸葛亮率蜀军远征南蛮时,七擒七纵蛮王孟获。对诸葛亮来说,七擒七纵皆手段,而目的只有一个:征服南蛮首领和百姓的"心"。因而这一战役胜利的意义,不仅是军事上的,更重要的是政治上的,是诸葛亮在当时历史条件下所实行的民族政策的胜利。(事见后面"古今战例"之一)

【原文】

逼则反兵[1],走则减势[2]。紧随勿追,累其气力[3],消其斗志[4],散而后擒,兵不血刃[5]。"需,有孚,光[6]。"

【译文】

逼得敌军太紧,对方就会回师反扑。如果让敌军逃跑,就可以削减其气势。追击敌人,只需紧随其后而不要过于逼迫他,以消耗其体力,瓦解其斗志,待其溃散时再捕捉他,就可以避免流血。这是《周易》需卦卦辞"需。有孚,光亨贞吉……"一语中悟出的道理。

第十六计　欲擒故纵

【注释】

〔1〕反兵：回师反扑。〔2〕走：逃走。势：气势。〔3〕累：消耗。〔4〕消：瓦解。〔5〕兵：兵器。血刃：血染刀刃，即作战。〔6〕需，有孚，光：语出《易·需》。需卦的卦象为乾下坎上，乾象刚、健，坎象水、险。需，有等待之意。以刚、健遇水、险，故须等待，不要急进，以免陷入险境。孚，信用、信服；有孚，有信用，有诚意，为人所信服。光，光明、通达。此句意为，身处险境要善于等待，如果有诚信，就会前途光明，大吉大利。

【评点及应用实例】

蜀汉建立之后，便定下北伐大计。当时西南夷酋长孟获率十万大军侵犯蜀国。诸葛亮为了解除北伐的后顾之忧，决定亲自率兵先平孟获。蜀军主力到达泸水（今金沙江）附近，诱敌出战，事先在山谷中埋下伏兵，将孟获诱入伏击圈内，使之兵败被擒。

按说，擒拿敌主帅的目的已经达到，敌军在短时间内也不会有很强的战斗力了，此时乘胜追击，便可大破敌军。但是诸葛亮考虑到孟获在西南夷中的威望很高，影响很大，只有让他心悦诚服，主动请降，才能使南方真正稳定。如若不然，南方各少数民族部落仍不会停止侵扰，蜀汉的后方就难以安定。于是，诸葛亮便对孟获采取"攻心"战，断然释放孟获。孟获表示下次定能击败蜀方，诸葛亮则笑而不答。

孟获回营后，拖走了所有的船只，据守泸水南岸，阻止蜀军渡河。诸葛亮乘敌不备，从敌人不设防的下游偷渡成功，并袭击了孟获的粮仓。孟获暴怒，要严惩将士，激起了将士的反抗，于是，将士们相约起事，趁孟获不备之机，将孟获绑赴蜀营。诸葛亮见孟获仍不服气，便再次把他释放。以后孟获又施许多计谋，但都被诸葛亮一一识破，孟获又四次被擒，但都被释放了。

最后一次，诸葛亮火烧了孟获的藤甲兵，孟获第七次被擒。孟获终于感动了,他真诚地感谢诸葛亮七次不杀之恩,誓不再反。从此,蜀国西南安定,诸葛亮才得以举兵北伐。

陈赓将军是我军赫赫有名的战将。1936 年,他担任红一军团第一师师长,能够灵活地运用兵法,决不死搬硬套。按照兵法规定,十倍于敌,方可包围敌人,擒获敌人也应比敌人的兵力多而强。但陈赓将军却能在敌我兵力对比,我方并不占优势的情况下,灵活运用"欲擒故纵"之计谋,造成兵力比敌人多的假象,三面将敌包围,"网开一面"纵使敌人"出逃",而后将其消灭。

1936 年初,红四方面军向西扩大根据地,发动了潢(川)光(山)战役。6 月 12 日,陈赓率红十二师的三个团,将驻守在双柳树的敌军两个团包围。他用一个多团的兵力佯攻敌人的东、西、南三面,而在北面给敌人留下"逃生之路",暗中派出一个多团的兵力,伏击从北面溃逃的敌人。

这是一个很巧妙的"欲擒故纵"的作战方案。从当时的情况看,红军取胜面临着困难的条件,因为双柳树是敌人进攻苏区的一个据点,工事十分坚固,而且守敌各团装备精良。如果任其死守,我军强攻则是很难的。而陈赓在北面给敌人留出一条逃路,就可能诱使敌军放弃坚固的工事,从北面逃出,这有利于将其消灭。

12 日深夜,我军按照陈赓的部署,预伏于指定地点。13 日拂晓,一排迫击炮响过之后,战斗打响了,红军指战员从南、东、西三面强攻,战斗打得十分激烈。敌军摸不清我军的兵力情况。当寨墙被炸出一个缺口时,敌军果然没尽全力封堵这个缺口,而是从北面逃出。我军则迅速冲进寨子,未来得及逃走的敌军两个营被我军就地全歼。随后,我军便立即向北追去。逃出寨子的敌军,正中了我军的埋伏,本来已经溃乱不堪而失去战斗力,在伏击部队与追击部队的两面夹击之下,很快被全歼,陈赓将军以计谋而获全胜。

第十六计　欲擒故纵

【精评】

古人有"穷寇莫追"的说法，实际上不是不追，而是看怎样去追。把敌人逼急了，它只得集中全力，拼命反扑。不如暂时放松一下，使敌人丧失警惕，然后再伺机而动，歼灭敌人。因此，使用欲擒故纵之计，必须有过人的忍耐力和不惜牺牲的决心，表面上做得干脆利落，骨子里却要磨刀霍霍。但在一个尖锐复杂的战斗场面，手到擒来而又顺手放走，有时又有纵虎归山的危险，自己也会吞食恶果。所以此计使用时也一定要慎重为是。

第十七计　抛砖引玉

【计名典故】

"抛砖引玉"一语，其来源说法不一。一种说法是相传唐代诗人赵嘏甚有诗名，求诗者盈门。诗人常建慕其名，想求其诗，却不得其门而入。赵嘏游苏州时，常建料他必游灵岩寺，便先于寺壁题诗两句。赵嘏来到寺中见壁上此诗尚未写完，就补了两句，成为一首绝句。后人因赵嘏补的两句优于常建的前两句，便说常建是"抛砖引玉"。然而，常建是唐玄宗开元15年（公元727年）中的进士，而赵嘏是唐武宗会昌二年（公元842年）中的进士，两者相距115年。可见赵嘏补诗一说是不可能的。然而由这个有背历史事实的讹传，引出一个有关"抛砖引玉"一词来源的说法，却已是一个历史事实。另一种说法出自宋真宗景德年间（公元1004—1007年）高僧道原所编《景德传灯录·从谂禅师》：师云：比来抛砖引玉，却引得个墼子。墼子指砖坯。这句话也来源于一个佛门故事。传说活了120岁的唐代禅师从谂，一天晚上，同弟子们一同参禅悟道。刚入座，从谂便宣布：今晚要你们回答问题，谁对禅学已有深刻理解，可以跨前一步。众僧皆息虑凝心，静座参禅，唯有一个小和尚大胆跨步向前，躬身一揖。从谂见了，缓缓地说：刚才我是抛砖引玉，不想却引来一块土砖坯子。此语后来还见于元代贯云石（公元1286—1324年）所作《斗鹌鹑·佳偶》曲："见他眉来眼去，俺早心满愿足；他道是抛砖引玉，俺却道因祸致福。"

第十七计　抛砖引玉

【原文】

类以诱之[1]，击蒙也[2]。

【译文】

用相类似的东西诱惑敌人，乘其迷惑懵懂之时去打击他。

【注释】

[1] 类：类似，同类。[2] 击蒙：击，打击；蒙，蒙昧。语出《易·蒙卦》上九爻辞："击蒙，不利为寇，利御寇。"蒙卦的卦象为坎下艮上。其上九爻，为阳爻处于蒙卦之终，按王弼的解释，其寓意为"外蒙之终，以刚居上，能击去童蒙，以发其昧也，故曰'击蒙'也。故'不利为寇，利御寇'也"。大意是，上九爻以阳刚之象居于前五爻之上，所以能给蒙昧者以开导、启迪。为盗寇之人，自然属于蒙昧者之列，所以，如果占卦时占到本爻，则对为盗寇者不利，而对防御盗寇者有利。此处借用此语，意思是，打击那因受我方诱惑而处于蒙昧状态的敌人。

【评点及应用实例】

公元前700年，楚国用"抛砖引玉"的计策，轻取绞城。

这一年，楚国发兵攻打绞国（今湖北省郧县西北），大军行动迅速。楚军兵临城下，气势正旺，绞国自知出城迎战，凶多吉少，便决定坚守城池。绞城地势险要，易守难攻。楚军多次进攻，均被击退。两军相持一个多月。楚国大夫屈瑕仔细分析了双方的形势，认为绞城只可智取，不可力克。他便向楚王献上一条"以鱼饵钓大鱼"的计策。他说："攻城不下，不如利而诱之。"楚王向他详问诱敌之法，屈瑕建议：趁绞城被围月余之机，城中缺少薪柴之时，派些士兵装扮成樵夫上山打柴往回运，这时敌军一定会出来抢夺柴草。头几天，让他们先得些小利，待他们麻痹大意时，就会派大批士兵抢夺柴草。这时，先设伏兵断其后路，然后聚而歼之，乘势夺城。

楚王担心绞国不会轻易上当。屈瑕说："大王请放心，绞国虽小却很浮躁，而浮躁则少谋略，易中计。再说，有这样香甜的钓饵，不愁鱼不上钩。"于是，楚王依计而行，派出一些士兵装扮成樵夫去上山打柴。

绞侯听探子报有樵夫进山打柴的情况，忙问这些樵夫有无楚军保护，探子说，他们是三三两两进山的，并无士兵跟随。绞侯马上布置人马，待"樵夫"背着柴禾出山之时，便突然袭击，果然顺利得手，抓住了三十多个"樵夫"，抢到不少柴草。一连好几天，果然收获不少。见有利可图，绞国士兵出城抢夺柴草的，就越来越多了。

楚见敌人已经吞下钓饵，便决定马上捉"大鱼"。到了第六天，绞国士兵仍像以往一样出城劫掠，"樵夫"们见绞军又来了，吓得没命地奔逃，绞国士兵紧紧追赶，不知不觉中被引入楚军的埋伏圈内。只见伏兵四起，杀声震天，绞国士兵哪里抵挡得住，便慌忙败退，却又遇上伏兵，后路也被切断了，绞军死伤惨重。楚军趁机攻城，绞侯方知中计，叫苦不迭，但已无力对抗，只得请降。

1947年5月初，国民党军队在经过青化砭、羊马河战役惨败之后，把主力龟缩在蟠龙一带。我西北野战军欲攻取蟠龙，就必须将其主力调开，乘隙破敌。

为达此目的，西北野战军便以多路小分队向绥德方向佯动。敌军从空中侦察到这一情况，又见我军在绥德、米脂以东的黄河渡口调集了大批船只，便以为我军主力欲东渡黄河，于是，便以重兵北上，寻歼我军。

这时，我军便以"抛砖引玉"之计，以部分兵力对北进之敌，进行佯攻，边抗击，边退却，并在沿途有意丢下符号、物资等。敌军则是更加穷追不舍。当敌军主力被牵制在绥德一带时，我军主力对孤立无援的蟠龙守敌发起总攻，将其全歼。

第十七计　抛砖引玉

第二次世界大战期间，美国军队的一个破译小组，在日军偷袭珍珠港以后，从截获日军发往太平洋日军的许多电报中，发现电文经常出现"AF"这两个字母。美军破译小组的专家们推断，"AF"可能是指中途岛。

为了进一步查实，中途岛上的美国海军司令尼米兹受命用"抛砖引玉"之计，以浅显的英语拍发了一份诱敌的无线电报，内容假称中途岛上的淡水设备发生了故障。不久，美军便截获了一份日军密电称："AF很可能缺少淡水。"

美军的推断在得到证实后，便将计就计，以此为突破口，乘隙追踪，不断设置陷阱，顺利破译了反映日军舰队计划全貌的日方电文。于是，美军情报机构不仅弄清了日军正在计划夺取中途岛，而且还查明了日军参战兵力、人数、甚至部队单位、各舰舰长以及舰只的航线，为赢得后来进行的中途岛之战的胜利，争得了主动权。

【精评】

"抛砖"就是利用人们贪小便宜的弱点，先给一点甜头，诱人上当，然后再慢慢把"玉"引出来。此计使用的范围很广，不受时空限制，小施小效，大施大效。用之于官场，一张支票可以弄到一个勋爵；而银行家用它提高存息，就可以吸引巨大的游资；政治家一句美妙动听的谎言，则可以骗得群众的拥护……不一而足。这些都是"抛砖引玉"之计的妙用。

第十八计　擒贼擒王

【计名典故】

"擒贼擒王"一语，现今可见的最早且影响较大的文字记录，则是唐代"诗圣"杜甫的五言古诗《前出塞》："挽弓当挽强，用箭当用长。射人先射马，擒贼先擒王。杀人亦有限，立国由有疆。苟能制侵陵，岂在多杀伤？"从当时历史背景看，此诗原本寓含对唐玄宗李隆基无节制地对外用兵的讽谏之意。玄宗开元 18 年（公元 730 年），西域吐蕃在数败于唐军之后，遣使求和，在玄宗李隆基勉强允准后，吐蕃人撤走了边境的驻军，双方恢复了和平。七年后，玄宗利用吐蕃人没有防备，又派兵入侵吐蕃，重创吐蕃军，深入敌境 2000 里。公元 739 年（玄宗开元 27 年），金城公主（中宗景龙 4 年，即公元 710 年，奉命与吐蕃赞普弃隶缩缵联姻）去世，吐蕃遣使报丧，并乘便求和，而玄宗却不许。一年后，吐蕃军攻占唐边境重镇石堡（在今青海省会西宁西南）。玄宗天宝 7 年（公元 748 年），唐遣陇右节度使、大将哥舒翰统军 3 万 3 千人与吐蕃军激战。石堡收复了，此役唐军战死者数以万计。杜甫的《前出塞》诗，大约是针对此一情况，有感而发的。意思是说，只要能够制服敌国的首领，保住本国的疆土，防止异国的入侵就可以了，何必杀人太多。诗中"射人先射马"、"擒贼先擒王"等警句，透露了诗人杜甫对我国古代某种军事经验的概括和他个人的军事眼光，因而成为后世脍炙人口的名言，常为众多军事家、政治家以至各色人物所引用。

第十八计　擒贼擒王

【原文】

摧其坚，夺其魁[1]，以解[2]其体。龙战于野，其道穷也[3]。

【译文】

溃击敌人的主力，抓获其首领，便可瓦解其全军。好比群龙无首战于郊野，必然陷于穷途末路。

【注释】

[1] 夺：抢夺、抓获。魁：第一、大，此处指首领、主帅。[2] 解：瓦解。体：躯体、整体、全军。[3] 龙战于野，其道穷也：语出《易坤·上六象辞》。坤，卦卦是坤下坤下，为纯阴之象。上六爻是本卦的最终爻、为纯阴发展到极盛阶段之象。坤卦上六爻的爻辞是："龙战于野，其血玄黄。"龙，本为乾坤（纯阳之卦）的象征物，为什么作为纯阴之象的坤卦，其上六爻却以原本属纯阳之象的"龙"为象征物呢？按照朱熹《周易本义》的解释是："阴盛之极，至与阳争。"《易·文言》在阐释坤卦上六爻辞时则说："阴疑与阳必战。为其嫌于无阳也，故称龙焉。"按照《周易》物极必反的矛盾转化思想，上六爻表示纯阴已发展到极盛。故必然向阳转化。虽然此时尚处于转化前夕，但却已急于以阳自比，以龙自称了。故有"龙战于野，其道穷也"之说。野，郊野。道，道理；道穷，无路可走。群龙战于郊野，相互杀伤，血渍斑斑，以至陷入穷途末路。本计引用此语，其意当为：贼王被擒，群贼无首，其战必败。

【评点及应用实例】

唐安史之乱期间，安禄山气焰嚣张，连连大捷。安禄山之子安庆绪派部将尹子奇率十万大军进攻睢阳（今河南商丘县南）。御使中丞张巡驻守睢阳，见敌军来势凶猛之状，决定固守城池。尹部二十余次攻城，均被击退。尹子奇见士兵已经疲惫不堪，只好鸣金收兵。晚上，尹部刚刚准备休息时，忽听到城头战鼓隆隆，喊声震天。尹子奇便急令部队准备与冲出城来的唐军激战。而张巡则"干打雷不下雨"，像要杀出城来，可是一直紧闭城门，没有出战。

尹子奇的军队被折腾了一整夜，没有得到休息，将士们已经极度疲乏，眼睛都睁不开了，便倒在地上呼呼大睡起来。这时，城中突然一声炮响，张巡率领守军冲杀出来。敌兵从梦中惊醒，惊慌失措，乱作一团。张巡一鼓作气，接连斩杀五十余名敌将、五千余名士兵，敌军更为慌乱。

这时，张巡急令捉拿敌军首领尹子奇，部队便一直冲至敌军的帅旗之下。但是张巡从未见过尹子奇，根本不认识他；现在，尹子奇又混在乱军之中，更加难以辨认。张巡心生一计，让士兵用秸秆作箭，射向敌军。敌军中不少人中箭，他们以为这下没有命了。但是，他们马上发现中的是秸秆箭，心中大喜，以为张巡军中已经没有真箭了。于是，便争先恐后地去向尹子奇报告这情况。

张巡见状，立即辨认出了敌军首领尹子奇，便急令神箭手、部将南霁云向尹子奇放箭，正中尹子奇的左眼。这回可是真箭。只见尹子奇鲜血淋漓，抱头鼠窜，仓皇逃命而去。敌军在一片混乱中，大败而逃。

陈毅元帅是一位英勇善战、精通战略战术的骁将。在解放战争中，在著名的孟良崮战役，他灵活运用"擒贼擒王"的计谋，围歼国民党王牌军七十四师，就是他所指挥取胜的一个著名的战例。

1947年3月，国民党发动了对山东解放区的重点进攻。4月上旬，打通了徐州至济南的铁路线，并占领了临沂公路，随即便向鲁中沂蒙山区进犯。

蒋介石先后调集了二十四个整编师、六十个旅，共约四十五万人的兵力。其中，以整编十一师、第五军和七十四师为主力部队。而七十四师则是蒋介石的宠儿，是他的五大主力中的主力，国民党王牌军队。蒋介石把这支嫡系部队培养成"模范军"和"精锐之师",花了很大的血本,倾注了大量的心血。

敌人在进攻的战术上,采用了"硬核桃"和"烂葡萄"的战术。这一招,蒋介石是费了一番苦心的。他把嫡系主力作为"硬核桃"放在中间,而两翼放置的则是作为"烂葡萄"的杂牌军。按照这样的部署,如果我军插入其中去打"硬核桃",不仅敌军七十四师、十一师、新五军这三个主力能够互相策应,它的两翼的"烂葡萄"也可以进行策应,这个"硬核桃"也就啃不动了。反之,如果我军先去打它的两翼,它可以牺牲几个"烂葡萄",待我军打上几仗,弄得精疲力竭之时,它的主力部队就会突然从正面袭来。蒋介石以为这可以万无一失了。

面对敌人的进攻,陈毅元帅在耐心地寻求战机。5月11日,敌第一兵团司令官汤恩伯迫不及待,不等王敬久和欧震两个兵团战前协调统一行动,便指挥所属八个整编师独自向我沂水、坦埠方向进击。就在这一天,敌七十四师在左翼二十五师和右翼八十三师的配合下,也向坦埠扑来。

按以往惯例,我军往往先打弱敌,但是,面对敌七十四师的疯狂进攻,陈毅元帅果断决定来个反其道而行之,"擒贼擒王",先打七十四师。他部署采取正面突击,分割两翼,断敌退路,四面包围和阻击南北各路援敌的打法,迎击敌七十四师于坦埠以南、孟良崮以北地区,将其从敌人重兵集团中分割出来,予以围歼。

1979年12月27日,苏军入侵阿富汗。苏联内务部第一副部长帕普金中将率领特种突击队,秘入阿富汗首都喀布尔,杀死阿明总统,使阿富汗陷入一片混乱之中。苏军乘机侵占了阿富汗。

【精评】

俗话说"打蛇打七寸",就是说在打蛇的时候要朝它的要害处下手,如不击中其要害,必致被反咬一口。首领("王")是握有实际大权而且具有广泛影响力的人物,他是一个组织团结的核心,是集体行动中的一个枢纽。如能"擒王",即可捣乱其组织,破坏其活动系统,最起码也能使它的内部发生变化。

第十九计　釜底抽薪

【计名典故】

"釜底抽薪"计的策略思想渊源,可追溯到战国时代成书的《尉缭子》。该书《战威第四》说:民之所以战者,气也;"气实则斗,气虚则走","讲武料敌,使敌之气失而师散,虽形全而不为之用,此道胜也"。这些话的意思是:部队所赖以作战的是勇气;士兵勇气旺盛就敢于战斗,勇气丧失就会溃逃。讲究武备,判明敌情,设法促使敌人丧失勇气而军心涣散,使敌军虽然结构形式完整却不能作战,这就是靠的政治谋略取胜。《尉缭子》在这里提出了一个采用某种谋略,以消减、削弱敌方的气势和斗志,然后战而胜之的策略思想。后世提出的"釜底抽薪"计,应当说,正是在这种策略思想基础上发展和形成起来的。继《尉缭子》之后,相继提出或提到类似思想的,有西汉《淮南鸿烈》:"放以汤止沸,沸乃不止;诚知其本,则去火而已矣。"东汉董卓《上何进书》:"臣闻扬汤止沸,莫若去薪。"北齐史学家魏收《为侯景叛移梁朝文》:"若抽薪止沸,剪草除根。"至明代以后,便在更多的书面语言中出现了"釜底抽薪"这一更为概括、简明的语言。如明代嘉靖年间戚元佐《议处宗藩疏》:"谚云:扬汤止沸,不如釜底抽薪。"清代吴敬梓著《儒林外史》第五回:"如今有个道理,是釜底抽薪之法:只消差个人去,把告状的安抚住了,众人递个拦词,便歇了。"可见,明清以后,"釜底抽薪"已成为广泛使用的民间语言,其策略思想已在许多场合下被使用。

【原文】

不敌其力[1]，而消其势[2]，兑下乾上之象[3]。

【译文】

不要迎着敌人的猛劲去与之硬拼，而要设法削弱敌方的气势，采取以柔克刚的策略制服他。

【注释】

〔1〕敌：对抗，攻击。力：强力、锋芒。〔2〕消：削弱、消减。势：气势。〔3〕兑下乾上之象：兑下乾上为《周易》六十四卦中的履卦。兑不泽，为阴柔之象，乾为天、为阳刚之象。整个卦象为阴胜阳、柔克刚。其卦辞为"履虎尾，不咥人，亨。"履：小心蹑足前进。咥：咬。亨：通达顺利。其寓意是：虎为凶猛阳刚之兽，但只要以阴柔克之，小心谨慎行事，即使踩着了虎的尾巴，它也不会咬人。若占得此卦，预示事情将经历险阻而后通达，终于顺利。此处借用此卦，意在说明，遇到强敌，不要去与之硬碰，而要用阴柔的方法消灭刚猛之气，然后设法制服他。

【评点及应用实例】

公元前154年，野心勃勃的吴王刘濞，串通七个诸侯国，联合发兵叛乱。他们首先攻打忠于汉朝的梁国。汉景帝派周亚夫率三十万大军前去平叛。这时，梁国也派人向朝廷求援，说刘濞大军攻势强劲，梁国损失惨重，已经抵挡不住，请朝廷急速发兵援救。景帝又命令周亚夫发兵前去梁国解危。面对严峻的形势，周亚夫认为，刘濞所率领的吴楚大军，素来强悍无比，如今士气正旺，若与他们正面交锋，恐怕难以很快

第十九计　釜底抽薪

取胜。景帝问周亚夫准备用什么计谋打败敌军。周亚夫说：敌方发兵征伐，粮草供应特别困难，我方如能断其粮道，敌军定会不战自退。

荥阳（今河南省荥阳县东北）是扼守东西二路的要冲，必须抢先控制。周亚夫派重兵控制荥阳后，便兵分两路袭击敌军的后方。派一支部队袭击吴、楚供应线，以断其粮道，他本人亲自率领大军袭击敌军后方重镇昌邑，很快攻下昌邑。然后，周亚夫下令加固营寨，准备坚守。

刘濞闻讯大惊，他无论如何也没想到周亚夫根本不同他正面交锋，却神速地包抄了他的后路。于是，他立即下令队伍迅速向昌邑开进，以攻下冒邑，打通粮道。刘濞的数十万大军气势汹汹，扑向昌邑。而周亚夫则避其锋芒，坚守城池，拒不出战。敌军多次攻城，都被城上的乱箭射回。刘濞无计可施，数十万大军只好驻扎城外，而粮草却已经断绝。双方就这样对峙了几天，周亚夫看到敌军经数天的饥饿之后，士气大为衰弱，已经毫无战斗力了。

周亚夫见时机已到，便调集军队，突然发起猛攻。精疲力尽、软弱无力的叛军不战自乱。叛军大乱，刘濞落荒而逃，在东越丧命。

1943年10月1日，日军以二万多兵力，在飞机的配合之下，兵分三路对太岳抗日根据地进行所谓"铁滚扫荡"，冈村宁次亲自担任总指挥，东京参谋部为研究"铁滚战术"，特地从各地抽调中队长以上的军官一百八十多名组成参观团，来到太岳前线参观。八路军为打乱敌人的部署，采取了"釜底抽薪"之计谋，寻歼敌战地参观团。

10月23日，第一二九师一部在临汾附近的韩略村西南，利用公路两侧的有利地形设伏。次日，敌人便进入伏击圈，八路军掐头去尾予以猛烈攻击，将敌参观团全部歼灭。这一仗，使日军锐气大挫，打乱了它的战略部署，其兵力也被迫分散，所谓"铁滚扫荡"就这样迅速夭折了。

在马尔维纳斯群岛之战中，由于阿根廷军队拥有先进的飞鱼式导弹，而英国军队则没有能与飞鱼式导弹相对抗的武器，这使英舰受到很大的威胁。为了消除这种威胁，英军决定用"釜底抽薪"的计谋，摧毁运载飞鱼式导弹的"超级军旗"飞机。

1982年5月20日，英军代号为"SAS"的十六名特种空勤部队突击队员，乘潜艇在阿根廷登陆，潜入停放"超级军旗"飞机的里奥加列戈斯空军基地，将其全部炸毁（当时只有少数几架飞机停放在另一机场，方得以幸免）。从此，阿军的"超级军旗"战斗机很少出现在战场上，英国军舰的最大的威胁方得以消除。

【精评】

"釜底抽薪"是预防事件爆发或爆发后寻求彻底解决的一种手段，是一种治本的办法。在斗争中，釜底抽薪又是一种"兜底战术"，主要是从对方的幕后去下工夫，侧面暗算，扯其后腿，拆其后台，使他不知不觉间变成了一个泄气的皮球。不管在战场、商场或政治舞台上，此计大用大效，小用小效，即使在情场中也不乏其例。所以说，釜底抽薪之术，是最阴险毒辣的计谋。

第二十计　混水摸鱼

【计名典故】

"混水摸鱼"一词，起初可能是渔民们从捕鱼实践中摸索、总结出来的一句经验性俗语，后来逐渐被移植到社会生活的其他领域，以至被兵家和军事指挥员们用来作为表述某种军事谋略的军事术语。原意是，把水弄混浊了，鱼儿会晕头乱窜，此时乘机摸捉，往往易于得手。比喻乘混乱之机，谋取某种意外的利益。在军事上指有意给敌方制造混乱，或乘敌方混乱之机，消灭敌人，夺取胜利。在战场上，冒充敌人而蒙混过关是此计常用的方法。

【原文】

乘其阴乱[1]，利其弱而无主。随，以向晦入宴息[2]。

【译文】

乘着敌方内部发生混乱，利用他力量虚弱又没有主见，使他顺随于我，就像《周易》随卦象辞说的：人到夜晚，必须入室休息一样。

【注释】

〔1〕乘其阴乱：阴，内部。全句意为：乘敌人内部发生混乱。〔2〕随，以向晦入宴息：语出《易·随》卦。随，卦名。本卦为震下兑上。

上卦为兑为泽，下卦为震为雷。言雷入泽中，大地寒凝，万物蛰伏，故此卦名"随"。随，顺从之意。《随卦》的《象》辞说："泽中有雷，随。君子以向晦入宴息。"意思是说，人要随应天时去作息，向晚就当入室休息。本计运用这一象理，是说打仗时要善于抓住敌方的可乘之隙，随机行事，乱中取利。

【评点及应用实例】

在著名的赤壁之战中，曹操吃了大败仗。为了防止孙权北进，曹操派大将曹仁驻守南郡（今湖北省公安县）。这时，孙权、刘备都想攻取南郡。

周瑜正在得志之时，下令发兵攻取南郡。刘备也把军队调到油江口（今湖北省公安县北）驻扎，两眼却死死盯住南郡。周瑜表示：为了攻取南郡，我东吴花多大的代价都行，南郡唾手可得，刘备休想做夺取南郡的美梦！刘备为了稳住周瑜，首先派人到周瑜营中去祝贺。周瑜心想：我一定去见见刘备，看他打的什么算盘。于是，在第二天，周瑜亲自来到刘备营中回谢。在宴席上，周瑜单刀直入地问刘备：你驻扎油江口，是不是要攻取南郡？而刘备却说：听说都督要攻打南郡，特来相助。如果都督不攻取，那我就去占领。周瑜听后大笑说：南郡指日可下，为何不取？刘备说：都督不可轻敌，曹仁勇不可当，能不能攻下南郡，还很难说。周瑜一向狂傲自负，听刘备这么一说，便很不高兴，脱口而出：我若攻不下南郡，就听任豫州（即刘备）去攻取。刘备盼的就是这句话，马上说：都督说得好，子敬（即鲁肃）、孔明都在场，就让他们作证吧。我先让你去攻打南郡，如果攻不取，我就去攻取。你可千万不能反悔啊！周瑜一笑置之，哪会把刘备放在心上？周瑜走后，诸葛亮建议按兵不动，让周瑜先去与曹兵厮杀。

周瑜发兵，先攻下彝陵（今湖北省宜昌市），之后乘胜攻打南郡，却中了曹仁的诱敌之计。他本人中箭而返。

曹仁见周瑜中了毒箭，伤势很重，非常高兴，便每天派人到周瑜营前叫战。周瑜只是坚守营门，不肯出战。一天，曹仁亲自带领大军，前

第二十计　混水摸鱼

来挑战。周瑜带领数百骑兵冲出营门，大战曹军。交战不多时，忽听周瑜大叫一声，口吐鲜血，坠于马下，被众将救回营中。原来这一着是用以欺骗敌人的计谋，进而故意传扬周瑜中箭身亡的消息；周瑜营中奏起哀乐，士兵们也都戴了孝。曹仁闻讯，则大喜过望，决定借周瑜刚刚死去、东吴军无心恋战的时机，前去劫营，以便割下周瑜的首级，到曹操那里去邀功请赏。

当晚，曹仁率大军前去劫营，曹营中只留下陈矫带少数士兵守护。曹仁率军趁黑夜之机冲入周瑜大营，但见周瑜营中寂静无声，空无一人。曹仁情知中计，便急忙退兵，但是已经来不及了。只听得突然一声炮响，周瑜率兵从四面八方杀了过来。曹仁好不容易冲出包围，退返南郡，却又被东吴伏兵半路阻截，曹仁只好向北夺路而逃。

周瑜大胜曹仁后，立即率军直奔南郡。但是，当周瑜率部赶到南郡时，却只见南郡城头布满旌旗。原来，赵云已奉诸葛亮之命，乘周瑜与曹仁激战正酣之时，轻易地攻占了南郡。诸葛亮又利用搜得的兵符，连夜派兵冒充曹仁的援军，轻而易举地骗取了荆州（今湖北省江陵县）、襄阳（今湖北省襄樊市）。周瑜此时才知上了诸葛亮的大当，气得昏了过去。诸葛亮巧施"混水摸鱼"之计，获取大胜。

1942年3月7日，两万多日军、七千多伪军和上百艘汽船，向微山湖中的微山岛扑来，妄图摧毁湖区的抗日根据地。当时，岛上只有运河支队、微湖大队、铁道游击队等五百余人。

面对数十倍于我的敌人，水上区委沉着应战，采取"混水摸鱼"之计谋，打击敌人，组织撤退。第一天，我军乘敌人登陆步兵立足未稳之机，便毙敌一百多人。次日凌晨，游击战士穿上日军服装，打着日军旗帜，乘敌不备之机，又打死打伤一些敌军，然后便迅速转移到山里。敌人追上来时，发现山谷里有一群日军，便以为是化了装的游击队，争相开火，对方猛烈还击，结果，日军自相残杀了一百七十多人。

1944年12月，希特勒发动了阿登战役，在这次战役中，一名德国上校军官挑选两千名能讲流利英语的士兵，穿上美军制服，驾驶着缴获的美军坦克，搭乘着美制卡车和吉普车，乘其主力突破美军防线薄弱部位的机会，混入了美军后方。

这伙冒险份子混水摸鱼，在美军防御腹地阻断交通、割断电线、攻击毫无防备的美军留守人员。有的甚至取代被杀死的美军士兵，站在交通路口指挥来往车队，把美军的运输弄得一团糟。

【精评】

在浑浊的水中，鱼儿辨不清方向，在复杂的战争中，弱小的一方经常会动摇不定，这样就会有可乘之机。由于乱生于内，而形于外。因此，设谋乱敌，最有效的办法就莫过于钻进敌人营垒之内，乘机搅浑水，以便从中摸鱼。但更多的时候，这个可乘之机不能只靠等待，而应主动去制造。一方主动去把水搅浑，一旦情况开始复杂起来，就可以借机行事了。

第二十一计　金蝉脱壳

【计名典故】

金蝉脱壳原是一种生物现象,指蝉类昆虫在其生命进程中发生的一种蜕变。也就是人们在树林中能经常见到的,秋蝉从本体脱壳而去,却将蝉衣留在枝头。古人便用这种现象来喻指人类社会生活中的某些事物。如《史记·屈原贾生列传》说:"濯淖污泥之中,蝉蜕于浊秽,以浮游尘埃之外,不获世之滋垢,皭然泥而不滓者也。"又《淮南子·精神训》:"蝉蜕蛇解,游于太清。"佛家道家也常用以喻指得道者之死乃弃尸登仙,有如蝉之脱壳。至于从何时开始将"金蝉脱壳"一语用来喻指某种军事计谋,目下尚难确证,但至少在元代以前就有了。如元惠施《幽闺记·文武同盟》中写道:"曾记得兵书上有个金蝉脱壳之计。"后来在各类文章、作品中使用此语的就更多了。如元马致远《马丹阳三度任风子》:"天也,我几时能勾金蝉脱壳,可不道家有老敬老,有小敬小。"关汉卿《谢天香》:"便使尽些伎俩,干愁断我肚肠,觅不的个脱壳金蝉这一个谎。"明吴承恩《西游记》第20回:"这个叫做'金蝉脱壳计':他将虎皮盖在此,他却走了。"至于在军事实践中使用此计则更早。

【原文】

存其形,完其势[1]。友不疑,敌不动。巽而止,蛊[2]。

【译文】

保存阵地原形,造成强大的声势。使友军不怀疑,敌人也不敢贸然进犯。这是从蛊卦《辞》:"巽而止,蛊。"一语中悟出的道理。

【注释】

〔1〕存其形,完其势:保存阵地已有的战斗阵容,完备继续战斗的各种态势。〔2〕巽而止,蛊:语出《易·蛊》。蛊卦为巽下艮上。艮为山、为刚,为阳卦;巽为风、为柔,为阴卦。故"蛊"的卦象是"刚上柔上",意即高山沉静,风行于山下,事可顺当。又,艮在上,为静;巽为下,为谦逊,故又是"谦虚沉静"、"弘大通泰"是天下大治之象。此计引本卦《象》辞:"巽而止,蛊。"其意是暗中谨慎地实行主力转移,稳住敌人;乘敌不惊疑之际,脱离险境。"蛊"有顺的意思。

【评点及应用实例】

宋朝开禧年间,金兵屡犯中原。宋将毕再遇与金军对峙,打了几次胜仗。金军又调集了数万精锐骑兵,要与宋军决战。这时,宋军则只有几千人马,如果与金军决战,那就必败无疑。毕再遇为了保存实力,准备暂时撤退。但是金军已经兵临城下,如果事先知道宋军撤退,那是肯定会追杀的。这势必使宋军遭受惨重的损失。毕再遇苦苦思索骗敌脱身之计。这时,只听得帐外马蹄声响,使毕再遇受到启发,立即计上心头。

毕再遇暗中作了撤退的部署,当晚半夜时分,下令士兵擂响战鼓。金军听到鼓响,以为宋军趁夜劫营,急忙集合队伍,准备迎击。可哪里知道只听得宋营战鼓隆隆,却不见有一个宋兵出城。宋军连续不断地击鼓,搅得金兵整夜不得安宁。于是,金军的头领似有所悟:原来宋军是在运用疲兵之计,用战鼓搅闹,使人不得安宁。那好吧,你擂你的战鼓，我却不予理睬，我们再不会上当了！

宋营的鼓声连续响了两天两夜，而金兵则根本不加理会。直到第三天，金兵发现，宋营的鼓声在逐渐减弱，金军首领便断定宋军已经疲惫了，就派兵分几路包抄，小心翼翼地靠近宋营，却见宋营毫无反应。金军首领一声令下，金兵就蜂拥而上，冲进宋营后，这才发现宋军已经全部安全撤离了。

原来，毕再遇使用了"金蝉脱壳"之计。他令士兵将数十只羊的后腿捆好绑在树上，使倒挂在树上的羊的前腿拼命蹬踢，又在羊蹄下放了几十面鼓。羊腿拼命蹬踢，鼓声连续不断。毕再遇巧施计谋迷惑了敌军，利用两天的时间安全转移了。

1947年2月，蒋介石调集了陇海、胶济、津浦三线上的兵力，共五十二个旅三十一万余人，把二十九个旅放在第一线，对集结于临沂地区的华东野战军发起进攻。

华东野战军原计划在南线歼敌，诱使北犯之敌开进至适当地区，选取其突出的一路一举加以歼灭，因此把主力放在南线。但是北犯的国民党军齐头并进，密集靠拢，不便分割聚歼。而此时北线却出现了有利的战机，即自胶济路南犯的李仙洲军团放手南进，其先头部队已开进了莱芜，而且是孤军突进。

为了将我军南线主力迅速转移至北线作战而又不被敌人察觉，华东野战军留下两个纵队伪装成全军的模样在南线阻击，以造成我军主力仍在南线的假象，主力部队在群众掩护下秘密兼程北上，从而以迅雷不及掩耳之势包围了北线李仙州军团。

1943年8月中旬，苏军为了解放第聂伯河左岸的乌克兰、顿巴斯、基辅，夺取第聂伯河右岸各登陆场，发起了第聂伯河会战。

按照最高统帅部的命令，沃罗涅什方面军在行进间渡过第聂伯河，夺取了基辅东南约一百四十公里的大布克林登陆场。这时，德军组织了强大的力量，发起反击。经过两次大交战，苏军的进攻受挫。最高统帅部代表朱可夫和方面军司令瓦杜丁，决定把主要突击方向转移到德军防御力量较为薄弱的基辅北侧，命令近卫坦克第三集团军等主力部队，再悄悄地调回到第聂伯河东岸。然后，沿着战线向北隐蔽行军，在基辅以北约四十公里处重新渡河，从柳捷日登陆场发起攻击。

为了掩盖这一行动，苏军编造了一个暂停进攻、就地转入防御的假命令，并故意让这个命令落入敌人之手。与此同时，还广泛制造全线转入固守，以及准备从大布克林重新发起进攻的假象。在这些假象的掩盖下，主力部队顺利地转移到目的地。

【精评】

金蝉脱壳是危急存亡时的脱身之计，施行此计时，形势已万分危急，本身已处于极端不利的地位，拼不得，退不得，不能不行险设谋突出重围，以便寻找机会东山再起。但不论是转移还是撤退，决不是惊慌失措，消极逃跑，而是保持原来的形式，抽走内容，稳住对方，使自己脱离险境，达到己方的战略目的。

第二十二计　关门捉贼

【计名典故】

关门捉贼是流传已久的民间俗语，其意不言自明。它与另一民间俗语"关门打狗"的意思相近。后来人们把日常生活中的这种小智谋移用于战争，便有了不同凡响的意义。在军事实践中，它与军事家和军事指挥员们常讲或常用的围歼战、口袋阵等大体上是一回事。古今中外战史上使用此计的，比比皆是。就我国古代战争史来说，使用此计的著名战例，较早的有战国时孙（膑）庞（涓）马陵道之战（公元前343年）、秦赵长平之战（公元前262年）、汉初的楚汉垓下之战（公元前203年）等，此后使用此计而消灭对手的战例就更多了。

【原文】

小敌围之。剥，不利有攸往[1]。

【译文】

对弱小的敌人，要加以包围、歼灭。（如果纵其逃去而又穷追远赶，那是很不利的。）这是从剥卦卦辞"剥，不利有攸往"一语中悟出的道理。

【注释】

〔1〕剥，不利有攸往：语出《易·剥》。剥卦为坤下艮上。上卦为艮、为山。下卦为坤、为地。意即广阔无边的大地在吞没山岳，故卦名曰"剥"。"剥"，落也。剥卦的卦辞意思是说：当万物呈现剥落之象时，如有所往，则不利。此计引此卦辞，是说对小股敌人要即时围困消灭，而不利去急追或者远袭。

【评点及应用实例】

战国后期，秦国攻打赵国。秦军在长平（今山西省高平北）受阻。长平守将是赵国名将廉颇。他见秦军势力强大，不能硬拼，便命令部队坚壁固守，不与秦军交战。两军这样相持四个多月，而秦军仍攻不下长平。

秦王采纳了范雎的建议，用离间之计，使得赵王对廉颇产生怀疑。赵王中计后，调离廉颇，派赵括为将到长平与秦军交战。赵括来到长平后，完全改变了廉颇坚守不战的策略，便要与秦军决一死战。秦将白起故意让赵括尝到一点甜头，使赵括的军队取得了几次小胜。赵括果然得意忘形，派人到秦营下战书，此举正中白起的下怀。他兵分几路，形成对赵军的包围圈。第二天，赵括率四十万大军，来与秦军决战。秦军与赵军交战多次，均被赵军打败。赵括更加得意忘形，他哪里知道正中了秦军的计谋。

赵括率大军追击秦军，一直追至秦营。秦军坚守不出，赵括连攻数日也没能取胜，只得退兵。而这时，他突然得到消息：自己的后营已经被秦军攻占，粮道也被秦军截断；秦军已经把赵军全部包围起来。一连四十六天，赵军粮绝，乃至发生士兵杀人相食事件。赵括只得拼命突围。而白起早已严密布置，多次击退企图突围的赵军，最后，连赵括本人也中箭身亡，赵军大乱。只可惜赵国的四十万大军全部被秦军歼灭。

这个赵括，只会"纸上谈兵"，而在真正的战场上，却中了"关门

第二十二计　关门捉贼

捉贼"之计，而一败涂地。

1948年9月，辽沈战役开始，国民党军共五十五万人被我东北野战军分割在长春、沈阳和锦州三个点上，蒋介石见势不妙，便立即做出"撤出东北，巩固华北，确保中华"的战略计划。

为了将国民党军消灭在东北战场上，东北野战军部分南下北宁线，首战锦州，果断拦腰切断了东北之敌与华北之敌的联系。经过三十一小时的激战，攻克了锦州，歼敌十万余人，对东北之敌形成大的包围圈，迫使长春之敌部分起义，其余全部投降。不久，解放了全东北。这就是我军巧用"关门捉贼"之计谋夺取的伟大胜利。

1991年2月24日，以美国为首的多国部队海军从科威特的东西方向、美军海军陆战队的第一、二两个师从科威特的南面，向入侵科威特的伊拉克军队发起三路进攻。同时，多国部队将主力移至西线，从伊、沙、科三国交界处袭入伊拉克的南部。从西部袭入的美国陆军第七军团和英、法装甲师等部队则由南向北，迅速向底格里斯和幼发拉底河谷推进。而美军第一〇一空降师降落到敌后，很快推进到离巴格达不到二百四十公里的位置并继续向前突进。26日，多国迂回部队完全切断了伊军的退路。伊拉克军队的共和国卫队"依赖真主"师、麦地那师、汉穆拉维师分别于26、27、28日三天之内被歼灭。

【精评】

关门捉贼，是对弱小敌军采取的四面包围、聚而歼之的谋略。如果让敌人得以逃脱，情况就会变得十分复杂。穷追不舍，一怕它拼命反扑，再者又怕中了诱兵之计。所以对于"贼"，不能让他逃跑，而是要截断他的后路，聚而歼之。当然，如果此计运用得好，还可以围歼敌军的主力部队，古今都不乏这方面的经典战例。

第二十三计　远交近攻

【计名典故】

远交近攻，语出《战国策·秦策》：范雎曰："王不如远交而近攻。得寸，则王之寸；得尺，则王之尺也。今舍此而远攻，不亦谬乎？"约在秦昭王38年（公元前269年）左右，范雎因避难由魏入秦。秦昭王知其能，遂以上宾相待，向他长跪而三问计。当时，秦欲统一天下，范雎在分析了秦王对外政策的失误之后，给秦昭王献上了"远交近攻"的策略。战国时期，七雄争霸。秦自商鞅变法之后，国力强盛。秦昭王开始图谋吞并六国，统一中国，但在策略中却实行近交远攻办法，准备联合并越过韩魏诸国而远征地处东海之滨的强齐。范雎认为秦昭王这样做是失策。他说：齐国势力强大，离秦国又很远；出兵攻齐，还必须经过韩魏诸国。出兵少了，则不能给齐国造成致命的伤害；出兵多了，劳师远征，又会给秦国自身造成大的损失。我猜想大王的意思是想让自己少出兵，而让韩魏两国的军队全体出动吧！但这样做合适吗？韩魏两国会干么？何况即使秦国打赢了，你也无法得到齐国的土地。因而不如反过来，远交近攻，派遣使者主动与相距较远的齐国结盟，而首先攻战身边的韩魏诸国。这样，灭一国就可得一国的土地，秦国就会越战越强大，大王的霸业就可以成功了。秦昭王采纳了范雎的建议，此后，远交近攻便成为秦逐步吞并六国的基本国策，并由此最终达到了统一天下，建立秦帝国的目的。

第二十三计　远交近攻

【原文】

形禁势格[1]，利从近取，害以远隔。上火下泽[2]。

【译文】

凡是受到地理形势的限制时，攻取附近的敌方，就有利；攻击远隔的敌方，就有害。这是从睽卦象辞"上火下泽，睽"一语中悟出的道理。

【注释】

[1] 形禁势格：禁，禁锢、限制。格，阻碍。全句意为：受到地势的限制和阻碍。[2] 上火下泽：语出《易·睽》。睽卦为兑下离上。上卦为离为火，下卦为兑为泽。上火下泽，是水火相克；水火相克则又可相生，循环无穷。又"睽"：离违，即矛盾。本卦《象》辞意为上火下泽，两相违离、矛盾。此计运用"上火下泽"相互违离的道理，说明采取"远交近攻"的不同做法，使敌人相互矛盾、违离，而我方则可各个击破。

【评点及应用实例】

春秋期间，周天子的地位，实际上已被架空。这时，群雄并起，逐鹿中原。郑庄公在这种混乱局势下，巧妙地运用"远交近攻"计谋，取得了霸主地位。

当时，郑国的近邻宋国、卫国都与郑国结怨很深，矛盾非常尖锐，郑国随时都有被夹击而亡的危险。

郑国在外交方面，采取积极主动的态度，先后与邾、鲁等国结成盟国，不久，又与实力强大的齐国订立盟约。

公元前719年，宋、卫两国联合陈、蔡两国共同攻打郑国，鲁国也派兵前来助战，将郑国的东门围困了五天五夜。虽未被攻下，但郑国已经感到它与鲁国的关系还存在问题，便千方百计要与鲁国重修旧好，以共同来对宋、卫两国。

公元前717年，郑国以替邾国雪耻为名，发兵攻打宋国。同时，向鲁国积极发动外交攻势，主动派使臣到鲁国去，商议把郑国在鲁国境内的访枋交归鲁国。这一举动果然奏效，鲁、郑两国重归于好。齐国则出面调停郑国和宋国的关系，郑庄公当即表示尊重齐国的意见，暂时与宋国修好。齐国因此也加深了对郑国的友好之情。

公元前714年，郑庄公以不朝拜周天子为由，便代替周天子下令攻打宋国。郑、齐、鲁三国派重兵很快地攻占了宋国的大片国土。宋、卫两国的军队避开联军的锋芒，乘虚攻入郑国。郑庄公把攻占的宋国土地全部送给了齐国和鲁国，迅速回兵，大败宋、卫大军。郑国乘胜追击，击败了宋国。卫国被迫求和。郑国的实力得以加强，取得霸主地位。

北伐战争结束后，中国出现了新的实力派，东北的张学良，中原的冯玉祥，广西的李宗仁，山西的阎锡山等。这些人手中都有军队，当时，蒋介石虽然是国民革命军总司令，但谁也不买他的账。

老谋深算的蒋介石，早已感到这方面的巨大压力，要想方设法把他们消灭。于是，他运用"远交近攻"的计谋，向这股新势力开刀了。当时，李宗仁是武汉政分会主席，离他最近，便先拿他开刀。

蒋介石派了四个国民党元老，把当时身为广州分会主席之职的李济深，骗到南京软禁起来，然后，迅速收买了李济深的军队。他对远在东北的张学良用尽心机，以使张学良易帜。又委托阎锡山监视在北京的属于桂系的白崇禧。又劝告冯玉祥袖手旁观，不要参战。远交的准备工作顺利结束了。于是，蒋介石的大军逼近武汉，打败了桂系的李宗仁。

以后，又用类似的手法和计谋，分别治服其他派系。

1939年至1940年，苏联派兵入侵芬兰，爆发了苏芬战争。为了使这场战争顺利进行，苏联在战前运用"远交近攻"计谋，从外交和军事

第二十三计　远交近攻

上孤立芬兰。

当时，苏联与邻近芬兰的军事大国德国，签订了互不侵犯条约，使德国默认了苏联对芬兰的入侵。同时，苏联还与波罗的海沿岸国家，议订了一系列条约，获得了在这些国家建立空军基地的权利。由于苏联的外交和军事压力，中立国瑞典也拒绝向芬兰提供援助。到 1939 年 10 月，芬兰已经处于孤立无援的境地。这次苏芬战争，便以芬兰被迫接受苏联的无理要求而告终。

【精评】

远交近攻的谋略，不只是军事的谋略，它实际上更多地是指国家领导者采取的政治战略。远交近攻是战略方面的运用，不是具体的战术运用。其主要目的是为了分化瓦解敌人的联合阵线，防止敌人联合行动，这样就有利于我方将敌人各个击破。

第二十四计　假道伐虢

【计名典故】

假道伐虢，事见《左传·僖公》中的两章。春秋时期的大国晋国想要吞并邻近的两个小国：虞和虢。为此，晋国大夫荀息向晋献公献计说："请以屈产之乘与垂棘之璧，假道于虞以伐虢。"意思是说，请你用屈地出产的良马和垂棘地区出产的美玉去收买虞国的国君，然后向虞国借道去攻伐虢国，事情就可以成功。晋献公说："这两件东西都是我的宝贝，怎么舍得送给别人啊！"荀息说："如果能够使虞国借道给晋国去攻伐虢国，那么将来虞国也就会归我晋国所有了。那时，你的宝物放在虞国的府库里，不就同放在晋国的府库里一样么！"晋献公听荀息说得有理，便采纳了他的计谋。虞公不听大臣宫之奇的劝阻，接受了晋国的要求，不但借道给晋国，还出兵帮助晋国攻占了虢国的国都下阳。这是晋献公19年（公元前658年）的事。过了三年，晋献公再次向虞国借道伐虢，虞国大臣宫之奇再次劝说虞公不要上当。他说："虢国是虞公的外围屏障，虢国灭亡了虞国必然会跟着被灭亡。好比嘴唇和牙齿相互依存一样，唇亡则齿寒。"但虞公不听，并说，晋国和虞国都属姬姓，是同宗关系，晋国是不会加害虞国的。宫之奇见虞公不听他的劝阻，预见到虞国必亡，便带着全家避难去了。后来，果然不出宫之奇所料，晋在灭虢之后，在回师途中，顺手灭掉了虞国，虞公其家室都当了俘虏。

【原文】

　　两大之间，敌胁以从，我假以势[1]。困，有言不信[2]。

第二十四计　假道伐虢

【译文】

处在敌我两个大国中间的小国、当敌方强迫它屈服的时候，我方要立刻出兵，显示威力，给予援救，这是不会不取得小国信任的。这是从困卦卦辞"困，有言不信"一语中悟出的道理。

【注释】

〔1〕假：假借。〔2〕困，有言不信：语出《易·困》困卦为坎下兑上。上卦为兑、为泽、为阴；下封为坎、为水、为阳。卦象表明，本该容纳于泽中的水，现在离开泽而向下渗透，以致泽无水而受困；同时，水离开泽流散无归也是困，所以卦名为"困"。"困"为困乏的意思。困卦的卦辞大意是说：处在困乏境地，难道还能不相信强者的话吗，本计运用此卦理，是说处在两个大国中的小国，面临着受人胁迫的境地。这时，我若说要去援救他，他在困境中能会不相信吗？

【评点及应用实例】

春秋时期，晋国想吞并邻近的两个小国：虞国和虢国。而这两个小国的关系很好：晋国如果攻打虞国，虢国会出兵援救；晋国如果攻打虢国，虞国也会出兵救助。为此，大臣荀息向晋献公进献一计。他说：若想攻占这两个国家，必须离间它们，使它们互不支持。虞国的国君贪得无厌，我们正好可以投其所好。他建议晋献公拿出两件心爱宝物：屈地（今山西省吉县北）产的良马和垂棘产的璧，送给虞公。而晋献公哪里舍得？荀息说：大王请放心，只不过让他暂时保管罢了，待灭了虢国再灭虞国之后，一切不又回到您的手中了吗？于是献公依计而行。虞公得到了良马和美璧后，高兴得嘴都合不拢。

晋国故意在晋、虢边界制造事端，找到了伐虢的借口。晋国向虞国提出了借道要求，以让其通过而前去伐虢。虞公得了晋国的好处，只得应允。虞国大臣宫子奇再三劝说虞公，这事万万办不得。虞、虢两国，唇齿相依，虢国灭亡，则唇亡齿寒，晋国一定不会放过我们虞国的。而虞公却说：为交一个弱小的朋友，却得罪了一个强大的朋友，那才是一个傻瓜哩。

晋国大军经过虞国，前去攻打虢国，很快取得了胜利。晋军班师回国时，还把劫掠的财物分了一些给虞公，虞公更是大喜过望。而晋国大将里克，这时却装病了，谎称不能带兵回国了，便将军队暂时驻扎在虞国京城附近。而虞公对此举却毫不怀疑。几天之后，晋献公亲率大军而来，虞公出城相迎。献公约虞公前去打猎。不一会儿，只见京城中起火。当虞公赶到城外时，京城却已被晋军占领了。就这样，晋国又轻而易举地灭了虞国。

1968年5月，即苏联军正式入侵捷克斯洛伐克的前3个月，苏联、东德、波兰、捷克和匈牙利等五国联合在捷克境内，举行了"波希米亚森林"军事演习。苏军运用"假道伐虢"之计谋，借军事演习的机会，来熟悉作战地域，向捷克境内集结兵力和军用物资。

8月20日23时，一架苏军飞机飞临捷克首都国际机场上空，要求紧急迫降。苏机迫降后，苏军的七十名伞兵组成的先遣分队，荷枪实弹，突然从飞机上跳下，迅速占领了机场。接着，苏军的后续部队陆续着陆。3个月前参加演习的苏军部队，变成了入侵捷克的先头部队，演习的主要活动区域，也随之变成了苏军的入侵地带。

【精评】

处在敌我两国中间的小国，当受到敌方武力胁迫时，某方常以出兵援助的姿态，把力量渗透进去。当然，对处在夹缝中的小国，只用甜言蜜语是不会取得他的信任的，一方往往以"保护"为名，迅速进军，控制其局面，使其丧失自主权。然后再乘机突然袭击，就可以轻而易举地取得胜利。此计在军事、外交、政治上都是"以假示真"法，真真假假施计于人，方可取胜，所以这一计的实践，在古今中外的历史上都不罕见，而且总有新意。

第二十五计　偷梁换柱

【计名典故】

偷梁换柱，原是一句成语。一般认为，它是来源于商纣王"托梁换柱"的传说。据传，商纣王的父亲帝乙一次领着纣王及文武百官游览御花园，欣赏牡丹花开，行至飞云阁处，见到阁上塌了一梁，心中很是不高兴，纣王见状，竟凭其力大无比，"托梁换柱"，把一座飞云阁修好了。又《红楼梦》第九十七回描述王熙凤设计以薛宝钗冒充林黛玉与贾宝玉成婚时，也说过"偏偏凤姐想出一条偷梁换柱计。"

按照前人的解释，此计的本意是：在同友军一道作战时，乘友军战斗失利之机，将其主力并将过来，加以控制。但也有人认为，此计也可理解为：在与敌军作战时，设法将其主力调开，然后抓住其弱点，进行攻击，战而胜之。同时还有人认为，此计运用于政治斗争中，与人们通常所说的"调包计"相似。

【原文】

频更其阵[1]，抽其劲旅[2]，待其自败，而后乘之[3]。曳其轮也[4]。

【译文】

采取措施频繁变更友军的阵式，藉以暗暗从阵中的要害处抽换其主力部队，等到他自趋失败，然后再乘机加以控制。这就像《周易·既济·象传》所说的：要控制住车的运行，必须拖住车的轮子。

【注释】

〔1〕频：频繁、不断地。其：指示代词，这里是指的友军。阵：古代作战时用的阵式。〔2〕劲旅：精锐部队、主力部队。〔3〕乘之：这里是指乘机加以控制。乘，乘机。〔4〕曳其轮：曳，拖住。这句话出自《周易·既济·象传》：'曳其轮，义无咎也。"意思是说：只要拖住了车轮，便能控制车的运行，这是不会有差错的。

【评点及应用实例】

公元200年，袁绍率精兵十万人，在官渡（今河南省中牟县）与曹操的军队对峙。但曹操的兵力很弱，当时只有三四万人。

二月，袁绍派遣大将郭图、颜良攻打曹操的东郡，把曹军守将刘延包围在白马（今河南省滑县东南）。与此同时，袁绍亲率大军开赴黎阳（今河南省南浚县），准备渡黄河。

四月，曹操率军北上，前去援救刘延，以解白马之围。曹操谋臣荀攸根据袁强曹弱的情势，提出先调开敌军主力，再解白马之围的建议，被曹操采纳。

于是，曹军北进延津（今河南省延津北）佯渡黄河。袁绍果然分兵西进。曹操乘机去救刘延，大破郭图、颜良军，解除了白马之围。

遵义会议以后，毛泽东在中央取得了军事指挥权。在这以后由他指挥的红军四渡赤水，就是"偷梁换柱"之计的运用。

当时，中央红军在遵义休整十几天之后，便立即转移北上。1月下旬，中央红军经桐梓、鳛水，在川、黔土城一带一渡赤水河，进入川南，准备与红四方面军会合。

蒋介石紧急调集黔、滇军和国民党中央军，堵截红军渡江，并令川军刘湘以重兵沿江布防。毛泽东根据情况的变化，决定放弃北渡长江的行动计划，出其不意，由川南折向云南扎西。蒋介石又令部队紧追红军，从而迫使敌军改变了战略部署。

敌军主力被引到川、黔边境地区，而此时黔北空虚。毛泽东便甩开敌人，挥戈东进，于2月下旬，从二郎滩一带再渡赤水河。之后，毛泽东分出一部分兵力，把敌军引向温水方向，而以主力部队重新占领了桐梓、娄山关和遵义，一举歼灭敌军二十个团，取得长征以来第一次重大胜利。

随后，毛泽东率红军在茅台又两次渡过赤水河，将国民党主力引开，为红军巧渡乌江，强渡大渡河，飞夺泸定桥，胜利到达陕北，实现红军的战略胜利大转移，发挥了重大保障作用。

1967年6月5日，以色列突然对阿拉伯国家发动进攻，爆发了第三次中东战争。战争期间，埃及在死海南部与以色列军展开激战，埃及参战的主力装甲部队，因缺乏弹药和油料，而急发电报向上级申报补给。

其上级后勤部门派出运输车队运送补给，并用电报通知该装甲部队，告知这支运输车队的出发时间和运行路线。结果，这份密码电报被以军情报部门破译。

以军马上以偷梁换柱之计，冒充埃电台，向埃军运输车队发出改变运输路线的"指令"，使车队陷入了埃军自己布下的雷区，结果，弹药、油料、车辆和人员全部毁于一旦。死海南部的埃军装甲部队也因得不到补给而陷于瘫痪，招致重大损失。

【精评】

偷梁换柱是用偷换的方法，暗中改变事物的本质和内容，以达到蒙混欺骗的目的。此计中包含尔虞我诈、乘机控制别人的权术，所以在历代的政治、经济、外交等活动中，常被用作奇谋妙计，来取胜敌人，解决矛盾，平息事端。它常常能迷住敌人的眼睛，置敌于死地。

第二十六计　　指桑骂槐

【计名典故】

　　本计计名出自一句民间谚语，比喻一种间接对别人进行批评、指责的方法。《红楼梦》第16回描写王熙凤向贾琏发牢骚时说："你是知道的，咱们家所有的这些管家奶奶，哪一个是好缠的？错一点儿，他们就笑话打趣，偏一点儿，他们就指桑骂槐……"但是，"指桑骂槐"用到军事上，则是指一种"惩一戒百""杀鸡儆猴"的谋略，利用它来保证号令统一，军纪严明，令行禁止，以提高部队的战斗力。

【原文】

　　大凌小者[1]，警以诱之[2]。刚中而应，行险而顺[3]。

【译文】

　　凭借强大的实力去控制弱小者，需要用警戒的方法去进行诱导。这就像师卦所说的：适当地运用刚猛阴毒的办法，可以赢得人们的归顺，获得最后的成功。

【注释】

　　[1] 大凌小：大，强大。小，弱小。凌，凌驾、控制。全句意为：势力强大的控制势力弱小的。[2] 警以诱之：警，警戒。这里是指使用

警戒的方法。诱，诱导。全句意为：用警戒的方法进行诱导。〔3〕刚中而应，行险而顺：语出《易·师·象》："师，众也；贞，正也。能从众正，可以王矣。刚中而应，行险而顺。以此毒天下而民从之，专又何咎矣。"这段话的意思是说：师——军队是由为数众多的人组成的。人数众多，必是良莠不齐，必须以正道使之统一，方可称王于天下。师卦为坎下坤上，九二为阳、为刚，处于下坎之中位，又与上坤的六五相应，象征着主帅得人并受到信任，叫做"刚中而应"。但坎卦又为水、为险，坤卦则为地、为顺，象征着为帅者需用险毒之举，方可使士兵顺从，这叫做"行险而顺"。以险毒之举使全军将士归之于正，乐于顺从，其结果必将是专利的而不会有过错。

【评点及应用实例】

春秋时期，吴王阖闾看了大军事家孙武的著作《孙子兵法》，非常佩服，立即召见孙武。吴王说：你的兵法，实在精妙绝伦。你能不能当面给我演示一下，让我开开眼界呢？孙武说：这不难，您可以找来一些人，我马上操练给您看看。吴王听后，顿生好奇：随便找些人就可操练？吴王存心要难为孙武，就说道：我的后宫里美人多得很，先生能否让她们来操练？孙武一笑之后说：行啊！任何人都可以操练。

于是，吴王从后宫叫来一百八十名美女。众美女一到校军场上，只见旌旗招展，战鼓排列，煞是好看。她们嘻嘻哈哈，东瞅西望，漫不经心。孙武下令一百八十名美女编成两队，并命令吴王的两个爱姬当队长。可那两个爱姬哪里当过带兵的官儿，只是觉得好笑好玩。好不容易，才把这些吵吵闹闹的美女排成两列。

孙武十分耐心细致地给这些美女讲解操练要领。讲解完毕，命人在校军场上摆上刑具。然后，威严地说：练兵可不是儿戏！你们一定要听从命令，不许马马虎虎，嬉笑打闹。有谁违犯军令，定按军法处治！

而美女们却以为是来做游戏的，绝没想到碰上这么一个正经人。这时，孙武下令擂起战鼓，开始操练。孙武发令：全体向右转！但美女们一个也没动，反而轰然大笑起来。孙武并没生气，说道：将军没有把动作要领交代清楚，这是我的过错。于是，又详细讲了动作要领，并问：听明白没有？众美女齐声回答：听明白了！

于是，鼓声再起，孙武又发令：全体向左转！而美女们还是一个没动，笑得比上一次更厉害了。吴王见状，也觉得很有趣，心想：你孙武的本事再大，也无法让这些美女听你的调动。

这时，孙武沉下脸，说：动作要领没有交代清楚，那是将军的责任；已经交代清楚了，而士兵不服从命令，就是士兵的过错了。按照军法，违犯军令者当斩，队长带队不力，应先受罚！来人，将两个队长推出去斩首！吴王一听，便慌了手脚，急忙派人对孙武说：将军确实善于用兵，军令严明，吴王十分佩服。这次，请放过吴王的两个爱姬。孙武笑道：将在外，君命有所不受。吴王既然要我演习兵阵，我一定要按军法规定操练。于是，立即将那两名吴王的爱姬斩首示众，吓得众美女魂飞魄散。孙武命令继续操练。他命令排头的两名美女继任队长。全场鸦雀无声。

鼓声第三次响起，众美女精神集中，处处按规定动作，一丝不苟，顺利地完成了操练任务。

吴王见孙武斩了自己的爱姬，心中不快，但仍然佩服孙武的治军才干。后来，以孙武为将，终使吴国跻身强国之列。

1922年，粤桂战争以桂军失败而告终。李宗仁将军接受了陈炯明的收编，率队进入横县。

军队进入横县后，沿途有很多军人尸体，也有一些民众尸体杂陈其中。经检查，发现那些尸体都是粤军留下的。后来听说，粤军的纪律极坏，为民众所痛恨。所以，待大军过后，地方民团遂将那些散落的粤军击杀，民众尸体是在与粤军格斗中死去的。

面对此情此景，李将军更加深了对严明军纪的重要性的认识。他立即召开全体军人大会，反复申明：不准扰民、伤民、害民；有敢以身试法者，一定严惩不贷！

在检查中，发现一名士兵抢了一个老太太布包，内装有衣物。他立即将那名士兵拘到司令部来查问，开始那名士兵不认账，认账之后，又

第二十六计　指桑骂槐

以与李将军是同乡关系而苦苦求饶。李将军想到，这正是杀一儆百的好时机。于是，他又立即召集全体军人大会，将那名违纪士兵带进会场。宣布罪状后，从严惩办，将那名士兵就地枪决。这一举措，确实起到了震慑作用，全军令行禁止，秋毫无犯。所到之处，军民都彼此相安无事。

【精评】

指桑骂槐是在和自己有关或激于义愤，对不能不骂的人、而又不便公开骂的环境里，为排泄胸中的愤懑，借着一件事物或虚构什么，表面上是骂这件事物，骨子里却骂那个人。它属于一种骂人的艺术，用的是不作正面冲突，而是旁敲侧击的手法，介乎批评与谩骂之间，其态度没有批评那样冷静，也不像谩骂那样泼辣；就是骂也骂得高明，纵使令人听了咬牙切齿，却也抓不到反抗的把柄。

第二十七计　假痴不癫

【计名典故】

本计计名是从民间俗语"装疯卖傻""装聋作哑"等转化而来。在日常生活中，人们为了回避某种矛盾，或者为了度过某种危难，或者为了对付某个势力强大的对手，在一定时期内，故意装作愚蠢、呆痴，行"韬晦"之计，以求保存自己，然后等待时机，战胜对手。传说中的箕子佯狂就是运用此计的一个典型。殷商时期，纣王的太师箕子因无法劝说纣王放弃暴政，便佯装痴傻。一次，纣王作长夜之饮，喝得酩酊大醉，连年月日也忘记了，问左右的人，大家因畏惧纣王凶残，都跟着说不知道。于是，便派人去问箕子，箕子想了一下，也说自己不知道。左右的人感到奇怪，便问箕子道：你明明知道，为什么也说不知道呢？箕子回答说：纣王是天子，他终日沉溺酒色，连年月日都搞不清了，这说明殷朝快要亡国了；一国的人因害怕纣王凶残无道都说不知道的事情，独独我说知道，那我的性命不是危在旦夕了吗？所以，我也假装酒醉说搞不清啊！这便是箕子使的"假痴不癫"计。以后，人们把它运用于军事上，主要有两种用法：一是用于举行兵变，主要是作为一种苦难，麻痹对手，以便自己积累力量，等待时机，发起攻击的计谋。二是作为一种愚兵之计。

【原文】

宁伪作不知不为[1]，不伪作假知妄为。静不露机[2]，云雷屯也[3]。

第二十七计　假痴不癫

【译文】

宁肯装作无知而不采取行动，不可装作假聪明而轻易妄动。要保持沉静而不泄露任何心机。这是从屯卦象辞"云雷，屯，君子以经纶"一语中悟出的道理。

【注释】

〔1〕伪作：假装、佯装。〔2〕静不露机：静，平静、沉静。机，这里是指的心机。〔3〕云雷屯：语出《易·屯·象》："云雷，屯，君子以经纶。"茅草穿土初出叫作"屯"。屯卦为震下坎上，坎为雨、为云，震为雷，云在雷上、说明茅草初出土时，即遇雷雨交加。用屯卦又是九五陷于二阴之中，并为上六所覆蔽，有阴阳相争不宁之象，更意味着事物生长十分艰难。所以说"屯，难也"。面临这样的艰难局面，人们必须冷静处置，认真调理，周密策划。要"经纶运于一心"而不动声色，要"'盘桓'安处于下"而以屈求"伸"，要因势利导，伺机而动，而决不可"快意决往、遽求自定以为功"。（以上引文均系王船山语）。

【评点及应用实例】

三国时期，魏国明帝去世，继位的曹芳年仅八岁，朝政便托付给太尉司马懿和大将军曹爽二人共同执掌。而曹爽是宗亲贵胄，飞扬跋扈，怎能让异姓司马氏分享权力？他用明升暗降的手段剥夺了司马懿的兵权。

司马懿战功显赫，如今却大权旁落，心中十分怨恨。但他深知曹爽的势力强大，一时恐怕斗不过他。于是，便称病不再上朝。曹爽当然非常高兴，但他心里明白，司马懿是他的潜在的对手。不久，他派亲信李胜去司马懿家探听虚实。

其实，司马懿早已看破曹爽的心思，已经有所准备。李胜被引到司马懿的卧室,只见司马懿面容憔悴,头发散乱,躺在床上,由两名侍女服侍。李胜说:"好久没来拜望,不知您病得这么严重。现在我被命为荆州(今湖北省江陵)刺史,特来向您辞行。"司马懿假装听错了,说:"并州是边境要地,一定要抓好防务。"李胜忙说:"是荆州,不是并州!"而司马懿还是装作听不明白。这时,两个侍女给他喂药,他吞服得很艰难,汤水还从口中流出一些。他装作有气无力地说:"我已命在旦夕,我死后,请你转告大将军,一定要多多关照我的那几个孩子!"

李胜回去向曹爽作了报告,曹爽听后喜不自胜,说:"只要这老头子一死,我就没有什么好担心的了。"

没过多久,于公元249年2月15日,天子曹芳要去济阳(今河南省兰考县东北)城北扫墓祭祖。曹爽带着他的三个兄弟和亲信等护驾出行。

司马懿得知这个消息后,认为时机已到。马上调集家将,召集过去的老部下,迅速占领了曹营,然后进宫威逼太后,历数曹爽的罪状,要求废黜这个奸贼。太后无奈,只得同意。司马懿又派人占据了武库。

待到曹爽闻讯赶回城时,大势已去。司马懿以篡逆的罪名,诛灭曹爽全家,终于独揽大权。曹魏政权已经名存实亡。

1805年,拿破仑率军同第三反法联盟交战。11月下旬,沙皇亚历山大在近卫军和增援部队的力量加强后,便主张与拿破仑决一死战。富有战略眼光的俄国军事家库图佐夫则主张继续退却,以拖延战局,免招失败。

拿破仑猜到了俄国司令部里发生的意见分歧,生怕库图佐夫的主张被沙皇采纳,从而失去良好的战机,陷入与己不利的持久战局面。于是,当法军追击至布吕恩地区时,便立即命令部队停止前进,前哨后撤,同时向对方请求休战媾和,并立即派出代表同俄方谈判。拿破仑用"假痴不癫"之计谋,把自己装扮成一个惊慌失措、软弱无能、害怕决战的人。

而沙皇则正中其计,他认为,拿破仑已经陷入困境,现在正是消灭拿破仑所率领的法军的最好时机。于是,亚历山大断然否定库图佐夫的

第二十七计　假痴不癫

意见，贸然回师与法军决战。结果，钻入拿破仑所设下的圈套，在奥斯特利茨地区被法军打得落花流水。

【精评】

假痴不癫，重点在一个"假"字。这里的"假"字意思是装聋作哑，痴痴呆呆，而内心却特别清醒。此计作为政治谋略和军事谋略，都算高招。用于政治谋略，就是韬晦之术，在形势不利于自己的时候，表面上装疯卖傻，以免引起政敌的警觉，而暗地里却在做积极的准备，等待时机。军事上用此计可以麻痹敌人，并伺机给敌人以措手不及的打击。这种方法，关键是表演逼真，不露破绽，否则被对手识破则非常危险。

第二十八计　上屋抽梯

【计名典故】

  本计计名出自一个典故。说是东汉末年，荆州刺史刘表的儿子刘琦因不容于继母，恐遭陷害，向刘备求救。刘备要诸葛亮为他想出解脱之计。这天，诸葛亮来到刘琦家中，刘琦哀求诸葛亮说：继母屡次设法陷害我，务欲置我于死地而后罢休，目下我的处境十分险恶，还请先生相救一二。诸葛亮说：此事关系离间母子之情，恐将来说将出去，多有不便，表示拒绝。刘琦便强邀请诸葛亮进入密室之中，一边饮酒，一边仍缠住诸葛亮不放。可诸葛亮还是不愿答应刘琦的请求。这时，刘琦见再三恳求无效，便掉转话头，对诸葛亮说：我的住室楼上藏有一部古籍，请先生观赏一番如何？诸葛亮听说有古籍观赏，非常高兴，便答应了。说着便跟随刘琦登上一间小楼，到了楼上，见四壁皆空，并无藏书设置，便问刘琦书在何处。这时刘琦便双膝跪下，承认自己是事出无奈才把诸葛亮骗上楼来，务请指点出路，拯救性命之危。诸葛亮埋怨刘琦不该施行欺骗，便要下楼离去，可不料楼梯已被抽走了。这时刘琦便又再三哀求说：先生最担心的是事情泄露，现在，这里上不着天，下不着地，出君之口，入琦之耳，再没有别人知晓，您应该可以赐教了。说着又要拔剑自刎，诸葛亮见刘琦如此情景，便给他讲了一条计策，叫他借鉴历史上"申生在内而亡，重耳在外而安"的经验，利用黄祖新亡，江夏一时无人守御的机会，向刘表请求屯兵江夏，如此便可离开继母，脱离危险了。刘琦按照诸葛亮的计谋行事，果然灵验。后人便把这件事叫作"上屋抽梯"。

第二十八计　上屋抽梯

【原文】

假之以便[1]，唆之以前[2]，断其应援，陷之死地[3]。遇毒，位不当也[4]。

【译文】

假给敌方以某种便利，诱使他（盲目）前进，然后再截断其应援之路，就能陷敌军于死地。这是从噬嗑卦象辞"遇毒，位不当也"一语中悟出的道理。

【注释】

〔1〕假：假给。便：便利。〔2〕唆：唆使，这里引申为诱使。〔3〕死地：中国古代兵法用语，指一种进则无路，退亦不能，非经死战难以生存之地。〔4〕遇毒，位不当也：语出《易·噬嗑·象》。噬嗑卦为震下离上。震为雷，离为火、为电。雷电交加，有威猛险恶之象。又，噬嗑卦为以柔居刚，故不当位，更显形势严峻。噬嗑的本意为食干肉，"干肉虽小而坚，不易噬者也。强欲食之，则不听命而必相害"（王船山语）。把它运用于军事上就是，因贪图小利而盲目进军是有很大的危险的，如果硬要强行进军，必将陷于危险的死地。

【评点及应用实例】

秦朝灭亡之后，各路诸侯逐鹿中原。到后来，只有项羽和刘邦的势力最为强大。其他诸侯有的被消灭，有的急忙寻找靠山。赵王歇在巨鹿之战中，看到项羽最强大，所以，在楚汉相争期间，便投靠了项羽。

刘邦为了削弱项羽的力量，命令韩信、张耳率两万精兵去攻打赵王歇。赵王歇听到消息后，心中暗笑，想到：自己有项羽做靠山，又有二十万人马，何惧韩信、张耳？

赵王歇亲自率领二十万大军驻守井陉关（今河北省井径山上），准备迎敌。韩信、张耳也率部向井陉关进发，在离井陉关三十里处安营扎寨。两军对峙，一场大战即将开始。

韩信分析了双方形势，敌军人数要比自己的多上十倍有余，硬拼强攻，恐怕不是敌方的对手，如果打持久战，又经不起消耗。经反复思考，他定下一条妙计。

他召集众将领在营中部署，对一将领说：你率两千精兵，到山谷树林隐蔽之处埋伏。等主力与赵军开战后，我军佯败逃跑，这时，赵军肯定会倾巢出动。追击我军。你们便借机杀入敌营，插上我军的旗帜。他又令张耳率军一万，在绵延河东岸，摆开背水一战的阵势。韩信自己亲率八千人马正面佯攻。

第二天拂晓，只听得韩信营中战鼓隆隆，韩信亲率大军向井陉关杀来。赵军主帅陈余，早有准备，立即下令出击。两军直杀得昏天黑地。韩信早已部署好了，此时一声令下，部队立即佯装败退，并且故意丢弃大量武器及其他物品。陈余见韩信军败退，大笑道："区区韩信，怎能是我的对手！"他便下令追击，一定要全歼韩信军。

韩信带着队伍退到绵延河边，与张耳军会合。他对士兵们说："前面是滔滔的河水，后面是追击的敌军，我们已经没有退路了，只有背水一战，击溃敌军。"士兵们知道已无退路，便个个奋勇争先，要与赵军拼个你死我活。

韩信、张耳突然率部杀了回来，这大大出乎陈余的意料。他的部下本以为以多胜少，胜利在握，斗志已不旺盛，加上为争夺路上的丢弃物，就更是乱作一团。

锐不可当的汉军奋勇冲进敌阵，只杀得赵军丢盔弃甲，一派狼藉，这正是兵败如山倒。陈余见状，立即下令收兵回营，准备休整之后，再与汉军决战。但当他们退到自己的大营时，只见营中飞来无数箭矢，纷纷射向赵军。陈余在慌乱中，才注意到营中已经插遍汉军的旗帜。而在赵军惊魂未定之时，营中的汉军已经冲杀出来，与韩信、张耳军从两边夹击赵军。张耳一刀将陈余斩于马下，赵王歇也被生擒，二十万人马的赵军全军覆没。

1947年初,莱芜战役后,国民党吸取以往孤军冒进的教训,采取稳扎稳打、齐头并进的战术向山东解放区发动重点进攻。这样一来,我军就很难诱其部分兵力"上屋"而歼之。

有鉴于此,华东野战军保持最大的耐心,不过早地惊动敌军的后方,主动再退一步,让开正面,诱敌大胆"上屋"。同时,我军主力暂不在预定战场设伏,而是先集结在隐蔽伺机位置,以助长敌军的骄狂心理,使其贸然前进。5月11日,我军将敌军第二兵团诱向淄博,将敌军第一兵团诱向坦埠以南地区。

当出现敌军分兵前进的态势以后,我军割敌两翼,突破中央,迅速围歼敌军整编第七十四师于孟良崮地区。

【精评】

上屋抽梯首先是一种诱敌之计,它自有其高明之处。敌人一般不是容易上当的,所以,应当先给他安放好"梯子",也就是故意给他方便。等敌人"上屋",也就是进入已布置好的口袋之后,即可拆掉梯子,将其歼灭。其中,安放梯子,有很大的学问,要根据实际情况,巧妙的安放梯子,才能使敌人中计。此计也有许多活用之处,如能很好地把握,将是一种相当厉害的谋略。

第二十九计　树上开花

【计名典故】

本计计名来自古时一些战例。所谓"树上开花",在军事上一般是指,在敌强我弱,遭到敌军攻击压力的形势下,我军采取某些方法,制造种种假象来壮大自己的声势,以迷惑敌军,或将其引走,或将其击退,或将其歼灭。三国时期,张飞在当阳桥以三十余名骑兵,吓退曹操追击刘备的数万大军,就是用的这种计谋。张飞命令士卒将战马拴在离桥不远的树林中,砍下树枝,绑缚在马后,用鞭抽打,马蹄乱踢,尘烟滚滚,张飞独自一人,屹立桥头,手持长矛,怒目而视,曹操见状,误以为桥的对面埋有大量伏兵,便下令撤兵了。战国时期,田单大摆火牛阵,击溃燕军,以及南朝宋文帝时,檀道济用唱筹量沙的计谋,假装军粮充足,骗过了北魏大军,终于安全突围,都是用的这类计谋,后人把这些计谋的共同特点加以概括,就叫作"树上开花",意思是说:树上本来没有花,却可以人为地制造一些彩花粘在树上,让人一眼看去,难辨真假,还以为真是满树银花哩!

【原文】

借局布势[1],力小势大[2]。鸿渐于陆,其羽可用为仪也[3]。

【译文】

借用局诈的方法布成阵势,使本来力量小的部队变得声势浩大。这

第二十九计　树上开花

是从《易·渐》上九爻辞"鸿渐于陆，其羽可用为仪也"一语中所获得的启示。

【注释】

〔1〕局：局诈。势：阵势。全句意为：借助某种局诈的方法，布成一定的阵势。〔2〕力：力量。这里是指军队的兵力。势：这里是指的声势。全句意为：兵力小而声势却造得很大。〔3〕鸿渐于陆，其羽可用为仪：此语出自《易·渐》上九爻辞："鸿渐于陆，其羽可用为仪也，吉。"渐卦为艮下巽上。艮为山，巽为风、为木。该卦象辞说："山上有木，渐，君子以居贤德善俗。"意思是说：树木在山上渐渐地生长，象征着君子应该注重逐日修养自己良好的德行，并影响周围的人，形成一种善美的风俗。而此卦上九爻辞所说的"鸿渐于陆，其羽可用为仪"这里的鸿指的是大雁。渐指的是渐进。陆与"逵"通，这里是指天际的云路。羽是指鸿雁美丽的羽毛。仪是指的效法。全句意为：大雁在高空的云路上渐渐飞行，它那美丽丰满的羽毛，使它更显得雄姿焕发、这是值得人们效法的。把它用于军事上，就是用"树上开花"计使本来实力弱小的军队显得声势浩大，这正是从渐卦上九爻辞所获得的启发。

【评点及应用实例】

战国中期，著名军事家乐毅率领燕国大军攻打齐国，连下七十余城，齐国只剩下莒（今山东省莒县）和即墨（今山东省平度县）这两座城了。乐毅乘胜追击，围困了莒和即墨。齐国拼死抵抗，燕军久攻不下。

这时，有人在燕王面前说："乐毅不是燕国人，当然不会真心为燕国了，不然，那两座城怎么久攻不下呢？恐怕他是想当齐王吧？"燕昭王对此倒不怀疑，可是燕昭王去世后，其继任者惠王用一个名叫骑劫的亲信取代了乐毅。乐毅深知此举对自己极为不利，只好离开，回他的老家赵国。

齐国守将是非常有名的军事家田单,他深知骑劫根本不是将才,虽然燕军强大,但只要计谋得当,一定可以打败他。

田单首先利用两国士兵都具有迷信心理,他要求齐国军民,每天饭前都拿上食物到空地上去祭祀祖先。这样,总有成群的乌鸦、麻雀结伙地飞来抢食吃。城外的燕军从高处见状,觉得非常奇怪:原来听说过齐国有神师相助,现在,真的连飞鸟每天都定时来朝拜。结果弄得人心惶惶。

田单的第二招,是让骑劫本人上当。他派人放出消息,说乐毅过于仁慈了,谁也不怕他。如果燕军割下齐军俘虏的鼻子,齐人肯定会被吓破胆。而骑劫得知后,却觉得这很有道理,果然下令割下齐国俘虏的鼻子,还掘了城外齐人的坟墓。这种残暴的行为激起了齐国军民无比义愤。

田单的第三招,是派人送信,大力夸赞骑劫的治军才干,表示愿意降服于他。一边还派人假扮富户,带上财物偷偷出城投奔燕军。骑劫确信齐国已经无力交战了,只等田单开城前来投降就行了。

田单认为齐军人数太少,即使进攻也很难取胜,得另谋取胜之途径。于是,他的最后一招则是:把城中的一千多头牛集中起来,在牛角上绑上尖刀,牛身上披上画有五颜六色、稀奇古怪图案的红色衣服,牛尾巴上绑一大把浸了油的麻苇。另外,还选了五千名机灵健壮的士兵,都穿上彩色花衣,脸上涂满五颜六色,手持兵器,命他们紧跟在牛的后面。

这天夜里,田单下令把牛从新挖的城墙洞中放出,点燃麻苇,牛又惊又躁,直冲燕国军营。燕军根本没有防备,再说,这火牛阵势,谁也没见过,一个个被吓得魂飞魄散,哪里还能够还手?齐军的五千勇士接着冲杀进来,燕军死伤无数。骑劫也在乱军中被杀,燕军一败涂地。齐军乘胜追击,收复了七十余城,使齐国转危为安。

田单堪称是善于利用各种有利因素取胜的著名军事家。

1947年8月中旬,陈赓兵团挺进豫西,他先以两个旅伪装成我军主力,调动国民党军李铁军第五兵团于伏牛山区周旋,从而掩护了我军

第二十九计　树上开花

主力在另一地区不断夺取胜利。

为了迷惑敌人，陈赓施用了一系列树上开花之计谋。如故意将部队分成多路行军，以展开宽幅度的正面推进；而行军到半夜，不见敌军跟进，就停下来，派一部分兵力再绕道回到原来的村庄分头驻扎；由夜行军改为白天行军，专门在大路上扬起滚滚烟尘，扔掉散乱的背包；后卫分队每和敌人接触一次，打一场小的阻击战，都要修筑大量的工事等等。

我军的这些行动，使国民党军扑朔迷离，一直摸不清虚实。而我军的真正主力，则在陇海铁路潼关至洛阳段以北、黄河以南地区，不断打击敌人。

【精评】

树上本来没有开花，但可以用彩色的绸子剪成花朵粘在树上，做得和真花一样，不去仔细看，就难辨真假。此计的使用，关键在于善于借某种因素制造假象，以此来壮大自己的声势。纵观古今，许多风云人物都是靠此计起家的，他们从一打入官门开始，便运用诡计奇谋去制造矛盾，利用矛盾，到了解决矛盾时，自己就水涨船高。可见，这"树上开花"的策略是斗智的最高原则，但要达此目的，还必须配合其他阴谋或阳谋才可以。

第三十计　反客为主

【计名典故】

　　本计计名出自何典尚说法不一，从现有资料看，大体有三种可资参考：其一是，据《李卫公问对》载："臣较量主客之势，则有变客为主、变主为客之术。"其二是，杜牧注《孙子兵法》载："我为主，敌为客，则绝其粮道，守其归路。若我为客，敌为主，则攻其君主。"其三是，《三国演义》第七十一回写的法正对黄忠讲的一段话："夏侯渊为人轻燥，恃勇少谋。可激励士卒，拔寨前进，步步为营，诱渊来战而擒之。此乃'反客为主'之法。"

　　从上述资料以及前人对本计的按语来看，所谓"反客为主"，从军事上说，主要包含两方面意义：一是对同盟者（包括将要从敌军中争取的同盟者）来说，本来是同盟者为"主"，我为"客"，经过运用计谋，使我得以插足其中，并在同盟者中逐渐掌握了领导权、支配权。这便是"反客为主"了。二是对敌军而言，我方实力小，处于被动，是为"客"，经过运用计谋进行斗争，我方逐渐由被动变为主动，这也是"反客为主"了。

【原文】

　　乘隙插足，扼其主机[1]，渐渐进也[2]。

第三十计　反客为主

【译文】

乘着对方的空隙，插足其中，以致最后掌握其首脑机关，这是循序渐进的结果。

【注释】

〔1〕主机：主要的关键之处，即首脑机关。〔2〕渐渐进也：语出《易·渐·象》："渐渐进也，女归吉也，进得位，往有功也。"按《易经增注·下经·渐》的解释：天下事动而躁则邪，静而顺则正。渐则进而得乎贵位，故行有功。意思是说：天下的事情，凡是行动盲目而急躁，就会走入邪途；凡是冷静而顺乎客观规律，就会登上正道。一步一步地循序渐进达到显要的地位，便会行而有功。

【评点及应用实例】

唐朝有个叛徒，名叫仆固怀恩。他煽动吐蕃和回纥两国联合出兵，进犯中原。大军号称三十万，一路连战连捷，直逼泾阳城（今甘肃省平凉县西北）。泾阳的守将是唐代著名将领郭子仪，他是奉命前来平息战乱的，这时他手下只有一万多精兵。面对漫山遍野的敌兵，郭子仪深知形势十分严峻。

正在此时，仆固怀恩病死了。这使吐蕃和回纥失去了中间联系的协调人物。双方都想争夺指挥权，矛盾逐渐激化。两军各驻一地，互不联系往来。吐蕃驻扎在东门外，回纥驻扎在西门外。

面对这种新形势，郭子仪想，何不乘机分化这两支军队？他在安史之乱时，曾同回纥将领并肩作战，共同对付过安禄山。他想，何不利用一下这种老关系呢？于是，他便秘密派人前往回纥军营转达自己的盛情：邀从前并肩作战的老朋友一叙旧情。

回纥都督药葛罗，也是一个重感情的人。听说郭子仪就在泾阳，而且盛情相邀，他非常高兴。但是，他说："除非郭老令公亲自让我们见到，我们才会相信。"

郭子仪听了汇报后，决定亲赴回纥营，会见药葛罗，叙叙旧情，并借机说服他们不要与吐蕃联合反唐。

将士们生怕回纥有诈，不让郭子仪前去。郭子仪却说："为了国家，我早已把生死置之度外了！这次我去回纥营，如果能谈得成，这个仗就打不起来了，天下从此太平无事，这该多好！"同时，他拒绝带卫队同行，只带了少数随从，便到回纥营去了。

药葛罗见真的是郭子仪来了，非常高兴，便设宴款待郭子仪，谈得非常亲热。酒酣之时，郭子仪说："大唐、回纥关系一向很好，回纥在平定安史之乱时，立了大功，而大唐也没有亏待你们呀！今天怎么能同吐蕃联合进犯大唐呢？吐蕃是想利用你与大唐交战，他们好从中渔利！"

药葛罗愤然说道："老令公说得在理，我们是被他们骗了！我们愿和大唐一道共同攻打吐蕃。"双方马上立誓结盟。吐蕃得到报告，见形势突然，觉得与己不利，就连夜拔营撤兵。郭子仪与回纥合兵追击，击败了吐蕃十万大军。

1947年6月，晋、冀、鲁、豫野战军突破黄河天险，发动鲁西南战役。蒋介石急调王敬久部迎击，妄图把我军消灭在鲁西南或重新逼过黄河。

王敬久一面命令郓城之军坚守待援，一面将北援之兵分作两路，分别向定陶、嘉祥推进，对我军展开钳形攻势，企图迫使我军在郓城背水一战。

刘伯承、邓小平识破了敌人的阴谋，将计就计，反客为主，一面命令第一纵队坚决攻歼郓城之敌，以吸引敌人继续北进；一面命令第二、第六纵队从两路敌军之间向西猛烈穿插，乘敌军左翼第一五三旅在定陶立足未稳之机，予以痛击，从而使敌军左翼陷于瘫痪。与此同时，我军第三纵队向正南挺进，迅速转到敌军的侧背。

这样一来，战局形势发生了根本性的变化，我军接连消灭了郓城、定陶的敌军，使局势顺利地向纵深发展。

第三十计　反客为主

【精评】

反客为主就是处于被动地位的要设法争取主动权与控制权，使主受客的支配与摆布。无数事实早已证明，只有掌握主动权与控制权，就可以夺取胜利。

第三十一计　美 人 计

【计名典故】

美人计出自《韩非子·内储说下》:"遗人……女乐二人,以荣其意而乱其政。"说的是公元前658年,晋献公派兵攻打虢国,而虞国是必经之道,晋军欲向虞国借路伐虢,怕虞君不肯,晋献公采纳大夫荀息的建议,把晋国屈地出产的良马和垂棘出产的美玉及女乐二人送给虞君。虞君生性贪婪,不顾宫之奇的反对,同意借道给晋国。晋国灭掉虢国,回师途中,轻而易举地灭掉虞国,捉住了虞君。"假道伐虢"是三十六计的第二十四计,但这一计是在美人计的成功基础上实施的。《六韬·文伐》中说,对于直接用武力不能征服的敌国,应"养其乱臣以迷之,进美女、淫声以惑之……"就是说的美人计。

本计的特点是,用美色或其他财物诱惑敌人,尤其是敌方的将帅,消磨其斗志,分裂其核心,使其部队丧失战斗力,从而乘机取胜。

【原文】

兵强者,攻其将;将智者,伐其情[1]。将弱兵颓,其势自萎。"利用御寇,顺相保也"[2]。

【译文】

对强大的敌军,要对付它的将领;对英明多智谋的将领,要设法动摇他们的斗志。将领斗志衰退,士兵士气消沉,战斗力自然萎缩。就像

第三十一计 美人计

渐卦象辞所启示的,要利用敌人的弱点抵御敌人,顺利地保存自己。

【注释】

〔1〕将智者:指足智多谋的将帅。伐其情:即从感情上加以进攻、软化,抓住敌方思想意志的弱点加以攻击。《六韬·文伐》中就主张以乱臣、美女、犬马等手段攻其心,摧毁其意志上的屏障。〔2〕利用御寇,顺相保也:语见《易·渐·象》:"……利用御寇,顺相保也。"御:抵御。寇:敌人。顺:顺利,顺势。保:保存。全句意为:此计可用来瓦解敌人,顺利保存自己。

【评点及应用实例】

汉献帝九岁登基,朝廷由董卓专权。董卓为人阴险,滥施淫威,并有谋朝篡位的野心。满朝文武,对他既恨又怕。

司徒王允,对此十分担心,朝廷出了这样一个奸贼,不除掉他,朝政难保。但董卓势力强大,正面攻击,还无人能斗得过他。董卓身边有个义子,名叫吕布,骁勇异常,忠心保护董卓。

王允观察这"父子"二人,狼狈为奸,不可一世,但他们有一个共同的弱点:都是好色之徒。于是,王允想:何不用"美人计",让他们自相残杀,以除后患!

王允府中有一歌女,名叫貂蝉。这个歌女,不但才艺俱佳,而且深明大义。王允向貂蝉谈了用美人计诛杀董卓的想法。貂蝉为感激王允对自己的恩德,决心以死相报,以除祸害。

在一次私人宴会上,王允主动提出将自己的"女儿"貂蝉许配给吕布。吕布见这一绝色美人,喜不自胜,十分感激王允,便决定选择良辰吉日完婚。

第二天,王允又请董卓到家里来,设盛宴相待,席间,召貂蝉前来献舞。董卓一见貂蝉,便垂涎欲滴。王允见状,便说:"太师如果喜欢,就把这个歌女奉送给您吧!"老贼董卓假意推辞一番,便高高兴兴地把貂蝉带回府中去了。

吕布得知后，勃然大怒，当面斥责王允。王允编出巧言哄骗吕布。他说："太师要看看自己的儿媳，我怎敢违命！太师说今天是良辰吉日，决定带回府去与将军成亲。"

吕布信以为真，只待董卓为他办喜事。但是过了数日，却杳无消息。再一打听，原来董卓已把貂蝉据为己有。吕布一时也没了主意。

一日董卓上朝，却忽然不见身后的吕布，心生疑虑，马上赶回府去。只见在后花园凤仪亭内，吕布与貂蝉抱在一起。他顿时大怒，就用戟向吕布刺去。吕布用手一挡，没能击中。吕布怒气冲冲离开了太师府。原来吕布与貂蝉幽会，是貂蝉按照王允的计谋，用以挑拨他们"父子"关系。

王允见时机已经成熟，便邀吕布密室相商。王允大骂董卓强占了他的"女儿"，夺去了吕布的爱妻，实在可恨！吕布咬牙切齿，说："不是看在父子关系上，我真想宰了他！"王允忙说："将军错了，你姓吕，他姓董，这算什么父子关系？再说，他强占了你的妻子，还要刺杀你，哪里还有什么父子之情？"吕布说："感谢司徒的提醒，不杀老贼，誓不为人！"

王允见吕布主意已定，立即假传圣旨，召董卓上朝受封。董卓耀武扬威，前来受封。不料吕布突然一戟刺来，直穿老贼咽喉。奸贼已除，人们拍手称快！

第二次世界大战前夕，波兰派索斯诺夫斯基到德国收集军事情报。他到柏林后，利用自己长得漂亮、富有男性魅力的优越条件，在德国妇女中施展美人计。

他很快选中了在德国陆军统帅部工作的女秘书费娜林小姐，两人一见钟情，感情甚笃。不久，又通过费娜林结识了德国陆军部作战处上校军官的女秘书封·尼小姐。索斯诺夫斯基对她们大献殷勤，赠以贵重礼物，使她们习惯于从未享受过的豪华生活。在她们已被"爱情"绳索拴住以后，索斯诺夫斯基便把自己的真实身份分别告诉了她们，使她们驯服地为他工作。

她们将文件偷出来,带回家中过夜,供索斯诺夫斯基拍照。其中有德国进攻捷克斯洛伐克、波兰的最新作战计划,德国国防军各种装备的现状以及新式武器说明书等。尽管此案被德国侦破,但德军参谋部不得不重新调整他们的作战部署。这是一例极特殊的"美人计"。

【精评】

　　女人的魔力,好像是上帝专门为征服男人创造的。自古以来,烽火相欺,不外博美人一笑,怒发冲冠无非一怒为红颜;哪怕是铁壁铜墙、要塞堡垒,三军用枪炮无法攻破的,主将也束手无策。这时,只要美女腰肢一摆,媚眼一飞,保管烟消灰灭,缴械投降。可见裙带的魔力,远胜于武力的魔力。使用美人计,绝不会受时间和空间的限制,此计不仅可以诱敌,也可作为小人向上爬的阶梯。

第三十二计　空　城　计

【计名典故】

　　空城计计名见于《三国志·蜀志·诸葛亮传》：诸葛亮派魏延领各路兵马东进，攻打司马懿，只留万人驻守阳平。司马懿率20万人与诸葛亮对抗，与魏延军队错开了道路，毫无阻挡地直逼诸葛亮驻地阳平。司马懿军距阳平只有60里了，探马报告说，诸葛亮在城中，兵少力弱。诸葛亮也知道司马懿很快就打到阳平，魏延率领的大部队相距已远，救援已来不及了。守城将士惊慌失措，诸葛亮却表现出从容不迫，命军队偃旗息鼓，不准随便出帐营，又令人大开城门，叫几个老头儿在街上打扫。司马懿知道诸葛亮十分谨慎稳重，此时见城中毫无声响，疑有伏兵，便带领大军离开了阳平。后来，司马懿知道诸葛亮这次摆的是个空城计，非常后悔。

　　空城计是在交战双方力量悬殊的情况下，力弱的一方面故意显示自己虚弱不设防的弱点，使敌人反以为自己已有准备，而不敢贸然进攻，使自己度过难关的一种计谋。

【原文】

　　虚者虚之[1]，疑中生疑[2]；刚柔之际[3]，奇而复奇[4]。

【译文】

　　本来兵力空虚，又故意把空虚的样子显示在敌人面前。使敌人不知底细，怀疑我有实力。在敌我力量悬殊的情况下，采用这种计谋，显得更加奇妙。

【注释】

〔1〕虚者虚之：第一个虚字，空虚，与实相对，指军事力量不敌对方。第二个虚字，动词，显示虚弱的样子。全句意为：劣势的军队面临强敌，却还故意显示空虚。〔2〕疑中生疑：第一个疑字，可疑的形势。第二个疑字，怀疑。此句意为：面对可疑的形势更产生了怀疑。〔3〕刚柔之际：这里是指，敌我双方悬殊的时刻。〔4〕奇而复奇：奇妙之中更加奇妙。

【评点及应用实例】

春秋时期，楚国令尹公子元，在他哥哥楚文王死去之后，非常想占有他的漂亮的嫂子文夫人。他用各种方法去向她讨好，而文夫人却仍然无动于衷。于是，他想建功立业，显显自己的能耐，以此讨得文夫人的欢心。

公元前666年，公子元亲自率军车六百乘，浩浩荡荡，前去攻打郑国。楚国大军一路连下几城，直逼郑国国都。郑国国力较弱，都城内更是兵力空虚，无法抵挡楚的进犯。

郑国危在旦夕，群臣惶恐，有的主张纳贡请和，有的主张拼死一战，有的主张固守待援。而这几种主张在当时都难以解除危机。上卿叔詹说："请和与决战都不是上策。固守待援，倒是可取的方案。当年，郑国和齐国订有盟约，而今我们有难，齐国会出兵相助的。只是空谈固守，恐怕也难守住。公子元伐郑，实际上是为了邀功图名，用以讨好文夫人。他一定急于求成，又特别害怕失败。我有一计，可以用来使楚兵撤退。"

于是，郑国就按照叔詹的计策，在城内作了安排。命令士兵全部埋伏起来，不让敌人看见一兵一卒。令店铺照常开门，百姓往来如常，不准露出一丝慌乱之色。大开城门,放下吊桥,摆出了完全不设防的样子。

楚军先锋到达郑国都城城下,见此情景,便起了疑心:莫非城内设下埋伏,诱我中计?于是,不敢轻举妄动,只等公子元前来决断。公子元赶到城下,见状,也觉得好生奇怪。他率众将到城外高地瞭望,见城中确实空虚,但又隐隐约约看到了郑国的旌旗甲士。于是,公子元便认为其中必定有诈,不可贸然进攻,先派人进城探听虚实,再做决断。

这时,齐国接到了郑国的求援信,立即联合鲁、宋两国发兵救郑。公子元闻报后,知道三国援军开来,楚军不能取胜。好在已经打了几次胜仗,还是赶快撤退为妙。而他又害怕撤退时郑国军队会出城追击,于是,下令全军连夜撤走,人衔枚,马裹足,不出一点声响。所有营寨都不拆走,旌旗照旧飘扬。

第二天清晨,叔詹登城一望,便说道:"楚军已经撤走了。"众人见敌营陈设一切如旧,便不信此言是真。叔詹说:"如果营中有人,怎会有那么多的飞鸟盘旋上下呢?他们也用空城计欺骗了我们,急忙撤兵了。"

这就是中国历史上第一个使用空城计的战例。

1948年10月,国民党华北"剿总"司令傅作义,准备派兵进犯已被我军解放的石家庄。当时,中共中央已迁至距石家庄不远的西柏坡,我军主力部队均在远处作战,石家庄实际上是座空城。

面对这一情况,毛泽东指示在中央机关做好撤离准备的同时,决定导演一场"空城计"。他挥笔写了一篇四百五十字的新闻,揭露敌人企图进攻石家庄的阴谋,说明我军已经严阵以待,随时准备粉碎敌人的进攻。

新闻播出以后,傅作义大吃一惊。他见自己的意图已经暴露,石家庄已经做好了充分准备,只好放弃进攻的打算。

第二次世界大战期间,德国、意大利军队与盟军在北非战场上进行了激烈的争夺。1940年12月,意军在北非被盟军击败。次年2月,隆美尔率德国非洲军增援。当时,希特勒正筹划大举入侵苏联,能调往北非的坦克极为有限。

隆美尔为了向盟军示强,到达非洲不久,即在意属北非利比亚首府的黎波里广场阅兵。他用以虚掩虚的计谋,全第二装甲师的一个坦克团在检阅台前反复经过,又以伪装的卡车和用木头或纸板搭成的模型伪装坦车群,来迷惑英国在的黎波里的谍报人员及其侦察机。

英国中东司令部被德国军队的假象所欺骗,被对方的"强大"吓得一片惊慌。隆美尔乘机发起攻击,英军一触即溃,德军仅用两个星期,就向前推进了八百多公里。

【精评】

空城计是在形势特别危急的情况下而布置的疑阵,借以迷惑敌人,渡过险关。它采用的是一种心理战术,此计使用的关键是要清楚地了解并掌握敌方将帅的心理状况和性格特征。敌方指挥官越是小心谨慎多疑,所得的效果就会越好。这种方法多是在兵力不足的情况下所采取的一种应急措施,如果被敌人识破,敌军乘虚而入,那是非常危险的。

第三十三计　反 间 计

【计名典故】

《孙子兵法·用间篇》:"反间者,因其敌间用之。"意思是说,反间这种计谋,就是利用或收买敌方派来的间谍,使其为我所用。我国另一部兵法《长短经·五间》说到:"陈平以纵反间于楚军,间范增,楚王疑之,此用反间者。"可见,反间计很早就被运用于军事、政治斗争了。

【原文】

疑中之疑[1]。比之自内,不自失也[2]。

【译文】

在敌人怀疑、犹豫的情况下,再给敌布疑阵。勾结、利用敌方派来的间谍为我服务,可以收到保全自己,争取胜利的好效果。

【注释】

[1] 疑中之疑:疑,怀疑。全句意为:疑阵中更布置疑阵。[2] 比之自内,不自失也:语出《易·比·象》:"比之自内,不自失也。"比:亲比,辅助,援助,勾结,利用。此句可以理解为利用敌人派来的间谍为我服务,可以有效地保全自己,攻破敌人。

第三十三计　反间计

【评点及应用实例】

三国时期，赤壁大战前夕，周瑜巧用反间计杀死了精通水战的叛将蔡瑁、张允，就是这方面的有名实例。

当时曹操率领号称八十三万大军，准备渡过长江，占据南方。孙、刘联合抗曹，但他们的兵力要比曹军少得多。

曹操的军队都是由北方士兵组成的，善于陆战，而不善于水战。正好有两名精通水战的降将蔡瑁、张允可以为曹操训练水军。曹操把这两个人当成宝贝，厚待有加。一次，东吴主帅周瑜见对岸曹军在水中摆阵，井井有条，十分在行，心中大惊。他便产生了一定要除掉这心腹之患的念头。

曹操一向爱惜人才，他深知周瑜年轻有为，是个军事奇才，便很想拉拢他。曹营谋士蒋干自称与周瑜曾是同窗好友，愿意过江劝降，曹操就立即派蒋干过江去说服周瑜。

周瑜见蒋干前来，一个反间计谋就已经酝酿成熟了。他热情款待蒋干。酒席上，周瑜让众将作陪，炫耀武力，并相约只叙友情，不谈军事，堵住了蒋干的嘴巴。

周瑜佯装大醉，约蒋干同床共眠。蒋干因周瑜不让他提及劝降之事，心中非常不安，哪里能够入睡？于是，他便偷偷下床，见周瑜的案头上放着一封信。他偷看了那封信，原来是蔡瑁、张允写来的，信中约定与周瑜里应外合，以击败曹操。正在这时，周瑜说着梦话，翻了翻身子，吓得蒋干连忙上床。又过了一会儿，忽然有人要见周瑜，周瑜便起身和来人谈话，还装作故意看看蒋干是否睡熟了。蒋干便装作沉睡的样子，只听周瑜同那个来人小声谈话，听不清说了些什么，只听见提到蔡、张二人。于是，蒋干对蔡、张二人同周瑜里应外合的计划，就更加确信无疑了。

蒋干便连夜赶回曹营，让曹操看了那封信件，曹操顿时火冒三丈，立即将蔡、张二人问斩。待冷静下来之后，曹操方知是中了周瑜的反间之计，连连叫苦不迭，但也只能是无可奈何了。

第二次世界大战期间,英、德两国间进行了激烈地反潜之战。德军潜艇曾使用一套反探测战术,每当遭到英军潜艇的探测器搜索时,德军潜艇就从鱼雷管往外排出气体,造成大量的气泡,误导英军潜艇去跟踪气泡,而德军潜艇则顺势逃脱。

为了破坏德军这一反探测战术,英国海军一面研究新的技术,一面加紧对德间谍进行收买,用反间计侦破德军的反潜能力。英军收买了德军间谍塔特,并让这个双料间谍给德国情报局发电,诡称他最近宴请一位英国海军新式驱逐舰上的指挥官,这位指挥官酒后失言,吐露真情,称英军已经有了对付德军反探测的新办法,而德军潜艇喷出的气泡则帮了英军的大忙。塔特把这份情报与前不久偶然被英军击沉的一艘经过反探测伪装的德军潜艇的情况,联系起来,向德国情报机关作了报告。

结果,使德国错误地估计了英军反潜技术的能力,一度放弃了这项技术的使用,造成了巨大的损失。

【精评】

《孙子兵法》中有"知己知彼,百战不殆"的名言,知己就是要清楚自己的实力和任务,知彼就是要了解敌人的实力和企图。了解自己的情况比较容易,要了解敌人的情况就很困难,除了从外围调查外,其主要手段就是通过谍报人员来获取。反间计是用间的一种,它是巧妙利用敌方的间谍来为自己服务的一种计谋,不仅在历代政治、军事上广泛应用,就是现代企业之间也常常使用,以此来增强自己的竞争实力。

第三十四计　苦 肉 计

【计名典故】

苦肉计出自《吴越春秋》卷二《合庐内传·第四》：要离自愿断右臂，取得吴王僚的儿子庆忌的信任，得以接近庆忌，最后杀死庆忌，为吴王阖闾除去一大障碍。这是典型的以自残自害的方式，取"信"于敌以达到自己的战略目的。古时也还有王佐断臂和周瑜打黄盖，一个愿打，一个愿挨的故事。

苦肉计的特点是，为了取"信"于敌人（其实是欺骗敌人），进行自我残害，以夺取战争全局性胜利的计谋。

【原文】

人不自害，受害必真；假真真假，间以得行。"童蒙之吉，顺以巽也"[1]。

【译文】

人一般都不会自我伤害，自我伤害必定会被认为是真实的；但如能以假作真，并使敌人深信不疑，就能施行离间计了。这是汲取了《周易》"蒙"卦的思想，从《周易·蒙卦·象传》"童蒙之吉，顺以巽也"一语中获得的启示。

【注释】

〔1〕童蒙之吉，顺以巽也：出自《易·蒙·象》："童蒙之吉，顺以巽也。"意思是说：不懂事的孩子单纯幼稚，顺着他的特点逗着他玩耍，就会把他骗得乖乖的。

【评点及应用实例】

春秋时期，吴王阖闾杀了吴王僚而夺得王位。但他十分惧怕吴王僚的儿子庆忌为父报仇。庆忌正在卫国扩大势力，准备攻打吴国，以夺取王位。

阖闾整日提心吊胆，要大臣伍子胥替他设法除掉庆忌。伍子胥向阖闾推荐了一个智勇双全的勇士，名叫要离。阖闾见要离矮小瘦弱，便说："庆忌人高马大，勇力过人，你如何杀得了他？"要离说"刺杀庆忌，要靠智力，不靠武勇。只要能接近他，事情就好办。"阖闾说："庆忌对吴国防范甚严，怎么能够接近他呢？"要离说："只要大王砍断我的右臂，杀掉我的妻子，我就能取信于庆忌。"阖闾不肯答应。要离说："为国而亡家，为主而残身，我心甘情愿！"

于是，吴都忽然流言四起：阖闾弑君篡位，是无道昏君。吴王下令追查，原来那流言是要离散布的。阖闾下令捉住了要离和他的妻子，要离当面大骂昏王。阖闾假借追查同谋，未杀要离，而只是斩断了他的右臂，把他夫妻二人关进监狱。

几天后，伍子胥令狱卒放松看管，让他寻机逃走。阖闾听说要离逃走了。就把他的妻子杀掉了。

这件事不仅传遍了吴国，其邻国也都知道了。不久，要离便逃至卫国，求见庆忌，请求庆忌为他报断臂杀妻之仇，庆忌接纳了他。

要离果然接近了庆忌，他劝说庆忌伐吴，渐渐成了庆忌的亲信。在庆忌乘船向吴国进发时，要离乘庆忌不备，从他的背后用矛狠狠刺了过去，穿透了庆忌的胸膛。庆忌的卫士要捉拿要离，庆忌却说："敢杀我

第三十四计　苦肉计

的也是个勇士，放他去吧！"庆忌因失血过多而死。

要离完成了刺杀庆忌的任务，家毁身残，也自刎而死。

希腊船王克里斯蒂娜，有一笔巨大的财产，这一直为苏联克格勃所垂涎。为了获取船王的欢心，克格勃间谍考佐夫故意制造了一起汽车撞车事故，用苦肉计取悦船王。

1978年的一个晚上，船王克里斯蒂娜由苏联驻希腊大使陪同，去观看莫斯科芭蕾舞剧团的专场演出。演出结束后，船王仍然激动不已。当汽车驶到伯美尔大街时，只见一辆黑色本茨轿车从对面飞驶出来。克里斯蒂娜用双手捂住眼睛，大声惊叫。就在这千钧一发之际，考佐夫驾驶黑色雪佛莱轿车从后面顶了上去，与那辆迎面闯来的"醉汉"开的本茨轿车相撞起火。

"英雄"考佐夫胸部受了重伤，被送往医院抢救。船王由此非常感激考佐夫，常去医院看望他。待其出院后，又邀请他到属于她的斯克皮奥斯岛疗养，并且，不顾家族反对和舆论压力，于1978年8月1日，与考佐夫正式举行了婚礼。

【精评】

苦肉计就是先把自己折磨一番，利用血泪去争取接近敌人，而暗地里却进行阴谋颠覆活动。对阵的双方，无论哪一方都想争取敌将归降，如果没有降将的血泪作保证，便很难得到对方的信任。此计挨打仅仅是开始，若一旦被对方识破，不仅白挨打，而且还有丧命的危险，因此使用此计时一定要慎重，否则就会弄巧成拙。

第三十五计　连　环　计

【计名典故】

本计名见于《元曲选》中《锦云堂暗定连环计》杂剧。《三国演义》第八回也有《王司徒巧使连环计》。《兵法圆机·迭》说:"大凡用计者,非一计之可孤行……百计迭出,算无遗策,虽智将强敌,可立制也。"认为采用两个以上计谋,环环相扣,缜密无遗地作好决策,那么虽然智谋再高、力量再强的敌人都能制服。在三国时的赤壁大战中,刘备的谋士庞统诈降曹营,而后怂恿曹操把战船用铁索勾连起来,表面上是帮助魏军克服不习惯于水上作战的弱点,实际上是让这些船只在遭到火攻时无法逃脱。后来周瑜又用苦肉计派黄盖诈降,火烧赤壁,这一个个计谋套用,成为完整的谋略链条,显示了连环计的鲜明特色。

一般地说,连环计不管是两计相扣也好,还是多个计谋相配合,其功能无非是两个:一个是让敌人自相钳制;一个是更有效、迅猛的攻击敌人。二者相辅相成,用兵就如得天神相助一样。

【原文】

将多兵众,不可以敌,使其自累[1],以杀其势[2]。"在师中吉,承天宠也"[3]。

【译文】

敌军兵强势大,不能与他硬拼,应当设法使他们自相钳制,以削弱他们的势力。正如《易经》师卦所说：将帅处于险象时，刚而得中，指挥巧妙得当，就能如同天神相助一样吉利。

【注释】

〔1〕自累：指自相拖累，自相钳制。〔2〕杀：减弱，削弱、刹住。势：势力、势头。此句是指减弱、刹住敌军的势力。〔3〕在师中吉，承天宠也：语见《易·师·象》："在师中吉，承天宠也。"师卦九二以一阳而统群阴，处于险中，然而刚而得中，得制胜之道，所以吉利，无咎，犹如秉承上天锡命一样得宠。

【评点及应用实例】

宋朝将领毕再遇，就曾巧施连环计，打了一场漂亮仗。经过认真分析，他认为，金兵强悍，骑兵尤其勇猛。在这种形势下，如果与敌正面交锋，定会给己方造成重大的伤亡，要付出沉重的代价，且难以取胜。所以，他主张用兵交战时，要抓住敌人的致命弱点，设法钳制敌人，寻找良好战机，一举取胜。

一次，与金兵遭遇，他命令部队不得与敌正面交锋，可采取游击流动战术。敌人前进，他就命令队伍后撤，待敌人刚刚安顿下来，他则下令出击，等金兵全力反击时，他又率部逃得无影无踪。就这样，退退进进，打打停停，神出鬼没，把金兵搞得疲惫不堪。金兵想打又打不着，想摆脱又摆脱不了。

到了夜晚，金兵人困马乏，正准备回营休息。毕再遇命人准备了许多用香料煮好的黑豆，偷偷地撒在阵地上。然后，又突然袭击金兵。金军无奈，只得尽力反击。毕再遇率部与金军战不几时，又全军败退下来。金军气愤至极，就乘胜追击。谁知，金军的战马一天来，东追西跑，又渴又饿，正在这时，闻到地上那香喷喷的味道，用嘴一探，才知道那是可以填饱肚子的粮食发出的香气。战马便一口一口地只顾抢着吃，任你用鞭抽打，死活不肯迈步。就这样，金军调不动战马，在黑夜中，一时没了主意，显得十分混乱。

毕再遇这时调集全部兵力，从四面包抄过来，直杀得金军人仰马翻，横尸遍野。

毕再遇巧施连环计，打了一次大胜仗。

辽沈战役之后，我军乘势发动了平津战役和淮海战役，与国民党军展开了大决战。

为了使平津之敌不致逃逸，将其死死拴在华北地区，我军考虑全局，考虑各个战场的联系，从战役的发展出发，制定了钳制敌人的连环计。即在两星期之内对平津之敌隔而不围；对张家口、新保安两地之敌围而不打；对淮海战场上的国民党军的杜聿明军团不作最后歼灭等。

这一系列谋略的实施，使平津之敌欲逃不舍，欲战不能，被一条长长的无形锁链锁定在原地。

【精评】

事物都是相互联系的，只要抓住了要害的一点就会引起连锁反应。连环计是一种权术，主要是让敌方互相拖累、互相牵制，或者通过巧妙的方法使敌人不战自败，减弱敌人的力量，或乘机进攻，或乘机撤退。此计的关键是要使敌人"自累"，让其背上包袱，不能自由行动。这样，就给围歼敌人创造了良好的条件。

第三十六计　走为上计

【计名典故】

"三十六计，走为上计"计语出自《南齐书·王敬则传》："檀公三十六计，走为上计。"檀公指南朝名将檀道济，相传有《檀公三十六计》，但未见刊本。

此外，我国古代其他兵法也有论述。《淮南子·兵略训》："实则斗，虚则走。"实是指力量强大，虚是指寡不敌众。也是强调在无把握取胜时，要使用一个"走"字。我国另一部兵书《兵法圆机·利》也有："避而有所全，则避也。"避，指主动回避，撤退；全，是保全。意思是说，撤退能保全力量，就应该撤退。《吴子·料敌》也说："凡此不如敌人，避之勿疑；所谓见可而进，知难而退也。"

由此可见，三十六计，走为上计，是指在我不如敌的情况下，为保存实力，主动撤退。所谓上计，不是说"走"在三十六计中是上计，而是说在敌强我弱的情况下，我方有几种选择：一、求和；二、投降；三、死拼；四、撤退。四种选择中，前三种是完全没有出路的，是彻底的失败。只有第四种——撤退，可以保存实力，以图卷土重来，这是最好的抉择。因此说，"走"为上。

【原文】

全师避敌[1]，左次无咎，未失常也[2]。

【译文】

为了保全部队的实力,实行撤退也没有什么罪责,因为它并没有违背用兵的常道。

【注释】

〔1〕全师:保存军事力量。师,指军队。全,保全。避敌:避开敌人。〔2〕左次无咎,未失常也:《易·师·象》说:"左次,无咎,未失常也。"这里的师是指军队、用兵。左次,是指军队向后撤退。古时兵家尚右,右为前,指前进;左为后,指退却。全句为:部队后撤,以退为进,不失为常道。

【评点及应用实例】

春秋初期,楚国日益强盛,楚将子玉率师攻晋。同时,楚国还胁迫陈、蔡、郑、许四个小国出兵,配合作战。这时,晋文公刚攻下依附楚国的曹国,深知晋、楚之战不可避免。

子玉率部浩浩荡荡向曹国进发,晋文公闻讯后,分析了形势。他对这次战争的胜败没有把握,楚强晋弱,其势汹汹。于是他决定暂时后退,以避其锋芒。而晋文公对外则假意说:"当年我被迫流亡,楚国先君对我以礼相待。我曾同他有过约定,将来如我返回晋国,愿意两国修好。如果迫不得已,两国交兵,我一定要退避三舍。现在,子玉伐我,我当实行诺言,先退三舍(当时一舍为三十里)。"

于是,他便率部后退九十里,依仗临黄河,靠太行,相信足以御敌。他还事先派人前往秦国和齐国求援。

子玉率部追到城濮(今河南省开封市陈留附近),晋文公早已严阵以待。晋文公了解楚国的左、中、右三军,以右军最为薄弱,右军前头为陈、蔡士兵,他们本是被胁迫而来,并无斗志。子玉命令左、右军先进,中军继之。楚右军直扑晋军而来,晋军忽然撤退,陈、蔡的将领以为晋军因惧怕,而要逃跑,就紧追不舍。忽然晋军中杀出一支队伍,驾车的马头上都蒙上老虎皮。陈、蔡军的战马以为是真老虎,被吓得乱蹦乱跳,掉头就跑,士兵哪里控制得住。楚右军大败。

晋文公派士兵假扮陈、蔡士兵,向子玉报捷:"右师已胜,元帅赶快进兵。"子玉登车远望,只见晋军后方烟尘滚滚,他大笑道:"晋军果然不堪一击。"

其实,这正是晋军的诱敌之计,这是他们在马后绑上树枝,来回奔跑,故意弄得烟尘冲天而制造出的假象。子玉急命左军奋力前进。而这时,晋国的中军故意打着帅旗,往后撤退。结果,楚左军又陷于晋国的伏击圈内,遭到歼灭。待子玉率中军赶到,晋军三军合力,已把子玉团团围住。子玉这才发现,他的左、右两军都已被歼,他自己也深陷重围中。于是,子玉便急令突围。虽然他在勇将成大心的护卫下逃出保住了性命,但部队伤亡惨重,只好悻悻而归。

这个故事中的晋文公的几次撤退,都不是消极逃跑,而是主动退却,其目的是为了寻找或制造战机。所以"走"为上策。

1946年上半年,蒋介石背弃了停战协议,不断向平汉路一带增兵。至6月中旬,国民党以十个整编师共三十万人,包围了向宣化店地区集结的我军中原军区的主力部队。26日,大举进攻。

为了保存实力,争取主动,我方除留地方武装坚持斗争、牵制敌人外,中原军区主力则分两路向西突破重围,于7月底,分别开进豫、鄂、陕、鄂西北等预定地区;而第三五九旅,则于8月底返回到陕甘宁解放区。

1943年6月初,侵略南斯拉夫的德国、意大利军队共十二万人,对南斯拉夫军队发动代号为"黑森林"的围剿,企图在门的内哥罗和黑塞哥维那交界地区围歼南军最高司令部及其所率主力。

6月4日,德、意军队开始进攻。当时,被围的南军只有一万六千人,兵力处于绝对劣势。在这种情况下,南军最高司令部决定,以走为上，组织突围。在铁托领导下，于6月7日开始突围。其间，尽管遭受巨大损失，但德、意军队的围歼企图被彻底粉碎。

南军余部在其最高司令部的率领下，于6月14日挺进敌后，进军波斯尼亚，开辟新的解放区。

【精评】

在敌我力量悬殊的不利形势下，采取有计划的主动撤退，避开强敌，然后再寻找战机，以图东山再起，这在谋略中也应是上策。因为无论哪一种战斗，谁都没有常胜的把握，在瞬息万变的战斗过程中，不机警就不能应付，不变通就不能达权，所以退却并非怯懦的表现，也不是英雄末路。只有采取适当的权宜之计，才能有重振雄风的可能。